北京市公园管理中心 编
Edited by Beijing Municipal Administration Center of Parks

園說 II

A Story of Gardens II
270 Years of the Summer Palace

颐和园建园 270 周年文物特展

文物出版社

图书在版编目（CIP）数据

园说. Ⅱ, 颐和园建园270周年文物特展 / 北京市公园管理中心编. -- 北京 : 文物出版社, 2020.12
ISBN 978-7-5010-6819-7

Ⅰ. ①园… Ⅱ. ①北… Ⅲ. ①颐和园－文物－介绍 Ⅳ. ①K872.1

中国版本图书馆CIP数据核字（2020）第186354号

园说Ⅱ——颐和园建园 270 周年文物特展

编　　者　北京市公园管理中心

责任编辑　陈　峰
文物摄影　张　冰　宋　朝
装帧设计　李猛工作室
英文翻译　高毓婷
责任印制　苏　林
责任校对　赵　宁

出　　版　文物出版社
社　　址　北京市东直门内北小街 2 号楼
网　　址　http://www.wenwu.com
经　　销　新华书店
印　　刷　北京荣宝艺品有限公司
开　　本　787 × 1092　1/8
印　　张　37.5
版　　次　2020 年 12 月第 1 版
印　　次　2020 年 12 月第 1 次印刷
书　　号　ISBN 978-7-5010-6819-7
定　　价　880.00 元

《园说Ⅱ——颐和园建园270周年文物特展》编辑委员会

序

2020年年初，在以习近平同志为核心的党中央坚强领导下，我们国家打响了新冠肺炎疫情防控的人民战争、总体战、阻击战，在控制住疫情蔓延势头后，及时推动复工复产，经济社会秩序加快恢复。在这一特殊的时代背景下，北京市公园管理中心于2020年9月25日～12月27日在中国园林博物馆举办了“园说Ⅱ——颐和园建园270周年文物特展”。依托展览，由北京市公园管理中心主持编著的图录就要正式与读者见面了，我代表北京市公园管理中心，对筹备展览给予大力支持的故宫博物院、中国国家博物馆、国家图书馆、中国文物交流中心、中国科学院文献情报中心、首都博物馆、沈阳故宫博物院、黑龙江省博物馆、保利艺术博物馆等九家单位致以衷心的感谢！对为展览的策划实施和图录编辑出版付出了巨大热情和劳动的颐和园管理处、文物出版社的同志们表示诚挚的感谢！

2019年，在北京市领导的亲自关心和指导下，北京市公园管理中心在首都博物馆成功举办了“园说——北京古典名园文物展”（园说Ⅰ），取得了良好的社会反响。为贯彻市领导关于园说展要办成系列、办成品牌的要求，延续园说Ⅰ的华章，北京市公园管理中心高度重视2020年园说展策划工作，纳入年度重点工作项目，组织策展专班开展工作。2020年，恰逢颐和园建园270周年。颐和园是中国古典园林艺术的瑰宝，是中国数百年历史沧桑变幻的缩影，是弥足珍贵的世界文化遗产，是首都北京的一张文化金名片，其承载着深厚的传统文化内涵和底蕴，彰显着中华民族独特的审美意识和精神追求。新中国成立以来，颐和园在文物保护、文化传承、生态涵养、游览服务等领域均取得令人瞩目的成就。为了展现颐和园这一中国古典园林样本在270年中的巨大的发展变化和杰出的艺术价值，园说Ⅱ的主题确定为颐和园建园270周年文物特展。展览的策展和布置工作历时半年，北京市公园管理中心相关领导和部门精心组织、科学统筹，策展人员以严谨的学术研究、开阔的专业视野和忘我的工作热情开展工作，克服了因疫情影响带来的诸多困难，从颐和园4万余件藏品中甄选出文物208件（套），资料品190件（套），为弥补颐和园藏品和文献的不足，又从故宫博物院、中国国家博物馆、国家图书馆等多家单位借展了多件具有重要历史和艺术表现力的展品，多角度、深层次、系统性展示颐和园270年间在北京城市建设和历史变迁中具有的水利、农业、军事、宫廷文化、政治、外交等方面的社会功能和价值，阐释颐和园从皇家禁苑走向人民公园、从传统保守走向开放创新的非凡历程。我们希望通过这个展览，充分践行习近平总书记关于“让收藏在禁宫里的文物、陈列在广阔大地上的遗产、书写在古籍里的文字都活起来”的指示精神，让颐和园和中国古典园林这一传统文化瑰宝，以现代博物馆的语言和形式，以富有学术性、观赏性和参与性的方式，走入大众，给人以更加深刻、更加丰富的文化获得感、满足感。展览受到了各级领导、广大观众和社会媒体的高度评价，圆满实现了展览策划的初衷和目标，发挥了良好的社会效益。两次园说展的成功举办，催生和打造了园说系列展的文化品牌，是北京市公园管理中心文化事业发展进程中可圈可点的标志性文化工程之一。

现在，“园说Ⅱ——颐和园建园270周年文物特展”已经完美收官，颐和园管理处和文物出版社的同志们再接再厉，按照既定计划，以严谨扎实的学术态度、别出心裁的专业设计和精益求精的审美眼光，编辑出版了这本展览图录，集专业性、艺术性、观赏性、资料性于一体，是“园说Ⅱ——颐和园建园270周年文物特展”的凝固化和典籍化，必将有利于颐和园历史文化价值的传播、研究和弘扬。

颐和园走过了270年的历史沧桑，在习近平新时代中国特色社会主义思想的指引下，我们将以保护与传承文化遗产为使命，共筑生态文明之基，同走绿色发展之路，谱写园林事业和文化遗产保护事业发展的新篇章！

张勇

北京市公园管理中心党委书记、主任

2020年12月

PREFACE

Since the beginning of 2020, under the strong leadership of the Central Committee of the Communist Party of China with Comrade Xi Jinping at its core, our country has waged a people's war in the prevention and control of the COVID-19 pandemic. After the control of the spread of the epidemic momentum, the government timely resumed work and production, and the economic and social order has been recovering. In this special context, the Beijing Municipal Administration Center of Parks held a special exhibition "A Story of Gardens Ⅱ—270 Years of the Summer Palace" at the Museum of Chinese Gardens and Landscape Architecture from September 25 to December 27, 2020. Based on the exhibition, the catalog compiled under the auspices of the Beijing Municipal Administration Center of Parks will be officially introduced to readers. On behalf of the Beijing Municipal Administration Center of Parks, I would like to extend my heartfelt thanks to the nine units that gave great support to the preparation of the exhibition: the Palace Museum, the National Museum, the National Library, the National Cultural Heritage Exchange Center, the National Science Library of Chinese Academy of Sciences, the Capital Museum, the Shenyang Palace Museum, the Museum of Heilongjiang Province, and the Poly Art Museum. I also express my sincere gratitude to the comrades of the Summer Palace Management Office and the Cultural Relics Press who planned and implemented the exhibition and edited and published the catalog.

In 2019, under the care and guidance of Beijing government officials, the Beijing Municipal Administration Center of Parks successfully held "A Story of Gardens Ⅰ—An Exhibition of Classical Gardens in Beijing" at the Capital Museum, which achieved good social response. To continue the success and make it a series and signboard, the Beijing Municipal Administration Center of Parks attached great importance and organized curators to plan the exhibition. The year of 2020 is the 270th anniversary of the Summer Palace. The Summer Palace is a treasure of Chinese classical garden art, a microcosm of the vicissitudes of China's centuries-old history, a precious world cultural heritage, and a golden signboard of the capital Beijing. The Summer Palace carries a deep traditional cultural connotation and highlights the unique aesthetic consciousness and spiritual pursuit of the Chinese nation. Since the founding of New China, the Summer Palace has made remarkable achievements in the fields of heritage conservation, cultural inheritance, ecological nurturing, and sightseeing services. To show the tremendous development and outstanding artistic value of the Summer Palace—a sample of classical Chinese gardens—over the past 270 years, the theme of "A Story of Gardens Ⅱ" was identified as a special exhibition of cultural heritage for the 270th anniversary of the founding of the Summer Palace. We planned the exhibition over six months and overcame the impact of the pandemic. Under the careful organization and scientific coordination of the Beijing Municipal Administration Center of Parks, the curators selected 208 pieces/sets of artifacts and 190 pieces/sets of documents from the Summer Palace collection of more than 40,000 pieces. To make up for the shortage of collections, a number of artifacts with significant historical and artistic meanings have been borrowed from the Palace Museum, the National Museum, the National Library, and other institutions to show the social functions and values of the Summer Palace in water conservancy, agriculture, military, palace culture, politics, and diplomacy during the 270 years of city construction and historical changes in Beijing. These artifacts and documents explained the extraordinary journey of the Summer Palace from a royal forbidden garden to a people's park, from traditional conservatism to openness and innovation. Through this exhibition, we hope to fully implement General Secretary Xi Jinping's instruction of "let the artifacts collected in forbidden palaces, the heritage displayed on the vast land, and the texts written in historical documents come alive." We hope the Summer Palace and classical Chinese gardens can come to the public in the language and form of a modern museum, in an academic, enjoyable, and participatory way, and give the audience a deeper and richer sense of cultural acquisition and satisfaction. The exhibition was highly evaluated by leaders at all levels, the general audience, and social media. The exhibition successfully achieved the original intention and goal, and produced good social benefits. The two exhibitions have successfully created a cultural brand. They are the landmark cultural projects that can be noted in the development of the Beijing Municipal Administration Center of Parks.

Now, the exhibition "A Story of Gardens Ⅱ—270 Years of the Summer Palace" has come to the final stage. The comrades of the Summer Palace Management Office and Culture Relics Press have made further efforts to publish this exhibition catalog with academic attitude, professional design, and excellent taste. As a professional exhibition catalog with a lot of information, it will be conducive to the dissemination, research, and promotion of the historical and cultural values of the Summer Palace.

The Summer Palace has gone through 270 years of historical vicissitudes. Under the guidance of Xi Jinping's thought on socialism with Chinese characteristics in the new era, we will take the conservation and inheritance of cultural heritage as our mission, build the foundation of ecological civilization, take the road of green development, and add a new chapter in the undertakings of the garden and cultural heritage conservation!

Zhang Yong
Secretary of the Communist Party Committee and Director of
Beijing Municipal Administration Center of Parks
December, 2020

图版目录

第一单元　山称万寿水清漪

1 《清张若霭静宜园图册》 / 28
2 静明园图条屏 / 36
3 畅春园地盘全图 / 40
4 太狮少狮青玉摆件 / 41
5 “兼管圆明园健锐营事务江印”兽纽象牙方章 / 41
6 弘历行书万寿山清漪园记卷 / 42
7 清漪园地盘画样 / 43
8 都畿水利图轴 / 44
9 昆仑石碑《西堤》诗文拓片 / 46
10 《万寿山昆明湖记》碑文拓片 / 47
11 铜闸构件 / 48
12 京城内外河道全图 / 48
13 清人绘孝圣宪皇后朝服像轴 / 50
14 吉庆万寿纹青玉如意 / 51
15 百宝嵌木柄福寿八宝白玉如意 / 51
16 青花粉彩海屋添筹象腿尊 / 52
17 斗彩仙桃纹梅瓶 / 54
18 铁锈花釉寿字纹琮式瓶 / 55
19 福禄寿三星琉璃建筑构件 / 56
20 《钱维城画西湖名胜图》 / 58
21 《御制诗二集》 / 64
22 《御制文二集》 / 65
23 颐和园地盘图样 / 67
24 颐和园内藻鉴堂图样 / 67
25 治镜阁立样 / 68
26 “蓬岛烟霞”石额 / 69
27 黄琉璃“望阐各”建筑构件 / 70
28 “三阳楼”建筑构件 / 71
29 乾隆御笔“随香”木匾 / 73
30 乾隆御笔“秋水亭”木匾 / 73
31 慈禧御笔“化动八风”蝠式木匾 / 74
32 光绪御笔“夕佳楼”木匾 / 74
33 慈禧御笔“借秋楼”木匾 / 75
34 慈禧御笔“膏泽应时”书卷式木匾 / 75
35 慈禧御笔“璇题玉英”木匾 / 76
36 慈禧御笔“烟云献彩”书卷式木匾 / 76
37 慈禧御笔“函海养春”蝠式木匾 / 77
38 光绪御笔“润壁怀山”蝠式木匾 / 77
39 祥云宝相花纹圆形露陈墩 / 78
40 花卉瑞兽纹方形露陈墩 / 79

第二单元　无双风月属昆明

41 昆仑石碑耕织图诗文拓片 / 84
42 焦秉贞款耕织图册页 / 85
43 耕织图石刻——“捉绩”图 / 88
44 《御制诗三集》 / 89
45 青玉卧牛 / 90
46 御制诗碧玉插屏 / 91
47 黄地蓝曲水团五福捧寿织金锦（复制件） / 92
48 五彩耕织图鱼藻纹大缸 / 93
49 蓝釉白龙纹梅瓶 / 96
50 青花釉里红海水白龙纹梅瓶 / 97
51 斗彩龙凤纹盘 / 98
52 斗彩海水云龙纹盘 / 99
53 青花云鹤爵式杯盘 / 100
54 霁蓝釉描金开光粉彩御制诗文兽耳扁瓶 / 101
55 仿哥釉杏叶贯耳方壶 / 102
56 青花釉里红海水云龙纹天球瓶 / 103
57 御题紫檀框蒲纹青玉璧插屏 / 104
58 “自强不息”青白玉玺 / 107
59 雕龙纽青玉玺 / 107
60 “大清乾隆仿古”款碧玉簋式炉 / 108
61 御制诗青玉籽料 / 109
62 和珅书《御制颁朔日作》青玉插屏 / 110
63 和珅书《御制嘉平月朔开笔之作》青玉插屏 / 110
64 描金菊纹白玉盘 / 111
65 碧玉盘 / 112
66 镶八宝云龙纹白玉顶缠枝莲纹碧玉圆盒 / 112
67 白玉碗 / 114
68 白玉渣斗 / 114
69 龙柄莲瓣纹白玉茶壶 / 115
70 福寿纹桃形青玉洗 / 116
71 云龙纹白玉洗 / 117
72 九老图碧玉笔筒 / 118
73 《圣制兰花诗》白玉笔筒 / 119
74 澄泥仿宋玉兔朝元砚 / 120
75 “懋勤殿”款青花金彩龙纹印盒 / 121
76 青花开光粉彩人物纹八角印盒 / 122
77 青花开光粉彩人物纹海棠式笔筒 / 123
78 青花锦地开光粉彩人物纹墨床 / 123
79 青花开光粉彩人物纹镇纸 / 124
80 象牙杆毛笔 / 125
81 青花开光粉彩人物纹笔床 / 125
82 剔红狮滚绣球牡丹纹瓜楞形漆捧盒 / 126
83 紫檀木雕枝干纹炕桌 / 128
84 紫檀木雕龙纹小柜 / 129
85 紫檀木雕云龙纹有束腰三弯腿罗汉床 / 130
86 红木雕双龙捧珠纹有束腰脚踏 / 130
87 紫檀木雕夔龙纹包铜角有束腰炕几 / 133
88 蟠螭纹壶 / 135
89 莲花纹壶 / 136
90 “万历年造”款鎏金万寿螭虎云纹瓶 / 138
91 甪端熏炉 / 139
92 错金银鸟纹尊 / 141
93 “宝云阁”铜斗匾 / 142
94 刻敕封八世达赖喇嘛藏文嘎巴拉式青玉盒 / 144
95 札古札雅木碗 / 145
96 模印泥塑帝释天像 / 146
97 模印泥塑彩绘尊胜佛母像 / 146
98 银鎏金上师像 / 147
99 寿山石佛像 / 147
100 银鎏金嵌松石珊瑚白度母像 / 148
101 铜鎏金释迦牟尼佛坐像 / 148
102 铜鎏金嵌松石金刚持像 / 149
103 铜鎏金无量寿佛坐像 / 149
104 清漪园遗址风景册 / 151
105 蓝地粉彩缠枝花纹方砖 / 152
106 汉白玉雕夔龙纹栏板 / 153

第三单元　中间宫殿排云起

107　奕劻等奏以新海防捐款暂垫颐和园工程用款片 / 158
108　酌拟规复水操旧制参用西法以期实济奏折 / 159
109　奕劻奏每年由海军经费拨颐和园工程用款
三十万两片 / 159
110　《威远健字枪炮队健锐营马队威远利字枪炮队外火
器营马队水军炮船合操阵图》 / 160
111　规复水操旧制及水操内学堂试行演练咨谕稿底 / 162
112　清漪园西宫门内外各处殿座亭台桥座房间等画样 / 163
113　万寿山全图 / 164
114　转轮藏立样糙底 / 165
115　颐和园佛香阁立样图 / 166
116　颐和园内畅观堂内檐洋式门口立样图 / 167
117　东宫门外各处占用地位房间地盘画样准底 / 168
118　建修万寿山前山中路全图地盘画样 / 169
119　中御路排云殿露天陈设分位图样 / 170
120　昆明湖周围并各处添修拆修码头等
工丈尺做法细册 / 171
121　《颐和园各项工程核计丈尺物料数目飞星》 / 172
122　《颐和园各处岁修等工钱粮单底簿》 / 173
123　《颐和园钱粮杂记》 / 174
124　活计房颐和园工程略节 / 175
125　《颐和园万寿山内露天陈设添安石座图样》 / 175
126　玉华殿镇物 / 176
127　《万寿联语》 / 178
128　雕福寿三多岫玉如意（九柄） / 178
129　粉彩碧桃石榴纹膳食器（一组） / 180
130　黄地粉彩描金“万寿无疆”花蝶纹膳食器（一组） / 183
131　“体和殿制”款黄地粉彩
“玉堂富贵”寿字圆盒 / 184
132　“大雅斋”款绿地粉彩藤萝花鸟圆盒 / 186
133　铜胎掐丝珐琅九桃天球瓶 / 188
134　铜胎掐丝珐琅携鹿麻姑 / 189
135　沉香木雕群仙祝寿纹寿字插屏 / 191
136　竹根雕八仙庆寿（一组） / 192
137　慈禧御笔“福”字轴 / 194
138　慈禧御笔“寿”字轴 / 195
139　红色呢绣百蝶纹氅衣 / 196
140　黄色云纹缎犬衣 / 197
141　绿色缎绣蝴蝶纹马蹄底鞋 / 198
142　黄色缎绣福寿万代纹马蹄底鞋 / 198
143　粉色缎钉料珠花蝶纹马蹄底鞋 / 199
144　蓝色缎绣荷包牡丹纹马蹄底鞋 / 199
145　蓝色缎钉绫绣菊花纹马蹄底鞋 / 200
146　黑色缎锁绣蟾宫折桂纹高底鞋 / 200
147　湖色缎绣荷花纹马蹄底鞋 / 201
148　湖色缎绣人物纹高底鞋 / 201
149　湖色缎绣花蝶纹元宝底鞋 / 202
150　黄色钉绫绣笔锭如意纹高底鞋 / 202

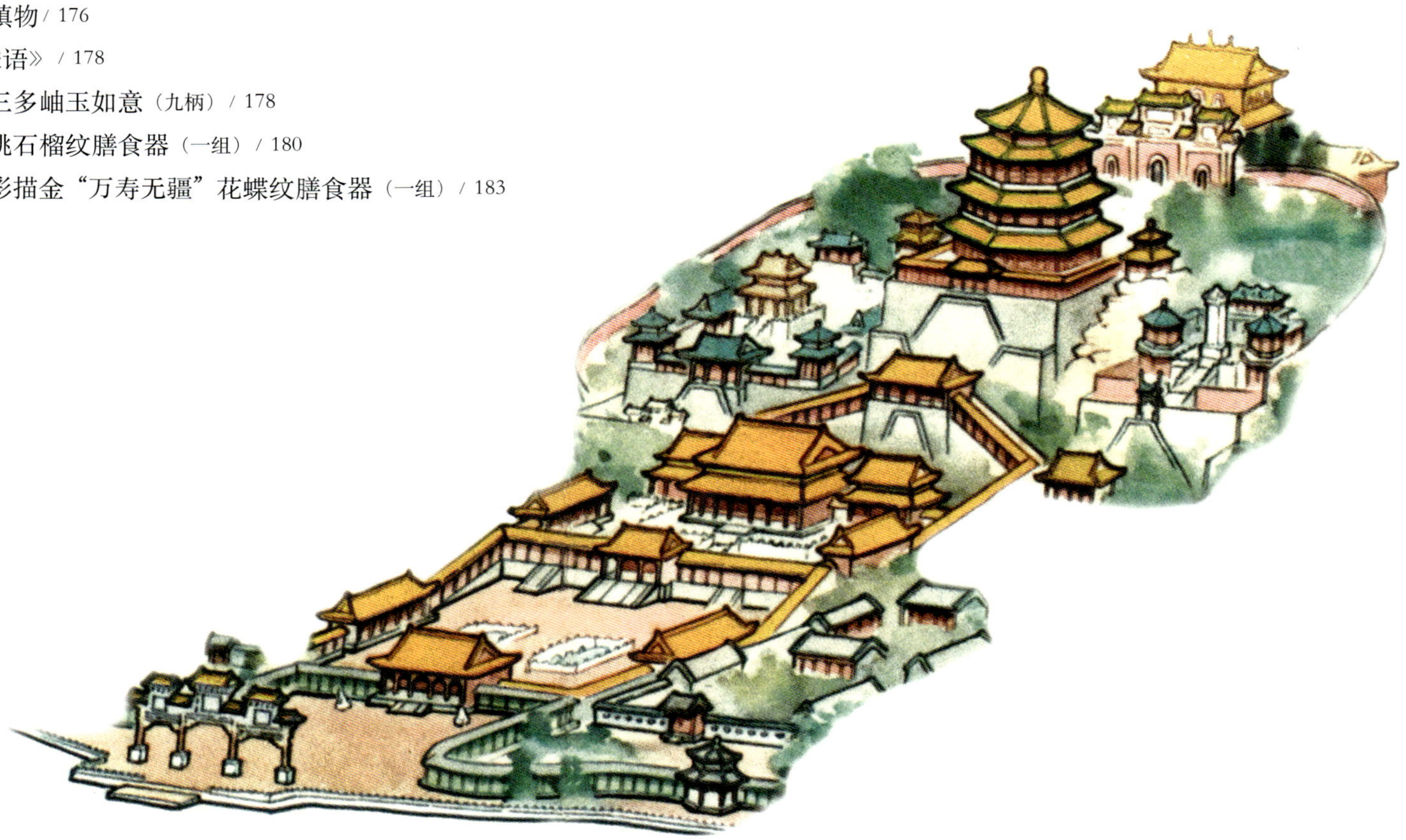

151 湖色缎绣凤戏牡丹纹高底鞋 / 203
152 粉色缎绣万字曲水纹元宝底鞋 / 203
153 黄色缎钉绫绣万事如意纹元宝底鞋 / 204
154 蓝色缎绣花蝶纹元宝底鞋 / 204
155 雪灰色缎平金绣团寿蝴蝶纹高底鞋 / 205
156 黄色钉绫绣竹纹高底鞋 / 205
157 蓝色缎绣五毒纹虎头马蹄底鞋 / 206
158 湖色缎绣花蝶纹高底鞋 / 206
159 德和园戏楼模型 / 207
160 “安澜艑”木匾 / 208
161 安澜艑洋船图样 / 208
162 银镀金战船模型 / 209
163 内务府太监何庆辉启奏
关于接待慈禧太后入园的奏折 / 210
164 肩舆 / 211
165 便具（一组） / 212
166 果绿色蒲子织画五彩花凉席 / 212
167 浅红色蒲子织画五彩花凉席 / 212
168 英国驻扎颐和园带兵官告示 / 214
169 《总管内务府现行则例》 / 214
170 八国联军在颐和园的老照片 / 215
171 铜镀金蝴蝶摆鸟音钟 / 216
172 塔式座钟 / 217
173 铜镀金转花大象钟 / 218
174 《后赤壁赋》水晶摆件 / 219
175 八音匣 / 220
176 钢琴 / 221
177 汽车 / 223
178 银镀金卷草纹圆形手刷 / 224
179 银镀金卷草纹手刷 / 224
180 银镀金卷草纹手镜 / 224
181 法国玻璃香水瓶 / 225
182 铜胎珐琅蓝地彩绘圆盒 / 225
183 镀金餐具 / 226
184 德国镀金餐具 / 226
185 英国镀金餐具 / 227
186 紫地洋彩开光人物饮具（一组） / 228
187 黄白地凸花圆罐 / 229
188 彩釉天使凸花罐 / 231
189 凸花草莓纹花插 / 232
190 凸花鱼纹盆 / 233

191 凸花葡萄纹瓶 / 234
192 描金洋彩人物玻璃瓶 / 235
193 花口彩绘花卉纹玻璃花插 / 236
194 铜胎珐琅瓶式多头蜡灯 / 237
195 嵌彩石螺钿面国际象棋桌 / 238
196 铜架嵌大理石花几 / 239
197 德国风景水彩画 / 240
198 德国风景水彩画 / 240
199 清大臣考察德国各学务处所相册 / 241
200 清大臣考察日本川崎造船所相册 / 242
201 德国接待考察大臣所历各处全图 / 243
202 《輶轩语》 / 244
203 《江楚会奏变法折稿》 / 245
204 《算学启蒙述义》 / 246
205 《历象考成》 / 247
206 《初等心理学》 / 247
207 黑漆雕花边嵌牙蚌凤凰挂屏 / 249
208 黑漆雕花边嵌牙蚌公鸡挂屏 / 249

第四单元　观鱼胜过富春江

209　日本公使馆申请取得入园游览公文 / 254
210　颐和园试办游园售券章程 / 254
211　颐和园门照 / 255
212　颐和园门照 / 255
213　万寿山导游图册 / 256
214　消防头盔 / 257
215　消防水枪 / 257
216　万寿山织品 / 258
217　转轮藏织品 / 258
218　颐和园各段所辖亩数面积清册 / 260
219　北平市管理颐和园事务所卷宗 / 260
220　民国三十六年度、三十七年度颐和园概况 / 260
221　北平市政府管理颐和园事务所三十七年度工作计划书 / 261
222　北平市政府管理颐和园事务所职员薪俸清册 / 261
223　北平市政府管理颐和园事务所职员现有人数清册 / 261
224　颐和园租户执照簿 / 262
225　颐和园事务所管辖各处房地租簿 / 262
226　颐和园租户缴纳地租存根 / 263
227　租据存根 / 263
228　颐和园事务所收入报告表 / 264
229　颐和园事务所支出计算书 / 264
230　颐和园事务所支出凭证簿 / 265
231　旅馆部钱账 / 265
232　永兴木厂油饰长廊修缮合同 / 265
233　听鹂馆收据 / 266
234　万寿山饭店房租收据 / 266
235　租户分户簿 / 266
236　马温如租约 / 267
237　溥心畬房租收条 / 267
238　租户须知 / 268
239　二十二年查点北平颐和园留平物品清册（共三册）/ 268
240　颐和园各类古物清册 / 269
241　颐和园陈列馆陈列物品影片粘存簿 / 269
242　颐和园万寿山全景织品 / 269
243　颐和园上色风景长卷 / 270
244　“商办颐和园字画石刻写真售品处”横匾 / 270
245　颐和园万寿山全景银版画 / 270
246　《颐和园导游》册 / 272
247　颐和园风景照明信片 / 272
248　颐和园游园会路线略图 / 273
249　铜火炉 / 274
250　柚木花卉纹有束腰五腿拼桌 / 275

251 关于任免颐和园管理处正副主任的文件 / 276
252 颐和园管理处划归北京市政府领导的文件 / 276
253 成立颐和园管理委员会文件 / 276
254 关于颐和园新到职干部的批示 / 277
255 许星园、柳林溪等交接清册 / 277
256 颐和园改归北京市公园管理委员会领导的文件 / 278
257 办事员任命书 / 278
258 呈报华北人民政府拨款修缮颐和园损坏需修工程的报告 / 278
259 颐和园佛香阁修缮工程的总结请示批复文件 / 279
260 关于新中国成立前南运本园古物北返一案的文件 / 279
261 颐和园拨给外单位硬木家具清册 / 279
262 颐和园各项管理制度 / 280
263 颐和园内、外房租分户清册 / 280
264 颐和园内外出租房屋姓名月租米数清册 / 280
265 登记租户门证底册 / 280
266 北京颐和园万寿山鸟瞰图 / 281
267 颐和园全景图 / 282
268 《节日的颐和园》 / 282
269 工人休养所宣传画 / 283
270 《万寿山昆明湖》 / 283
271 《快乐的生活》 / 284
272 《画中游》 / 285
273 《颐和园之春》 / 286
274 《佛香雪霁》 / 286
275 颐和园各时期票券 / 287
276 颐和园世界文化遗产证书 / 288
277 金桃形饰件 / 289
278 金累丝饰件 / 289
279 银缠枝纹盘 / 290
280 景德镇窑青白釉月映梅纹碗 / 290
281 景德镇窑青白釉胆式瓶 / 291
282 陶男立俑 / 292

81 Underglaze-Blue and Famille-Rose Brush Rest with Panels of Figures / 125
82 Cinnabar Lacquer Melon-Shaped Box Decorated with Lions Pursing a Ball / 126
83 *Zitan* Low Table with Free-Standing Tree Branches / 128
84 Small *Zitan* Standing Cabinet with Carved Dragons / 129
85 *Zitan* Wood Couch Bed with Dragons amid Clouds / 130
86 Rosewood Footstool with Double Dragons Holding a Pearl / 130
87 *Zitan* Wood Arm-Rest with a *Kui* Dragon Pattern / 133
88 Jar with Interlaced Serpent Pattern / 135
89 Jar with Lotus Pattern / 136
90 Gilt Vase Decorated with Feline Dragons and Clouds Mark and Period of Wanli / 138
91 Incense Burner in the Shape of *Luduan* / 139
92 Gold- and Silver-Inlaid Wine Vessel with Bird Pattern / 141
93 Bronze Tablet of "Baoyun Pavillion" / 142
94 Tibetan Gilt-Inscribed Green Jade "Kapala" Box Bestowed to the 8th Dalai Lama / 144
95 Tibetan Wooden Bowls / 145
96 Clay Statue of Śakra / 146
97 Color-Painted Clay Statue of Usnisavijaya / 146
98 Gilt Silver Statue of a Seated Guru / 147
99 Agalmatolite Buddha Statue / 147
100 Gilt Silver White Tara Statue Inlaid with Turquoise and Coral / 148
101 Gilt Bronze Seated Shakyamuni Buddha Statue / 148
102 Gilt Bronze Vajra Statue Inlaid with Turquoise / 149
103 Gilt Bronze Seated Amitābha Statue / 149
104 Scenery of the Garden of Clear Ripples / 151
105 Blue Ground Famille-Rose Tile with Trailing Vines / 152
106 White Marble Banister with a *Kui* Dragon Pattern / 153

Section Three
The Summer Palace Under Construction

107 Memorial on Temporary Advance of Funds for the Summer Palace Project from the New Coast Guard Donation Submitted by Yikuang / 158
108 Memorial on Reviving the Naval Drill by Using the Western Approach / 159
109 Memorial on Appropriating 300,000 Taels from the Navy Budget for the Summer Palace Project Submitted by Yikuang / 159
110 Naval Drill with Cannons and Warships / 160
111 Consultation for the Restoration of the Former Naval Drill and Drill in the Inner Naval Academy / 162
112 Site Plan of Buildings around West Palace Gate in the Garden of Clear Ripples / 163
113 Panorama of the Longevity Hill / 164
114 Elevation Drawing of Revolving Sutra Cabinet Building Complex / 165
115 Elevation Drawing of Tower of the Buddhist Incense in the Summer Palace / 166
116 Elevation Drawing of Western-Style Doorway in the Hall of Good Sight / 167
117 Site Plan of Rooms outside the East Palace Gate / 168
118 Site Plan of Hill Roads before the Construction of the Longevity Hill / 169
119 Site Plan of Outdoor Furniture of the Hall of Dispelling Clouds in Zhongyu Road / 170
120 Architectural Scale Guide for Adding and Repairing Docks around Kunming Lake / 171
121 Account Book of the Measurement and Quantity of Materials for the Summer Palace Project / 172
122 Archive for Yearly Maintenance at the Summer Palace / 173
123 Logistic Records of the Summer Palace / 174
124 The Palace Workshops' Records on the Summer Palace Project / 175
125 Drawings Stone Pedestals of the Longevity Hill / 175
126 Artifacts in Yuhua Hall / 176
127 Couplets for Celebrating Empress Dowager Cixi's 60th Birthday / 178
128 Nine Serpentine Jade *Ruyi* Scepters / 178
129 Famille-Rose Tableware Set Decorated with Peaches and Pomegranates / 180
130 Famille-Rose "Birthday" Tableware on a Yellow Ground with Gilt-Decorated Butterflies and Flowers (One Set) / 183

131 Yellow Ground Famille-Rose Box with *Shou* Character and an Inscription "Made by the Tihe Hall" / 184

132 Dayazhai Famille-Rose Turquoise-Ground Box with Birds, Flowers, and Vines / 186

133 Cloisonné Enamel Globular Vase with Nine Peaches / 188

134 Cloisonné Enamel Sculpture of Magu and Deer / 189

135 Agilawood Table Screen with a *Shou* Character and Immortals / 191

136 Bamboo Root Carving of The Eight Immortals and the God of Longevity (One Set) / 192

137 Hanging Scroll of "Happiness" by Empress Dowager Cixi / 194

138 Hanging Scroll of "Longevity" by Empress Dowager Cixi / 195

139 Red Tweed Overcoat with Hundreds of Butterflies / 196

140 Yellow Satin Dog Coat with Cloud Pattern / 197

141 Green Satin Embroidered "Horse-Hoof" Shoes with Butterflies / 198

142 Yellow Satin Embroidered "Horse-Hoof" Shoes with Happiness and Bat Patterns / 198

143 Pink Satin "Horse-Hoof" Shoes with Glass Beads, Flower, and butterflies Pattern / 199

144 Blue Satin Embroidered "Horse-Hoof" Shoes with Dicentra Pattern / 199

145 Blue Satin "Horse-Hoof" Shoes Decorated with Chrysanthemums / 200

146 Black Embroidered Satin Stilt Shoes with Patterns Wishing Success in the Imperial Examinations / 200

147 Light Blue Satin Embroidered "Horse-Hoof" Shoes with Lotus Pattern / 201

148 Light Blue Satin Embroidered Stilt Shoes with Figures / 201

149 Light Blue Satin Embroidered Shoes with Ingot-Shaped Soles and Flower and Butterfly Pattern / 202

150 Yellow Stilt Shoes with Brush Pen, Ingot, and *Ruyi* Pattern / 202

151 Blue Satin Embroidered Stilt Shoes with Phoenix amid Peonies / 203

152 Pink Satin Embroidered Shoes with Ingot-Shaped Soles / 203

153 Yellow Satin Shoes with Ingot-Shaped Soles / 204

154 Blue Satin Embroidered Shoes with Ingot-Shaped Soles and Flower and Butterfly Pattern / 204

155 Violet Satin Embroidered Stilt Shoes with *Shou* characters and Butterflies / 205

156 Yellow Twill Damask Stilt Shoes with Bamboo Pattern / 205

157 Blue Satin Embroidered "Horse-Hoof" Shoes with Five Poisonous Creatures and Tiger Head / 206

158 Light Blue Satin Embroidered Stilt Shoes with Flowers and Butterflies / 206

159 Model of the Theatrical Stage in Dehe Garden / 207

160 Tablet Inscribed with Anlan Fu / 208

161 Painting of Anlanfu Boat / 208

162 Gilt Silver Warship Model / 209

163 Memorial on the Reception of Empress Dowager Cixi into the Garden / 210

164 Palanquin / 211

165 Toilet Stool (One Set) / 212

166 Summer Mat Woven with Cattail / 212

167 Summer Mat Woven with Cattail / 212

168 Announcement Made by the British Officer Stationed at the Summer Palace / 214

169 *Current Regulations of Managing the Imperial Household Department* / 214

170 Eight-Nation Alliance in the Summer Palace / 215

171 Gilt Bronze Clock with Butterfly-Shaped Pendulum and Chirping Bird / 216

172 Tower Clock / 217

173 Elephant-Shaped Gilt Bronze Clock / 218

174 Carved Crystal Inscribed with *Latter Ode to the Red Cliff* / 219

175 Music Box / 220
176 Piano / 221
177 Car / 223
178 Gilt Silver Handled Brush Decorated with Swirling Grass / 224
179 British Gilt Silver Handled Brush Decorated with Swirling Grass / 224
180 Gilt Silver Handled Mirror Decorated with Swirling Grass / 224
181 French Glass Perfume Bottle / 225
182 Cloisonné Enamel Round Box with a Blue Ground / 225
183 Gilt Tableware / 226
184 German Gilt Tableware / 226
185 British Gilt Tableware / 227
186 *Yangcai* Dish with Panels of Figures on a Purple Ground (One Set) / 228
187 Yellow-and-White Ground Round Jar with Bas-Relief Flowers / 229
188 Jar with Angels and Bas-Relief Flowers / 231
189 Vase with Bas-Relief Flowers and Strawberries / 232
190 Porcelain Jardinière with Bas-Relief Flowers and Fish / 233
191 Porcelain Vase with Bas-Relief Flowers and Grapes / 234
192 *Yangcai* Glass Vase with Gilt-Decorated Figures / 235
193 Glass Vase with Flower-Shaped Mouth and Floral Design / 236
194 Cloisonné Enamel Vase-Shaped Candelabra / 237
195 Chess Table with Mother of Pearl Inlaid Top / 238
196 Marble Table with Bronze Frame / 239
197 German Watercolor Scenery of Forest and River / 240
198 German Watercolor Scenery of Forest and River / 240
199 Album of the Ministers' Visit to the German School Offices / 241
200 Album of Investigation on Kawasaki Shipyard & Machinery Works / 242
201 Complete Map of the Places Where the Ministers of Foreign Affairs were Received in Germany / 243
202 *Words of Youxuan* / 244
203 Manuscript of *Memorial on Reform from Jiang and Chu* / 245
204 Introduction to Mathematical Science / 246
205 Thorough Investigation of Calendrical Astronomy / 247
206 Primary Psychology / 247
207 Black-Lacquered Hanging Screen with Phoenix / 249
208 Black-Lacquered Hanging Screen with Roosters / 249

SECTION FOUR
A NEW PAGE IN HISTORY

209 Application from the Japanese Embassy for Admission to the Garden / 254
210 Summer Palace Trial Ticket Sales Regulations / 254
211 Ticket for Americans to Enter the Summer Palace / 255
212 Entrance Ticket to the Summer Palace / 255
213 Tourist Map of the Longevity Hill / 256
214 Firefighting Helmet / 257
215 Firefighting Sprinklers / 257
216 The Longevity Hill (Textile) / 258
217 The Revolving Sutra Cabinet Building Complex (Textile) / 258
218 Inventory of the Area of Each Section in the Summer Palace / 260
219 Archives of the Beiping Summer Palace Office / 260
220 Overview of the Summer Palace in the 36th and 37th Years of the Republic of China / 260
221 Work Plan of the 37th Year of the Republic of China of the Beiping Summer Palace Office / 261
222 Staff Salary Inventory of the Beiping Summer Palace Office / 261
223 Employee Register of the Beiping Summer Palace Office / 261
224 Summer Palace Rental License / 262
225 Rental Books of the Summer Palace Office / 262
226 Rent Receipt Stubs of the Summer Palace / 263
227 Rental Receipt Stubs / 263
228 Income Report of the Summer Palace Office / 264
229 Expense Calculation Book of the Summer Palace Office / 264
230 Expense Voucher Book of the Summer Palace Office / 265

231 Accounts of the Hotel Department / 265
232 Renovation Contract of the Yongxing Woodworking Factory Painting the Verandas / 265
233 Receipt for Renting the Oriole-Listening Hall / 266
234 The Longevity Hill Restaurant Rental Receipts / 266
235 Tenant Book / 266
236 Lease Agreement Signed by Tenant Ma Wenru / 267
237 Rent Receipt Signed by Tenant Pu Xinshe / 267
238 Notes to Tenants / 268
239 Inventory of the Items Left in Beiping in the 22nd Year of the Republic of China / 268
240 Inventories of Antiquities in the Summer Palace / 269
241 Photo Book of Items on Display in the Summer Palace Exhibition Hall / 269
242 Panorama View of the Longevity Hill (Textile) / 269
243 Colored Photo of the Summer Palace / 270
244 Plaque of "The Summer Palace Calligraphy, Painting, and Stone Carving Photobook Sales Office" / 270
245 Silver Engraving of Panoramic View of the Longevity Hill / 270
246 The Summer Palace Guidebook / 272
247 Summer Palace Landscape Postcards / 272
248 The Summer Palace Sightseeing Map / 273
249 Copper Furnace / 274
250 Teak Five-Feet Table with Carved Flowers / 275
251 Appointment and Removal of the Director and Deputy Director of the Summer Palace Management Office / 276
252 Documents Putting the Summer Palace Management Office under the Administration of the Beijing Government / 276
253 Establishment of the Summer Palace Management Committee / 276
254 Instructions on the New Executives in the Summer Palace / 277
255 Handover Checklist Signed by Xu Xingyuan and Liu Linxi / 277
256 Documents Putting the Summer Palace under the Management of the Beijing Municipal Administration Committee of Parks / 278
257 Clerk's Appointment Letter / 278
258 Report to People's Government of North China on Granting Funds for Repairing Damage to the Summer Palace / 278
259 Request and Approval Documents of the Tower of Buddhist Incense Renovation / 279
260 Documents on the Return of Antiquities to the Summer Palace before the Founding of New China / 279
261 Inventory of Hardwood Furniture Allocated by the Summer Palace to Other Organizations / 279
262 Regulations of the Summer Palace / 280
263 Rent Inventory of the Buildings in and around the Summer Palace / 280
264 Inventory of Rental Properties in and around the Summer Palace / 280
265 The Register of Tenants / 280
266 Aerial View of the Longevity Hill / 281
267 A Panorama of the Summer Palace / 282
268 Festive Summer Palace / 282
269 Workers' Rest Home / 283
270 Kuming Lake in the Longevity Hill / 283
271 Happy Life / 284
272 Through the Wonderland / 285
273 Spring in the Summer Palace / 286
274 Tower of Buddhist Incense after Snowfall / 286
275 Summer Palace Tickets by Period / 287
276 World Heritage Site Certificate to the Summer Palace / 288
277 Peach-Shaped Gold Pendants / 289
278 Gold Filigree Pendant / 289
279 Silver Dish with Intertwining Branches / 290
280 White-Glazed Bowl with Flowing Plum and Moon, Jingdezhen Ware / 290
281 White-Glazed Gall Bladder Vase, Jingdezhen Ware / 291
282 Pottery Figure of a Standing Male / 292

前言

颐和园原名清漪园，始建于 1750 年，是清盛期在北京兴建的最后一座大型皇家园林，是中国数千年造园艺术的集大成之作，1860 年被英法联军焚毁；1886 年开始重建，成为晚清中国宫廷生活和政治、外交的中心之一；入民国后，颐和园是中国最早对公众开放的皇家遗迹之一。1949 年新中国成立后至今，颐和园越来越发挥着文化传承、文物保护、游览服务、生态涵养等多方面功能，真正成为人民的公园和首都文化中心建设的金名片。

PREFACE

The Summer Palace, formerly known as the Garden of Clear Ripples, built in 1750, was the last large royal garden to be built in Beijing during the height of the Qing dynasty and was the culmination of thousands of years of gardening in China. It was burned to the ground by the Anglo-French allied armies in 1860 and rebuilt starting in 1886, and became one of the centers of court life and politics and diplomacy in late Qing. During the Republic of China, the Summer Palace was one of the first royal monuments to be open to the public. Since the founding of New China in 1949, the Summer Palace has increasingly played a variety of functions such as culture inheritance, cultural heritage conservation, sightseeing services, and ecological nourishment. It has truly become a park for the people and a glorious signboard of Beijing in the construction for cultural center.

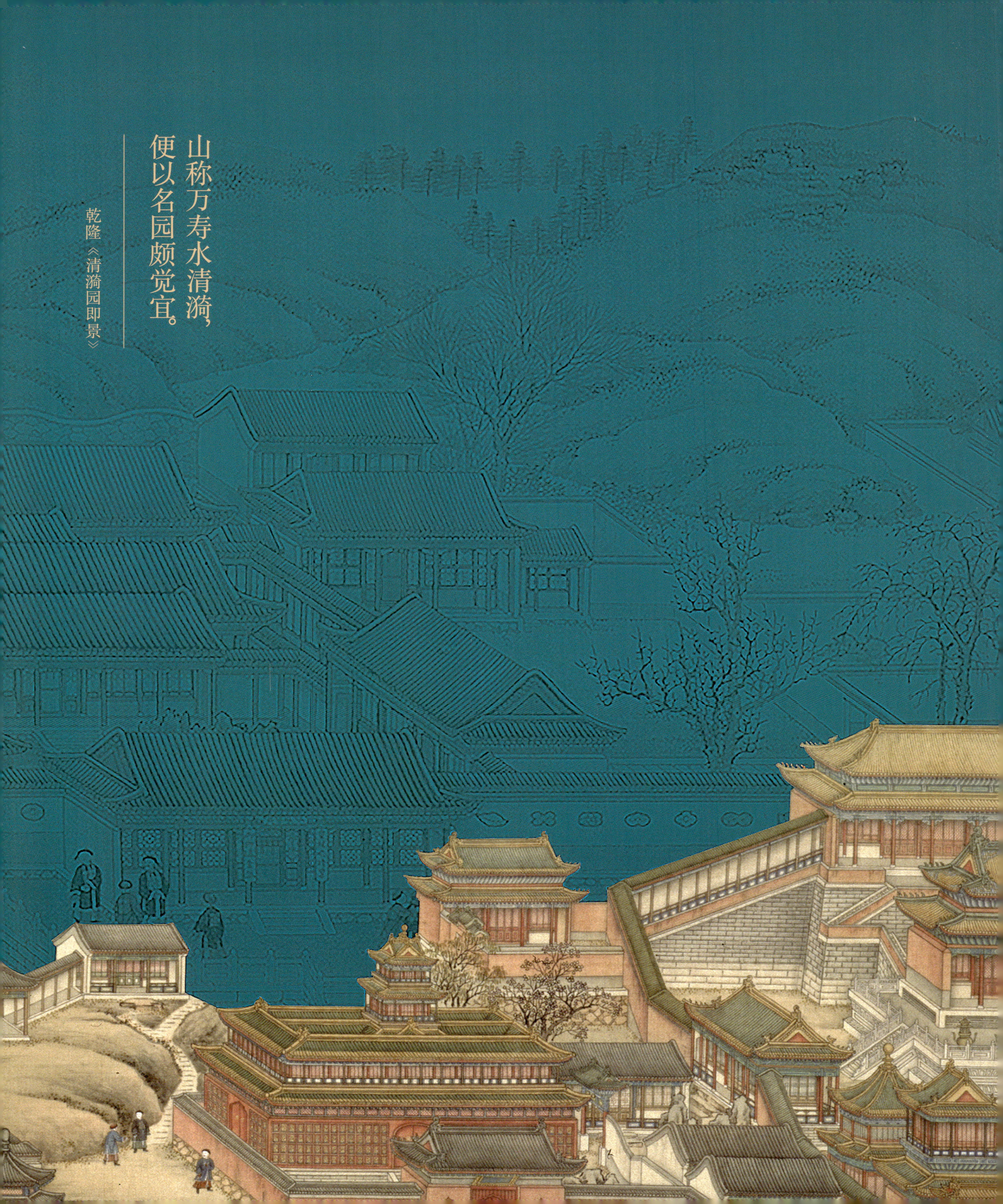

山称万寿水清漪，
便以名园颇觉宜。

乾隆《清漪园即景》

第一单元

SECTION ONE

山称万寿水清漪

THE LONGEVITY HILL AND THE GARDEN OF CLEAR RIPPLES

1750年，乾隆以兴修水利和为母祝寿之名兴建清漪园，以得天独厚的居中地位将京西“三山五园”连成一体；清漪园的建造继承了中国三千多年造园史的优秀传统，以高阁长廊的宏大气势、写仿天下胜景的造园手法、诗情画意的人文意蕴，将为母祝寿、水利建设、农田辟治、军事操演、造园艺术、宗教信仰等功能融入一园。

In 1750, the Qianlong emperor built the Garden of Clear Ripples in the name of water conservancy and birthday celebration for his mother, linking the "three hills and five gardens" to the west of Beijing with its privileged central position. The Garden of Clear Ripples inherited the great traditions of China's 3,000-year history of gardening, which featured grand galleries, various attractions, and poetic and humanistic implications. It combined the functions of birthday celebration, water conservancy, farmland reclamation, military drills, gardening art, and religious beliefs.

五园之中。北京西北郊，山水俱佳，香山、玉泉山、瓮山雄峙其间，泉水出于诸山，永定河故道也为这一区域带来丰沛水源，潴为西湖。清朝康乾时期，畅春园、玉泉山静明园、香山静宜园、圆明园等皇家园林相继建成，作为园居理政和散志澄怀的场所。乾隆皇帝大规模扩建圆明园后，在《圆明园后记》中写道“后世子孙必不舍此而重费民财以创建苑囿，斯则深契朕法皇考勤俭之心以为心矣”，立誓不再兴建园林。

疏泉延寿。乾隆十四年（1749年）冬，乾隆大规模疏浚、开拓西湖并设置桥闸涵坝，使昆明湖成为北京城最重要的水源地和人工蓄水库。此后又通过修整碧云寺、静宜园、樱桃沟一带的泉水，并通过石渠输送至静明园，而后通过玉河到达昆明湖，加上浚治长河，开挖养水湖、高水湖等措施，形成了可调节的西山诸泉—玉泉山—玉河—昆明湖—长河—京城水系这样一个完整的链条，既解决了西郊水患，又为漕运、城市景观、农田灌溉等提供了充沛水源。乾隆在《万寿山昆明湖记》中写道“湖既成，因赐名万寿山昆明湖，景仰放勋之迹，兼寓习武之意”。

乾隆十五年（1750年），乾隆为庆祝翌年崇庆皇太后六十寿辰兴建清漪园，发布上谕改瓮山之名为“万寿山”，改金海之名为“昆明湖”。由于乾隆自食其言，所以他在《万寿山清漪园记》辩解道“畅春以奉东朝，圆明以恒莅政，清漪、静明，一水可通，以为敕几清暇，散志澄怀之所”，对五园功能进行了区分。清漪园前山以大报恩延寿寺为主体，乾隆在《万寿山大报恩延寿寺碑记》中写道“粤乾隆辛未之岁，恭遇圣寿六袠诞辰，朕恭率天下臣民，举行大庆礼，奉万年觞，敬效天保南山之义。以瓮山居昆明湖之阳，加号万寿，创建梵宫，命之曰大报恩延寿寺。殿宇千楹，浮图九级，堂庑翼如，金碧辉煌，燃香灯，函贝叶，以为礼忏祝嘏地”。

移天缩地。清漪园的建设历时十五年，它的居中地位将“三山五园”连成一体，构成庞大的皇家园林集群。清漪园也成为“三山五园”的构图中心。清漪园的建造依托得天独厚的山水环境，继承了秦汉以来的皇家园林造园艺术与传统，吸收了南北各地特别是江南私家园林造园技艺之精华，体现了清朝最高统治者的哲学观念、政治思想、宗教信仰、艺术趣味，以及清代社会所达到的建造技术和施工组织的最高水准，同时将为母祝寿、水利建设、农田辟治、军事操演、园林游赏、宗教信仰等功能融入一园。“莫道江南风景佳，移天缩地在君怀”，清漪园是中国皇家园林艺术的集大成之作。

一池三山，是中国古代皇家园林中常见的主题，南湖岛、藻鉴堂岛、治镜阁岛象征“蓬莱、瀛洲、方丈”三座海上仙山，体现了中国数千年造园理念的延续。昆明湖的命名本身就体现了乾隆皇帝对古圣主名君的崇敬追慕之意。

写仿名园，是清漪园重要的造园手法。乾隆十五年（1750年），乾隆皇帝命宫廷画家董邦达绘制了《西湖十景图卷》，并将这些江南之美景付诸于清漪园的设计建造中。“面水背山地，明湖仿浙西。琳琅三竺宇，花柳六桥堤”，这首御制诗描述的清漪园内山环水绕、湖山相依的山水格局及周边的景致，即是对杭州西湖的摹写。此后乾隆六次南巡，饱览江南名胜，并在清漪园中进行移植仿建。西堤六桥仿西湖苏堤六桥，睇佳榭仿杭州蕉石鸣琴。万寿山的佛香阁仿钱塘江畔的六和塔，大报恩延寿寺仿南京大报恩寺，罗汉堂仿杭州净慈寺的罗汉堂，昆明湖中的凤凰墩仿无锡黄埠墩，后山赅春园仿南京永济寺，著名的园中园谐趣园仿无锡名园寄畅园，苏州街买卖街则仿江南一河两街水乡景观，南湖岛上的望蟾阁仿武昌黄鹤楼。

须弥大千，纳须弥于芥子，将宗教世界微缩物化于园林之中，是清代皇家园林重要的造园艺术手法。清漪园有着浓厚的宗教氛围。大报恩延寿寺宗教建筑的兴建蕴含着丰富的政治寓意。藏传佛教建筑四大部洲仿造西藏桑耶寺而建，体现了佛教的宇宙观，其目的以此来维护国家统一和民族团结。

文心景面，以文为心，以景为面，皇家园林中的景观、建筑及物件处处体现了传统文化的诗情画意、文心独运和书法曼妙。颐和园内的匾额，有的是殿堂、亭、楼等景观、建筑名称，还有一定数量的副匾，这些匾额大都取自中国历史上的名篇佳作，其文字内容可概括为：表述景观主题、彰显道德崇尚、抒发意蕴文采、援引典故源流、倡导风雅教化、暗合使用功能等。同时匾额的形式也富于变化，有矩形横匾、蝠式匾、书卷匾等。匾额恰到好处地使一区景观的内涵更趋饱和丰满；也使景观画面中的建筑物眉目更为清楚，形象更趋典丽。长廊“秋水亭”取自唐代诗人王勃《滕王阁序》中“落霞与孤鹜齐飞，秋水共长天一色”之句，“夕佳楼”取自晋代陶渊明《饮酒》中“山气日夕佳，飞鸟相与还”之句，两匾都起到点出建筑主题的作用。“膏泽应时”见于汉代焦延寿《焦氏易林》卷三《损之第四十一》中所载的“膏泽应时，年丰大喜”，指雨泽应时而降。“琁题玉英”出自汉代扬雄《甘泉赋》“珍台闲馆，琁题玉英”之句，载于《汉书 · 扬雄传》，指椽头装饰美玉，形容建筑华丽。“润璧怀山”出自南朝齐代王融《赠族叔卫军》诗中“贞筠抽箭，润璧怀山”之句，以玉比德，比喻君子有高尚的道德。石丈亭“化动八风”匾取自南朝梁代刘勰《文心雕龙 · 乐府》中“敷训胄子，必歌九德，故能情感七始，化动八风”之句，指乐曲能够变化风俗。“烟云献彩”出自唐代魏征等《隋书 · 音乐志 · 文舞歌辞》，其中有“烟云献彩，龟龙表异”一句，指烟云呈现祥瑞色彩，比喻政治清明。

1

《清张若霭静宜园图册》

Garden of Tranquility and Pleasure by Zhang Ruo'ai

作者：张若霭（1713~1746年）

清乾隆（1736~1795年）

纸本设色 册页16开

全：纵36、横23.5厘米

心：纵26.8、横17厘米

沈阳故宫博物院藏

此册页前二开为乾隆皇帝御笔《静宜园记》，全文讲述乾隆乙丑年（1745年）静宜园修建之始末及修葺的诸项原因，并将园内28处景观赋诗绘画。下钤“石渠宝笈所藏”朱文方印、“三希堂”白文长方印、“乾”“隆”朱文圆方连珠印、“秀色入窗虚”白文方印。后十四开，绘有静宜园二十四处景观画面，每幅绘画均有乾隆皇帝御制诗一首，及景观名称和钤印。画册景观分别为勤政殿、丽瞩楼、绿云舫、虚朗斋、翠微亭、青未了、驯鹿坡、蟾蜍峰、栖云楼、知乐濠、香山寺、听法松、采青轩、玉乳泉、绚秋林、雨香馆、晞阳阿、芙蓉坪、香雾窟、栖月崖、玉华岫、森玉笏等，每幅均有乾隆御题诗句，诗后钤“得佳趣”“看云”“典学勤政”“取益在广求”“絜矩”“墨云”“天龙叁昧”“中心止水静”“千潭月印”“中和”“涵虚朗鉴”“云霞思”“比德”“朗润”“乐天”等印。

张若霭（1713~1746年）

字晴岚，善画山水、花鸟。其父张廷玉为雍正、乾隆两朝大学士。雍正十一年（1733年）中殿试金榜二甲一名进士，授内阁学士、礼部侍郎，入直南书房，官至礼部尚书，袭伯爵。其供奉内廷，善画山水、花鸟。

静宜園記

乾隆乙丑秋七月始廓香山之郭雍榛莽剔瓦礫即舊行宫之基葺垣築室佛殿琳宫參錯相望而峯頭嶺腹凡可以占山川之秀供攬結之奇者為亭為軒為廬為广為舫室為蝸寮自四柱以至數楹添置若干區越明年丙寅春三月而園成非創也蓋因也昔我

皇祖於西山名勝古剎無不曠覽遊觀興至則吟賞託懷草木為之含輝岩谷因而增色恐僕役侍從之臣或有所勞也率建行宫數宇於佛殿側無丹雘之飾質朗而往信宿而歸牧圍不煩如岫雲皇姑香山者皆是而惟香山去圓明園十餘里而近乾隆癸亥余始往遊而樂之自是之後或值幾暇輒命駕焉蓋山水之樂不能忘於懷而左右侍御者之揮雨汗而冒風塵亦可厪也於是乎就

皇祖之行宫式葺式營肯堂肯構朴儉是崇志則

先也動静有養體智仁也名曰静宜本周子之意或有合於先天也殿曰勤政朝夕是臨與羣臣咨政要而籌民瘼如圓明園也有憩息之樂者往來之勞以恤下人也山居望遠村平疇耕者耘者饁者穫者斂者歷歷在目杏花菖葉足以驗時令而備農經也若夫巖巒之怪特林薄之華滋是天成而鮮人力信乎造物靈奥而有待於静者之自得耶凡為景二十有八各繪為圖而系之詩

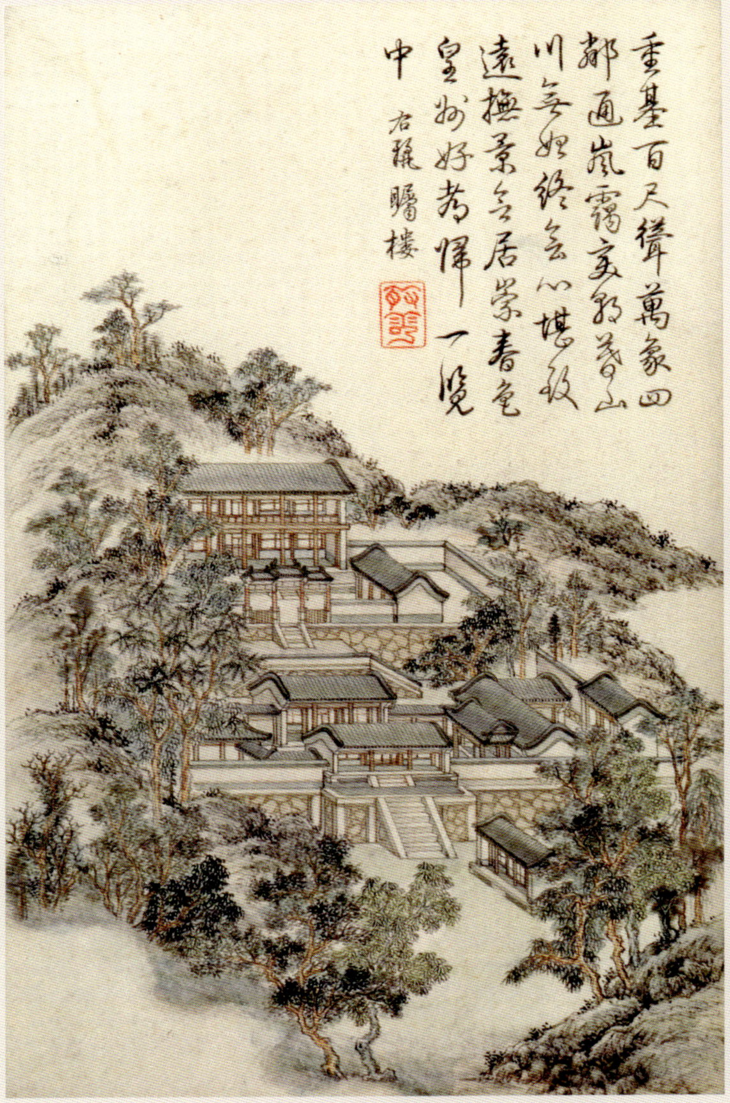
重基百尺聳萬象四
郁通嵐靄交翔蒼山
川無埋終念心堪放
遠撫景念居崇春色
皇州好寄情一覽
中
右睇矚樓

悦心期有
美好樂歲
無荒湯擬
靈猗圃偏
宜山錦香
力農頻驅
驛路桑蠶
同堂
家法傳勤
政孜孜敢暫
忘 右勤政殿

澹泊志乃虛寧
靜視斯朗川雲
供嘯詠天地任
俯仰隱几極目
清披襟滿意爽
惟其無一物是
故含萬象
右虛朗齋

最愛綠陰稠幾餘靜
憩留烟霞常蓊蔚魚
鳥任飛浮不繫篙杠
時將尋古渡頻周
祥悟妙契天地
一虛舟
右綠雲舫

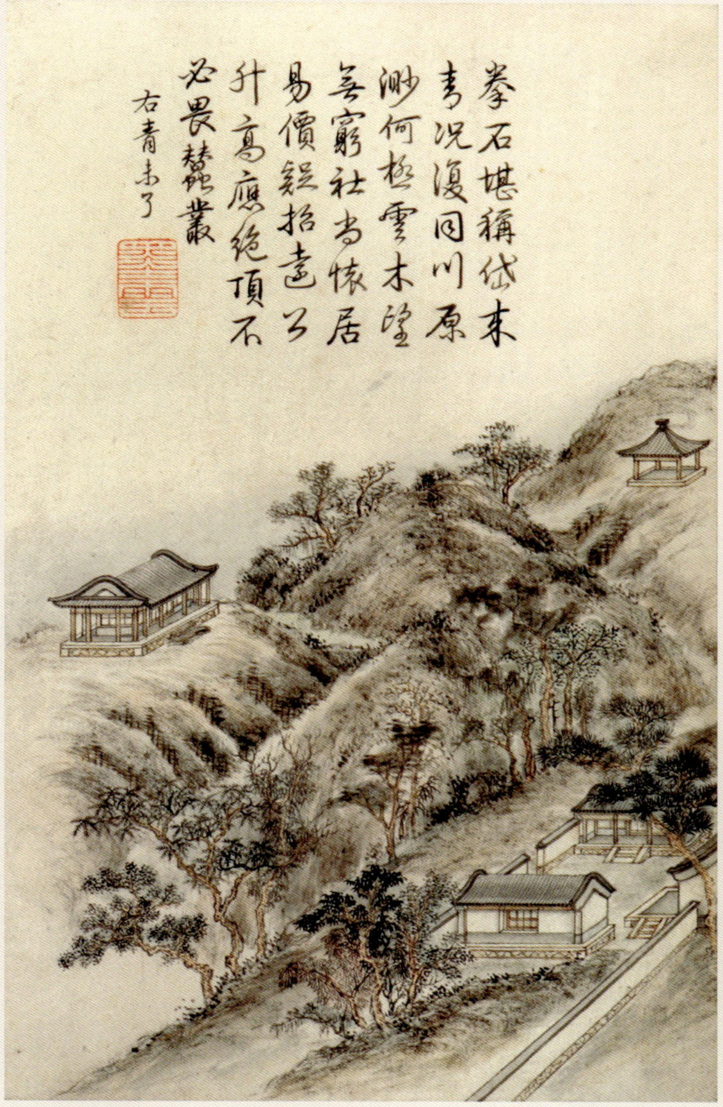
拳石堪稱伏末
青況復同川原
渺何極雲木望
無窮社當懷居
易價鋸招遠乃
升高應絕頂不
必畏攀叢
右青未了

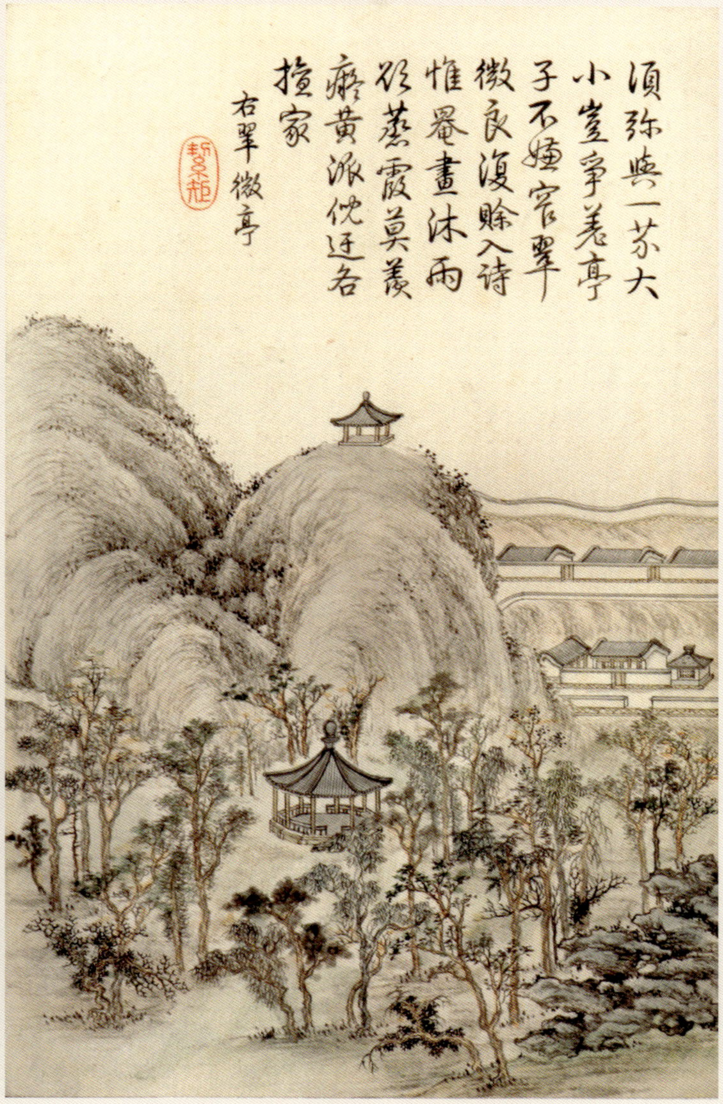
須彌典一芥大
小豈爭羨亭
子不嫌宦卑
徽良復賒入詩
惟暑畫沐雨
招蒸霞莫羨
磨黃派悅廷名
擅家
右翠微亭

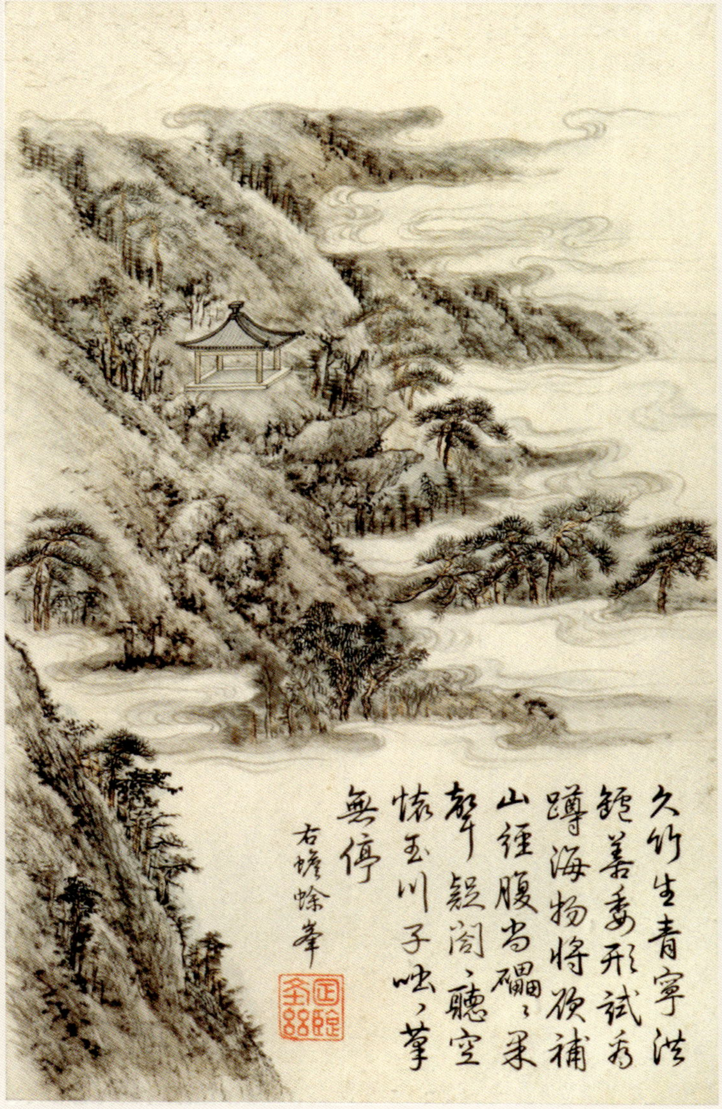
久竹生青寧法
鍾善委形試看
躋海物將欲補
山徑腹當磵々采
幹鋸閣々聽空
懷玉川子味々華
無停
右蟾蜍峯

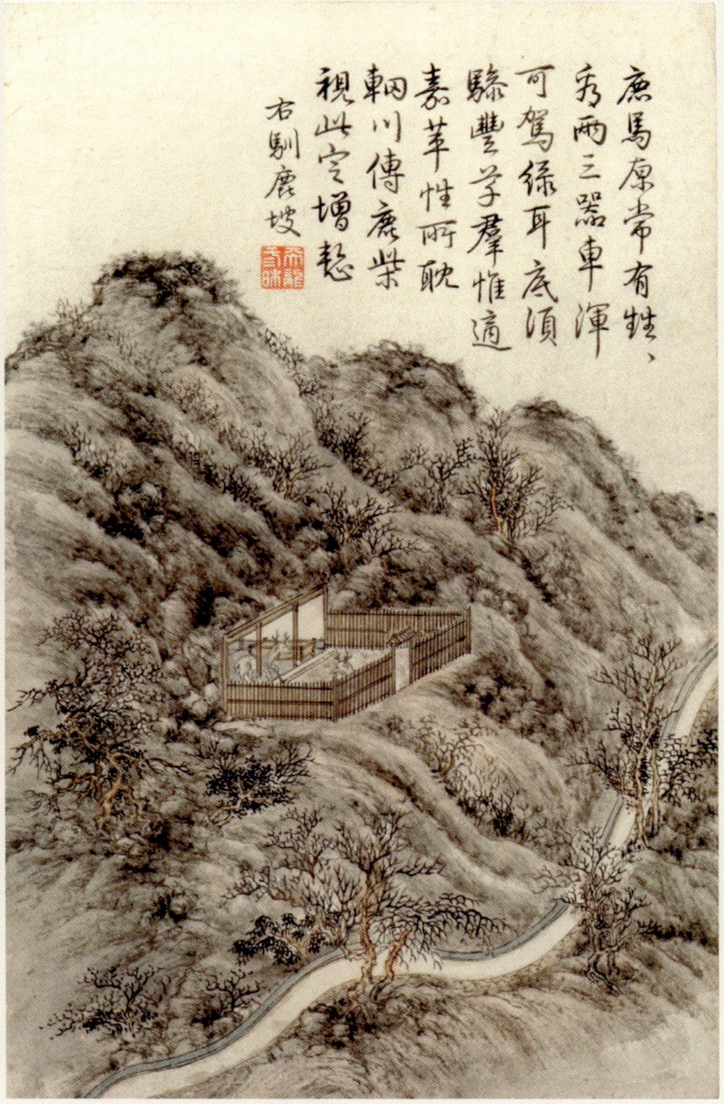
鹿馬原常有牲、
秀兩三器車渾
可駕綠耳底須
騄豐芓犀惟適
素革性所耽
輞川傳鹿柴
視此宜增慙
右馴鹿坡

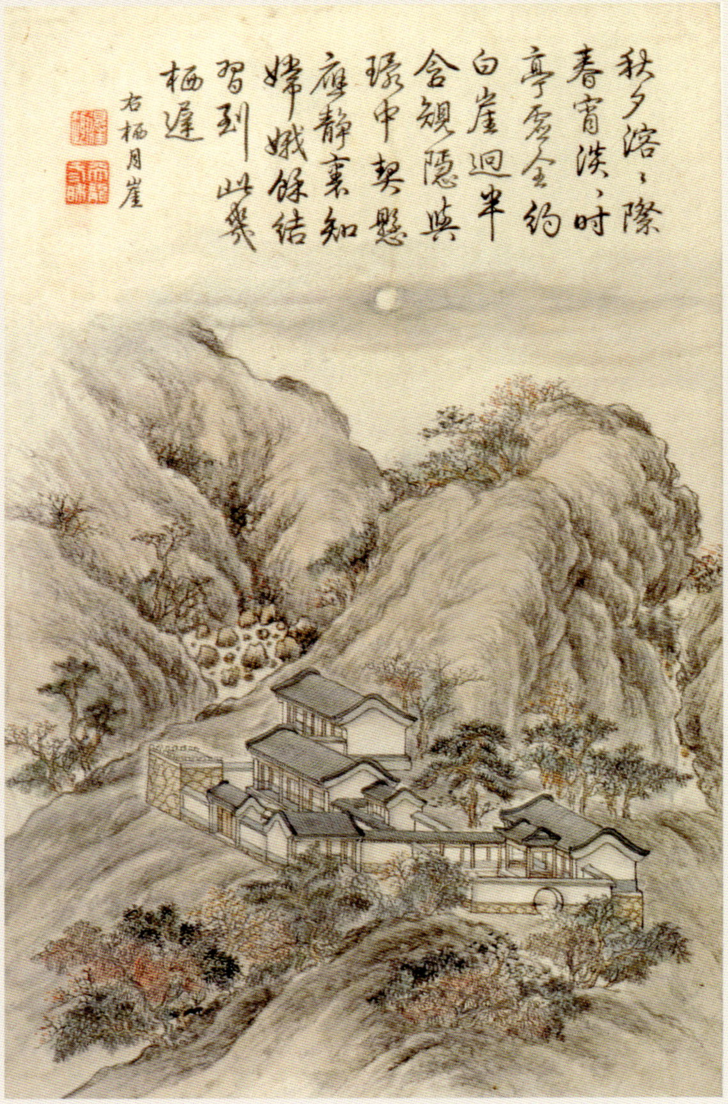
秋夕溶溶際
春宵淡淡時
亭虛金鈎
白崖迴半
合覲隱與
環中契懸
應靜裏知
嫦娥餘結
習到此幾
栖遲
右栖月崖

負緣蘿薜烟
攀陟楓杉嶺
樽俎手足遠
衣裳九夏冷
濕嬉步屧芳
堪令心神屏
將謂窮高處
更有無窮境
右香霧窟

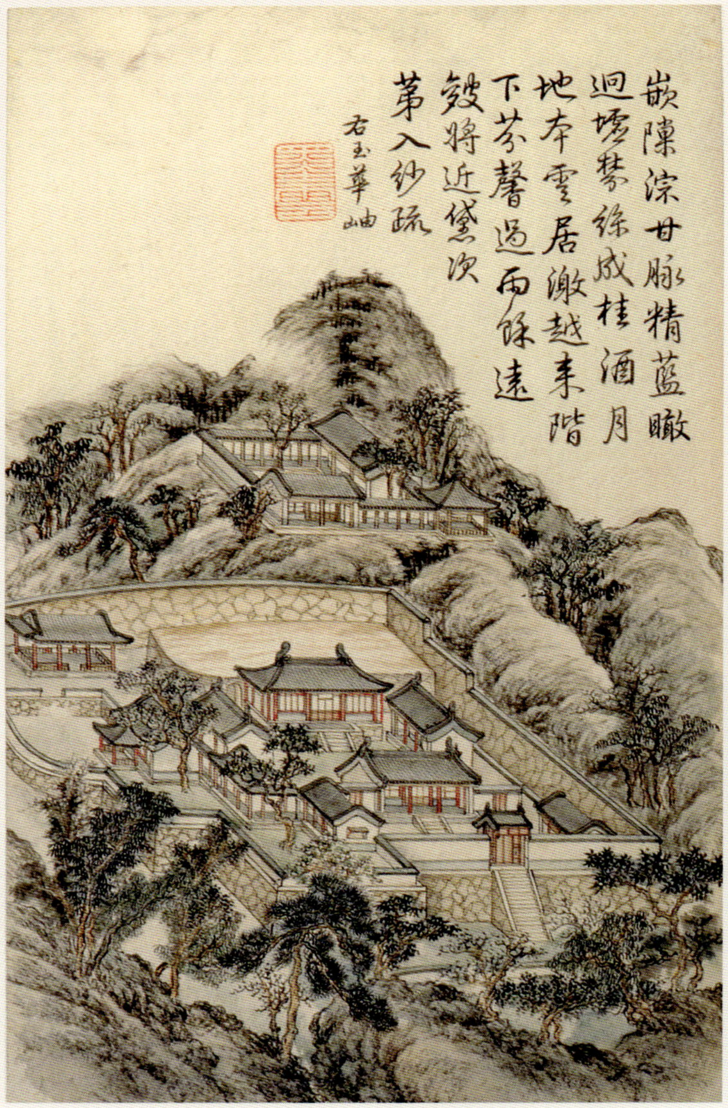
嵌陳淙廿脈精藍瞰
迴壖琴絲成桂酒月
地本雲居漱越來階
下芬馨過雨餘遠
鐘將近黛次
第入紗疏
右玉華岫

迴岡紛合沓
峻嶺聳嵯
峨儀若千
夫立森然
萬玉羅色
無需藻繪
壁不受礱
磨山伯仍天
闌圭璋列
幾多
右森玉笏

濠〻鳴曲注
然否是濠
梁得趣知
魚樂忘機
狎鳥翔岭
喁雲霧上
濺刺柏松
亭寄語拘
墟者來於
惜達莊
右知樂濠

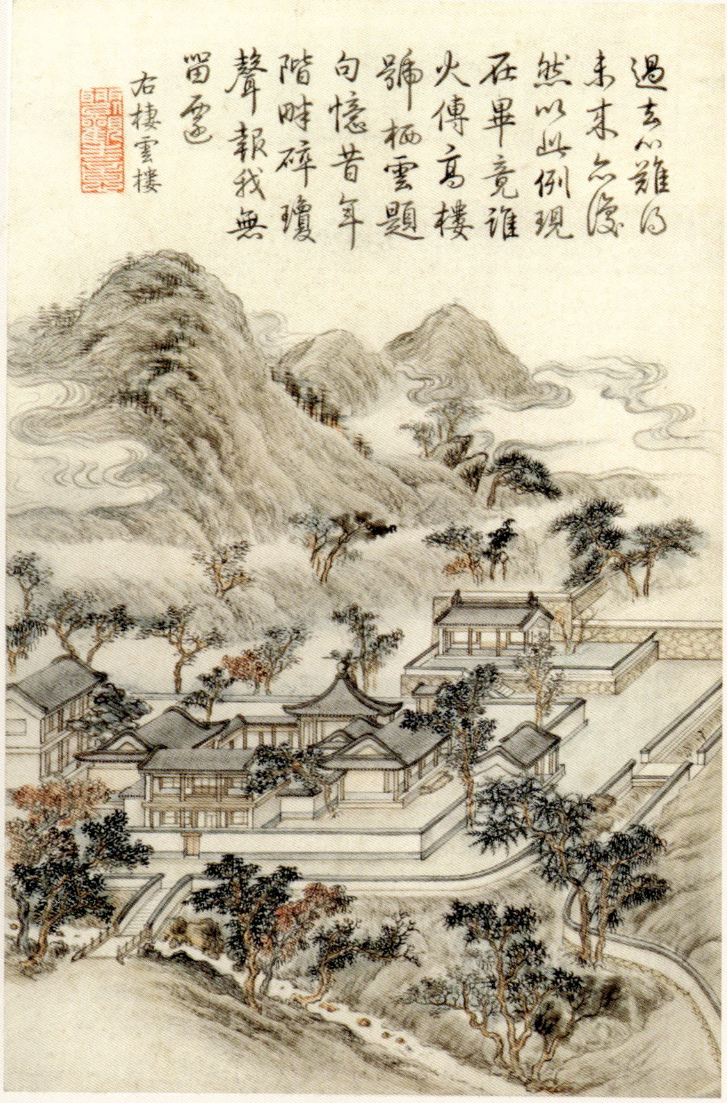
過去心難得
未來心像
然以此例現
在畢竟誰
火傳高樓
歸栖雲題
句憶昔年
階時碎瓊
聲報我無
留遺
右棲雲樓

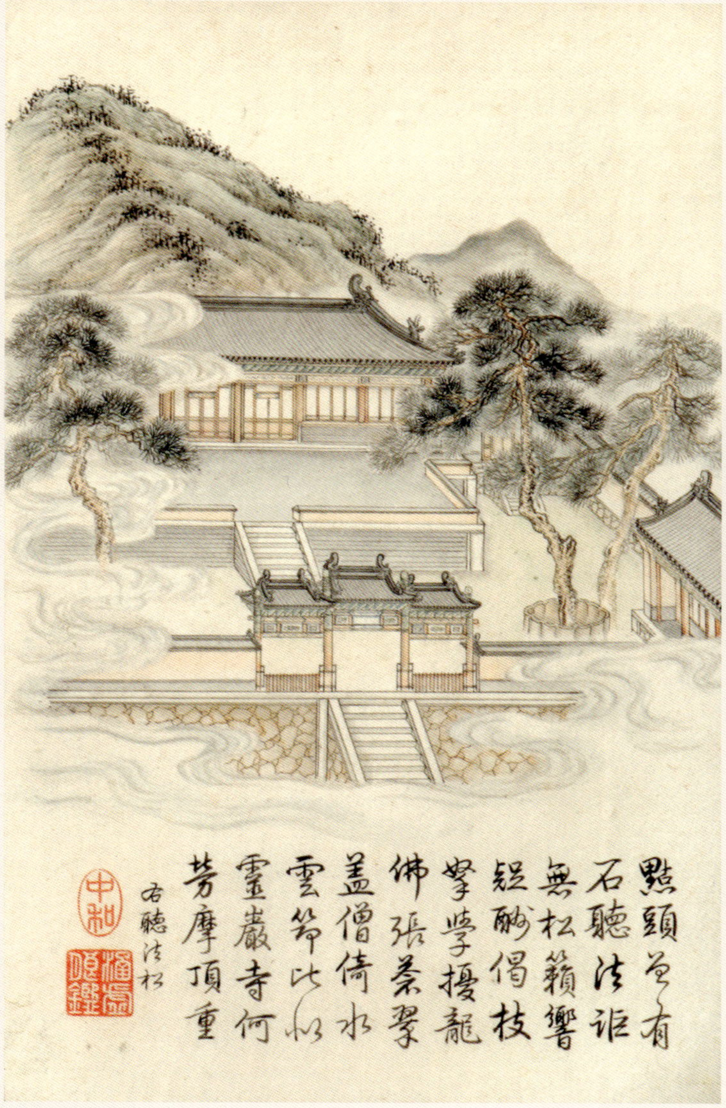
點頭曾有
石聽法詎
無松籟響
絕酬倡枝
掌擎攫龍
佛張素翠
蓋僧倚水
雲節比松
靈巖寺何
勞摩頂重
右聽法松

雁堂傳寶
界鹿苑奉
仙追結夏
參摩詰和
南禮曼殊
分筆馳誦
水清餘飽
伊蒲勞擬
新題句尋
息色相無
右香山寺

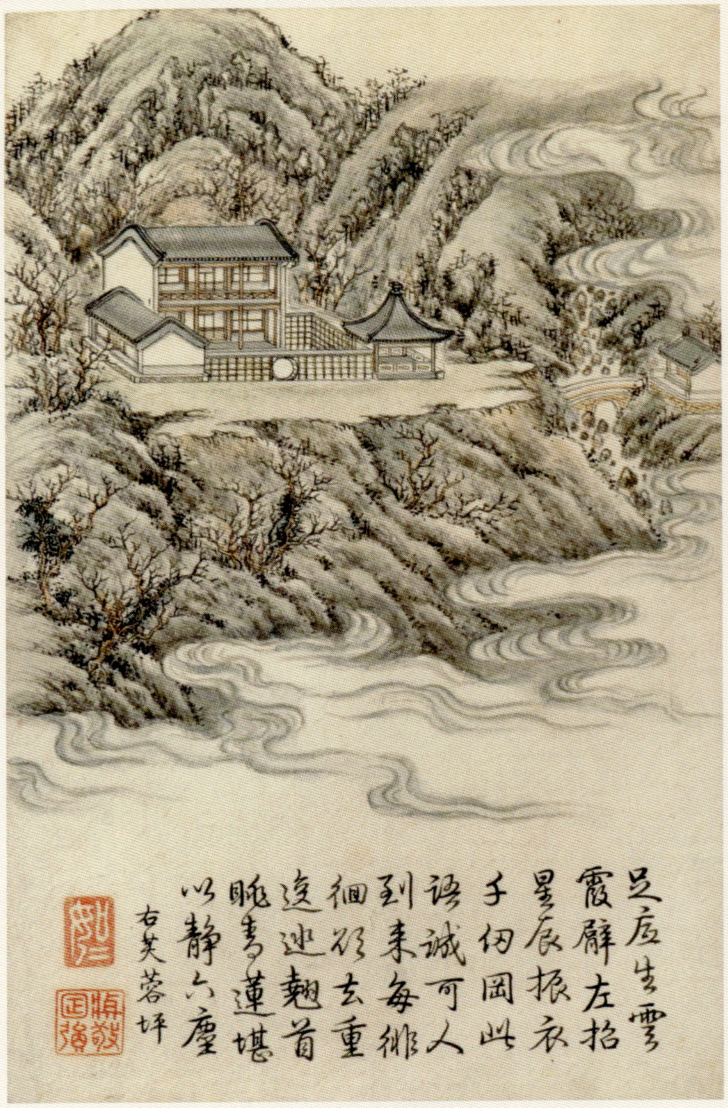
足底生雲
霞辟左招
星辰振衣
千仞岡此
語誠可人
到來每徘
徊得去重
遊迷翹首
眺青蓮堪
以靜六塵
右芙蓉坪

我初未來此
霧氣尒許深
掃石坐升唐
一暢平生心
御梯可
花落繞
視兔鳥沉
自惟昔豈
昔乃知
今匪今
右晞陽阿

築山嘗費力結宇甚
天然踏磴秀霞起
披林納月行惟因
徑作直却化險
爲平九折何須
比因之見物情
右霞標磴

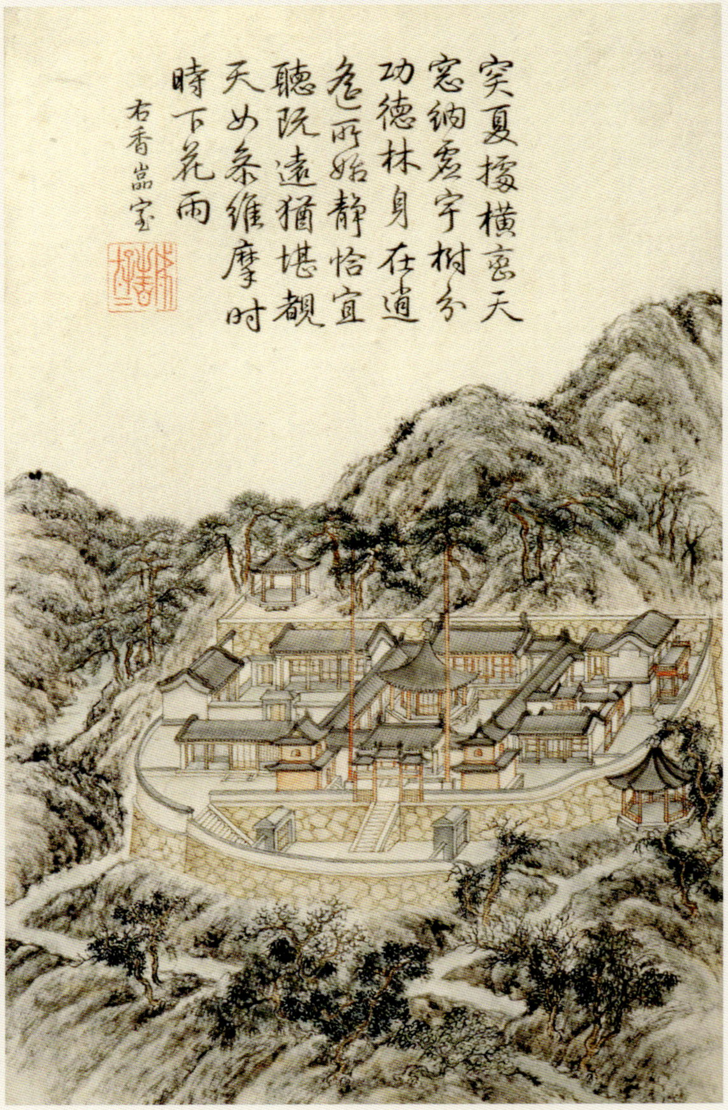
突夏擾橫亙天
窓納雲宇樹分
功德林身在道
急所始靜恰宜
聽既遠猶堪覲
天女來維摩時
時下花雨
右香嵓室

作可激風拂
偏宜皎月涵
西湖不千里
當境即三潭
演漾圓螺影
卷舒晴雨嵐
靈源何處是
一脉試尋探
右玉乳泉

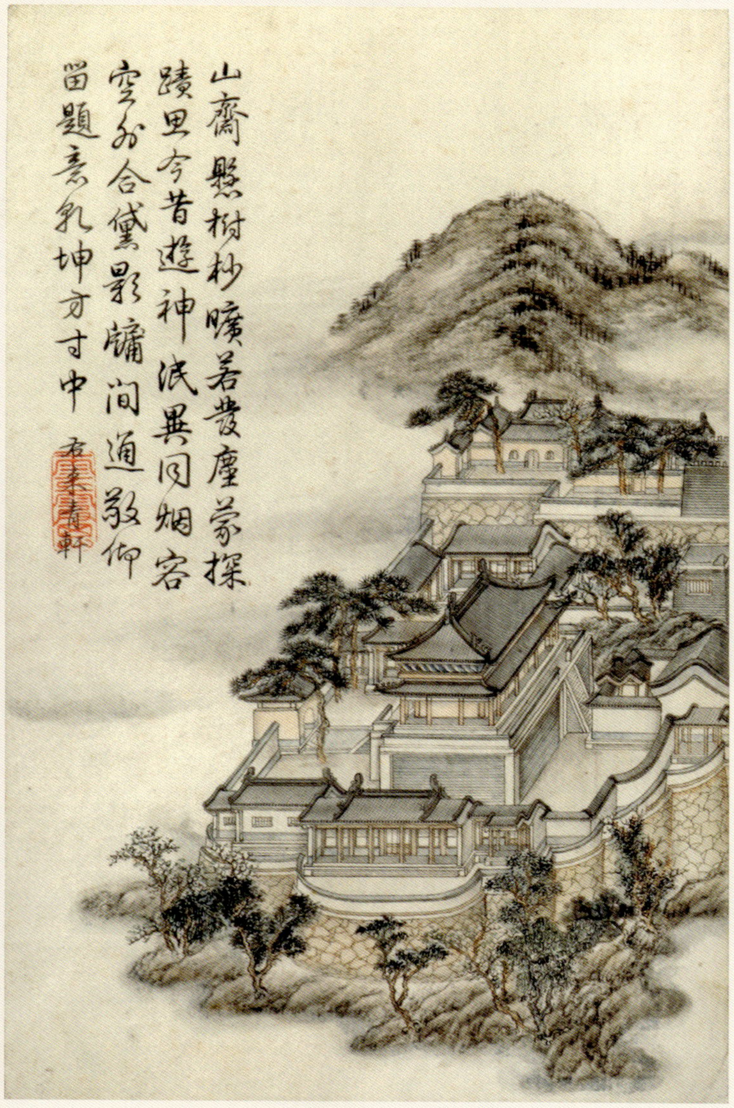
山齋懸樹杪曠若發塵蒙探
蹟且今昔遊神泯異同烟容
空外合黛影牖間通致仰
留題意乾坤方寸中
軒

出雲峯更
秀釀雨地
斯靈景寫
一空白膏
藉苗隴青
悅心惟樂
歲羨志年
慈寧何必
劉賓客端
稱以德馨
右雨香館

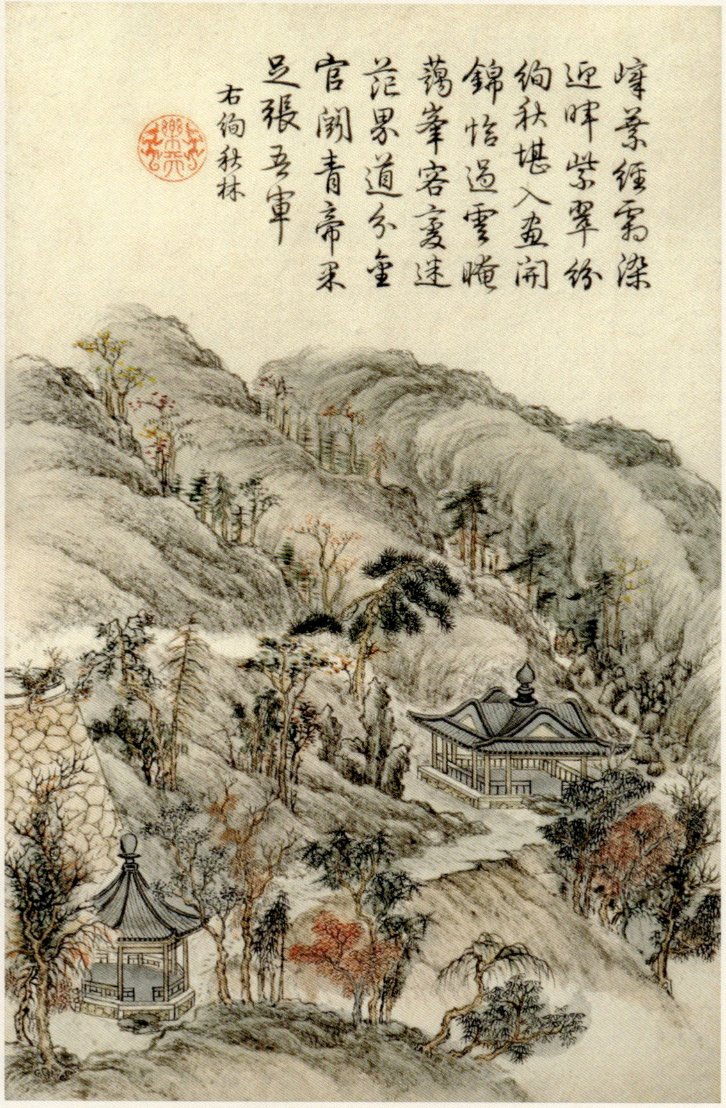
峰葉經霜染
迎眸紫翠紛
絢秋堪入畫閒
錦恰過雲晴
蕩峯容變迷
莊界道分金
官閒青帝采
足張吾軍
右絢秋林

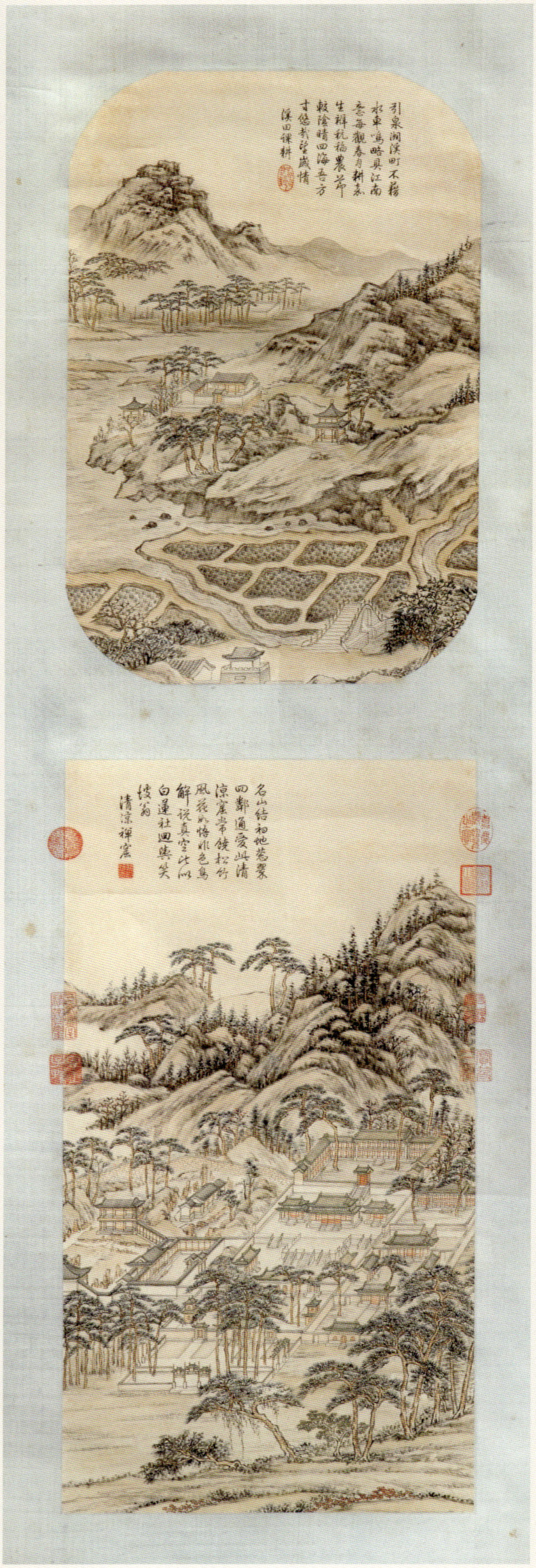

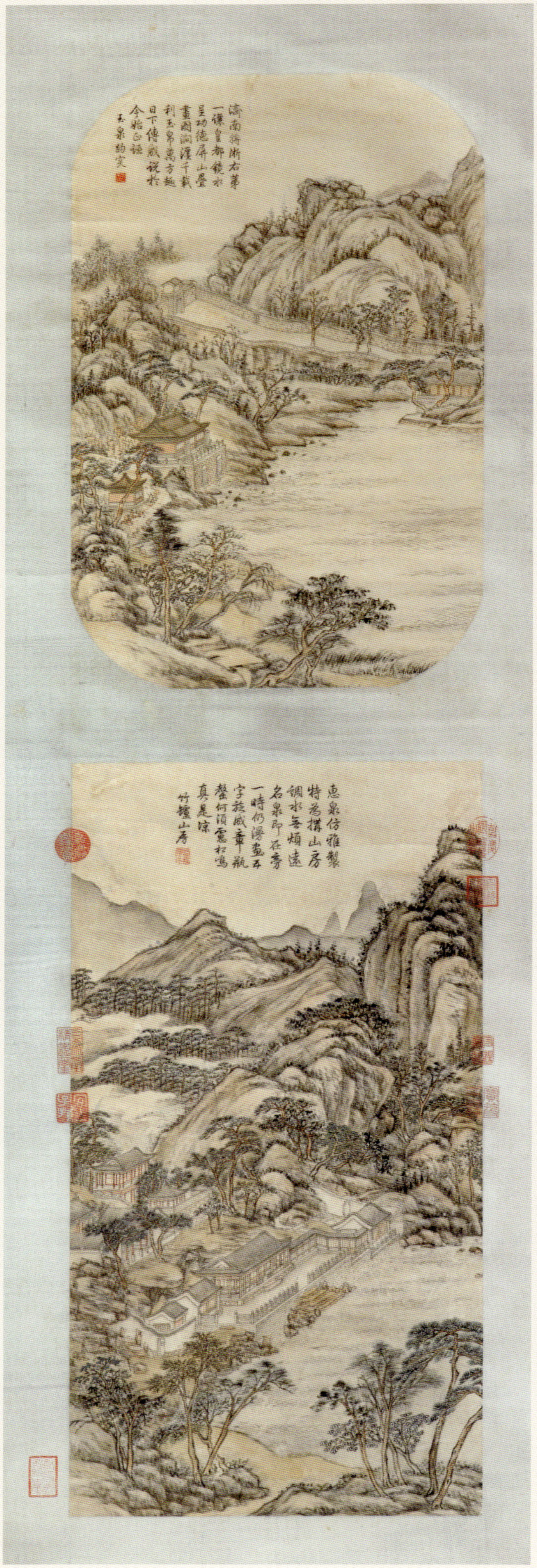

2

静明园图条屏

Paired Scroll of Garden of Tranquility and Brightness

作者：方琮

清乾隆（1736~1795年）

纸本设色 条屏8幅

纵272 横56.8厘米

沈阳故宫博物院藏

静明园为金代始建，清康熙年间修建行宫，定名"澄心园"，后更名为"静明园"。乾隆年间进行大规模增修扩建，形成"静明园十六景"。

此图屏共八幅，均为上、下两开，每一开即为一景，十六处景观遍及全园，每一景都是一处独立的园林景观。图屏以俯瞰的构图手法，逐一展现静明园山区和湖区内各处景观的面貌，既有北方山林丘壑，又有南方秀丽亭台，景界开阔。图屏内容完整，将静明园十六处景观全部体现出来，分别名为溪田课耕、清凉禅窟、玉泉趵突、竹垆山房、圣因综绘、绣辟诗态、采香云径、峡雪琴音、云外钟声、翠云嘉荫、廓然大公、芙蓉晴照、玉峰塔影、风篁清听、镜影涵虚、裂帛湖光。每一景均在画面上方的留白处题乾隆皇帝御制诗一首，诗后属景观名称，并加盖钤印，有"如水如镜""几暇临池""会心不远""取益在广求""德充符""得佳趣""几暇怡情""研露"等印。每条屏均在下一开绘画的左右两边相同位置钤"乾隆宸翰"朱文方印、"嘉庆御览之宝"朱文椭圆形印、"嘉庆鉴赏"白文圆印、"宣统御览之宝"朱文方印、"石渠宝笈"朱文长方印、"宝笈三编"朱文方印、"三希堂精鉴玺"朱文长方印、"宜子孙"白文方印等皇家鉴藏、注录玺印。其中，翠云嘉荫一开的右下角有署款"臣方琮恭画"。

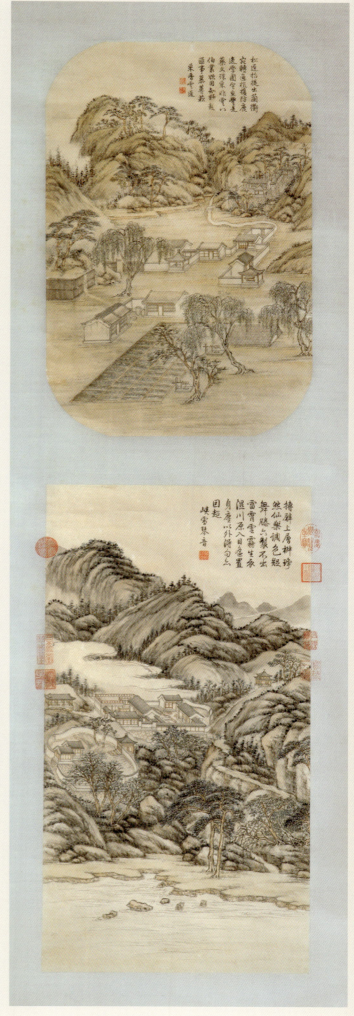

方琮（生卒年不详）

字黄山、友璜，号石颠，浙江人。师学黄公望，后学张宗苍。曾供奉内廷，擅画山水楼阁，画风工整细致。

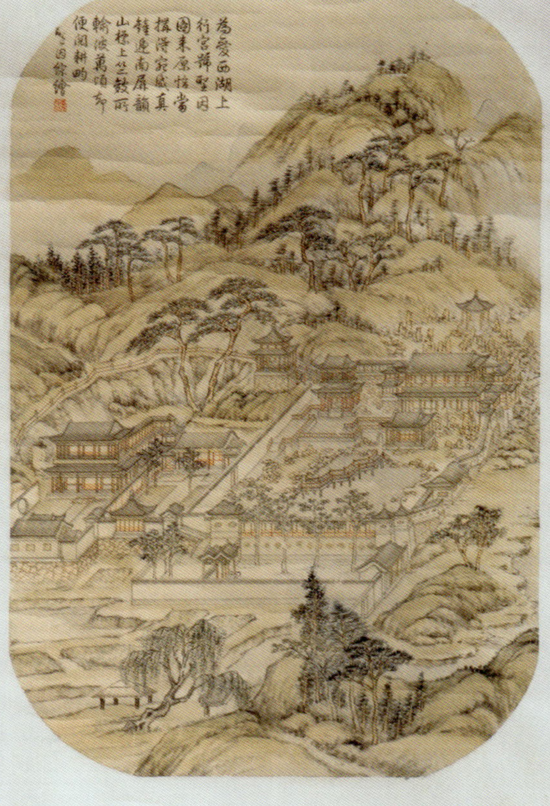

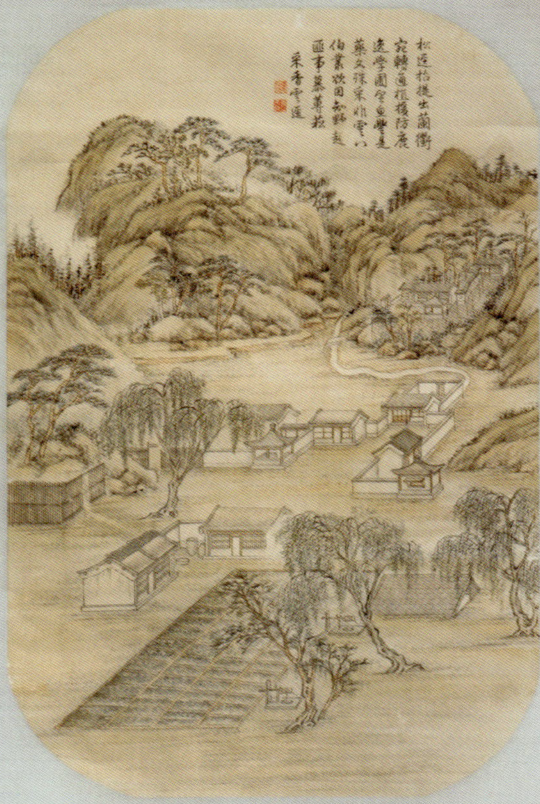

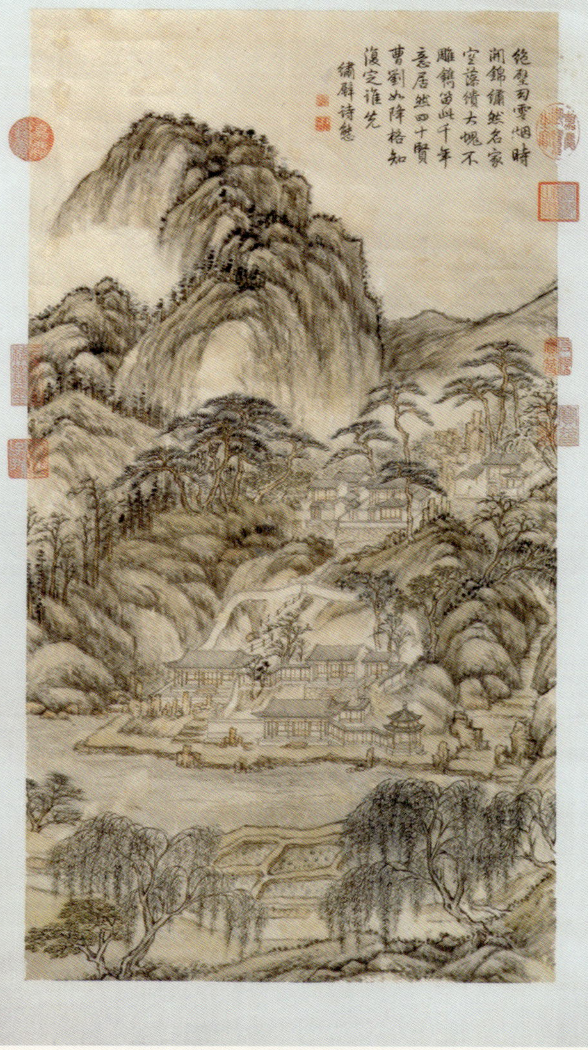

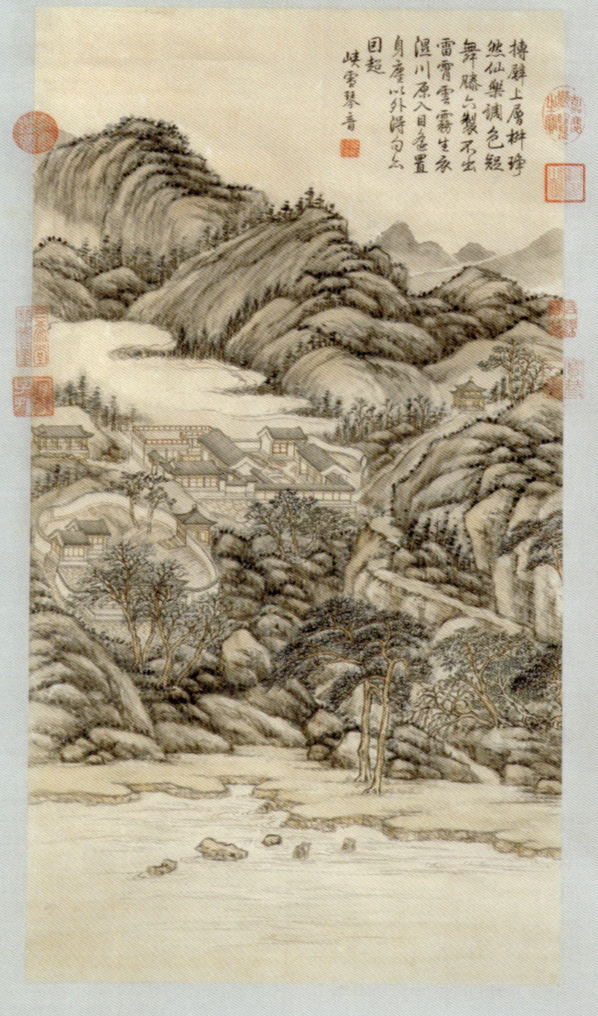

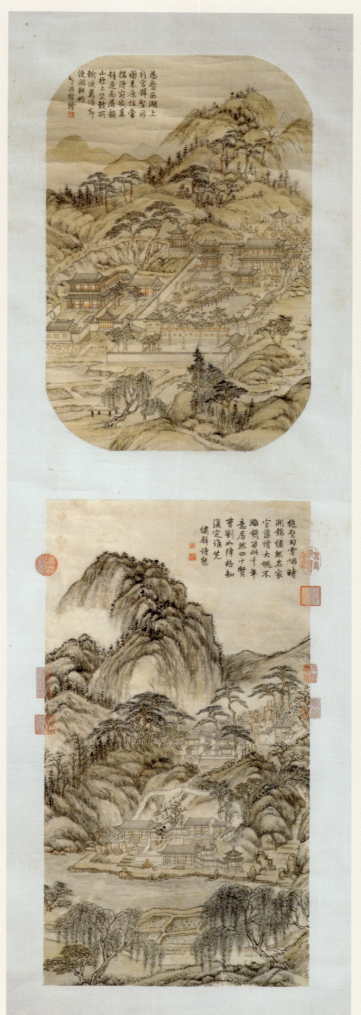

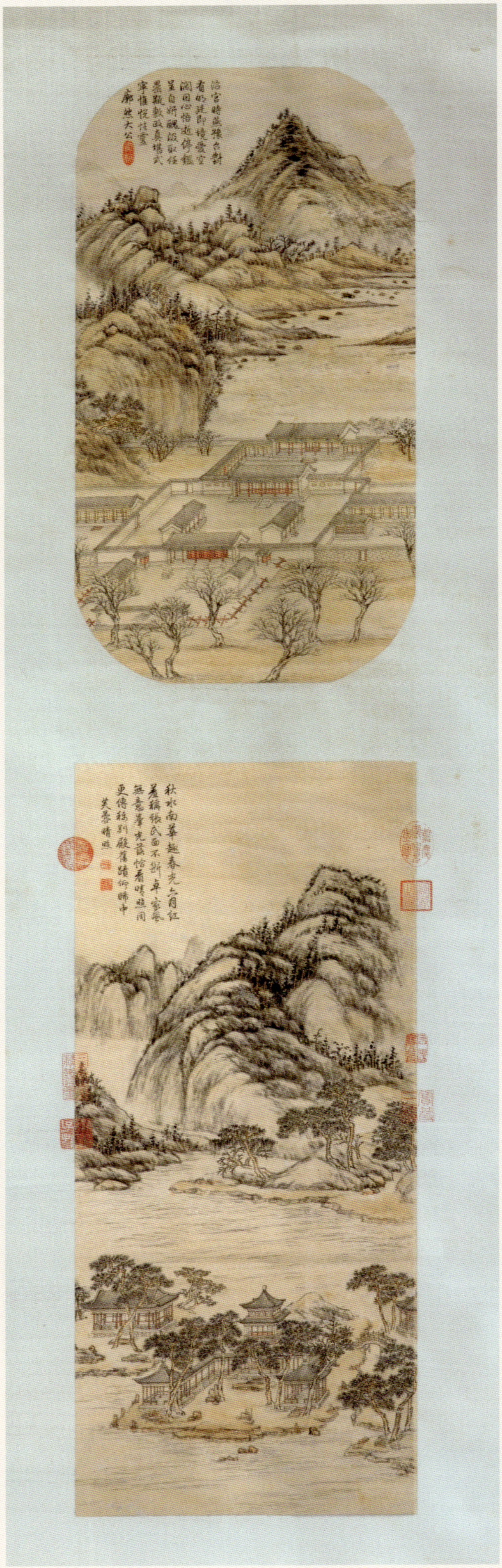

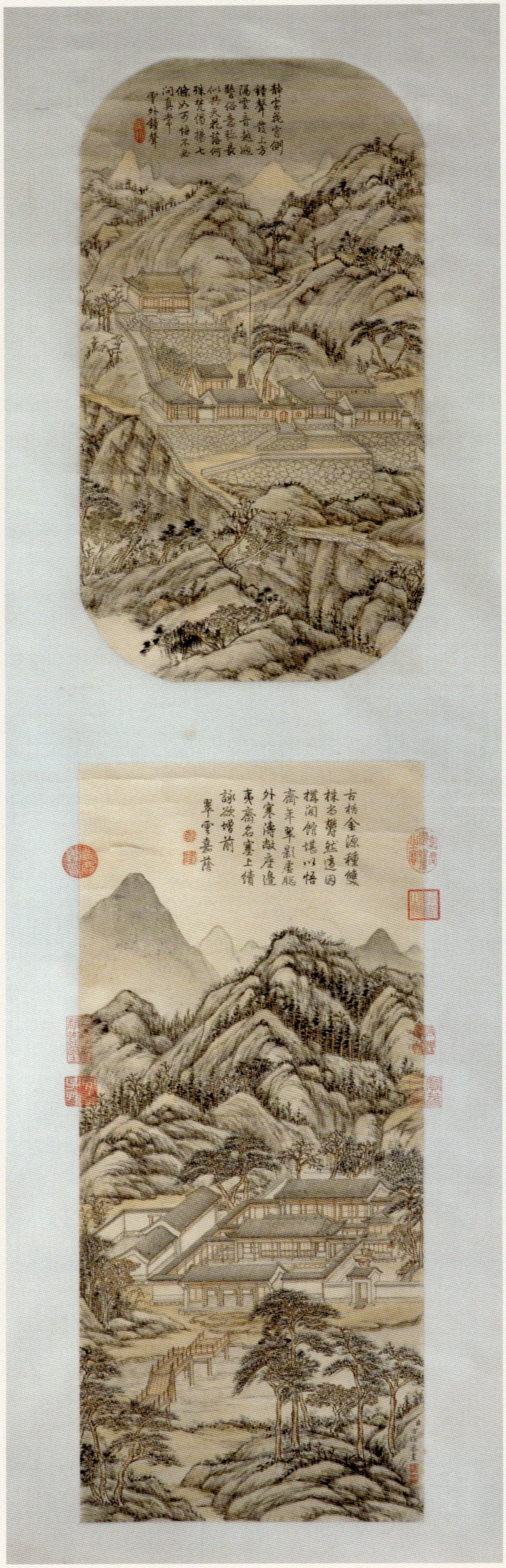

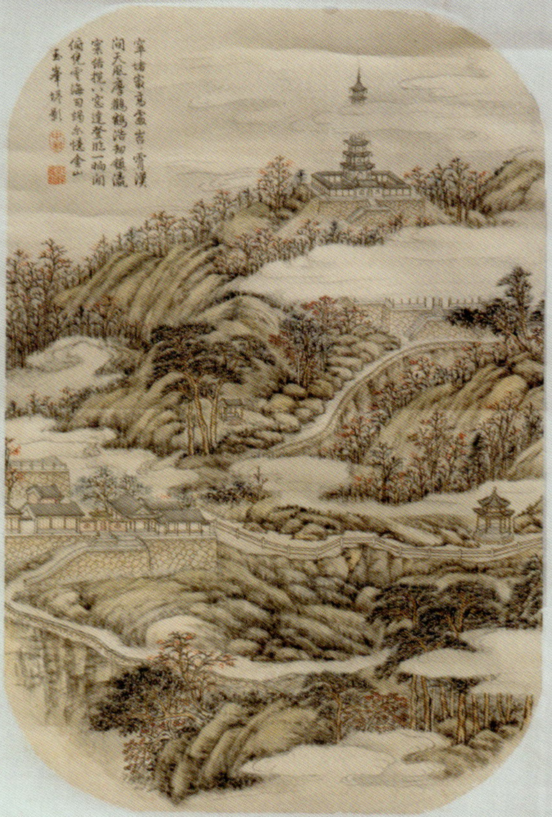

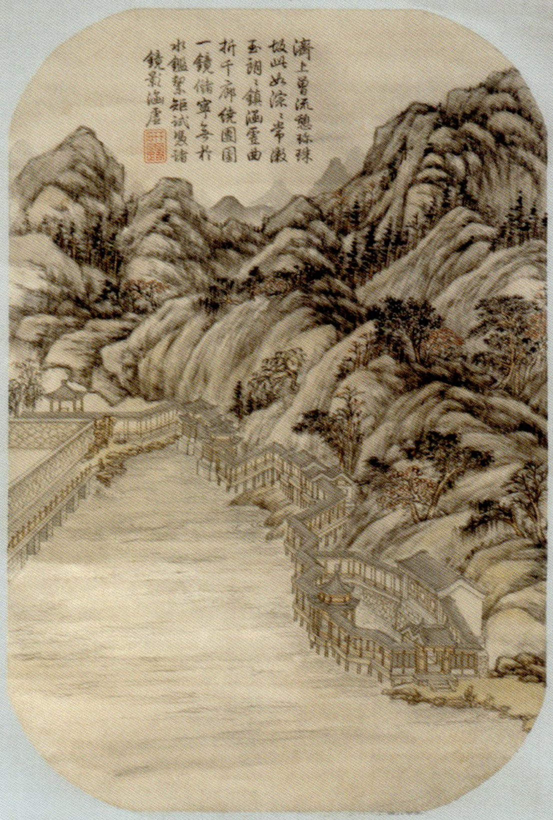

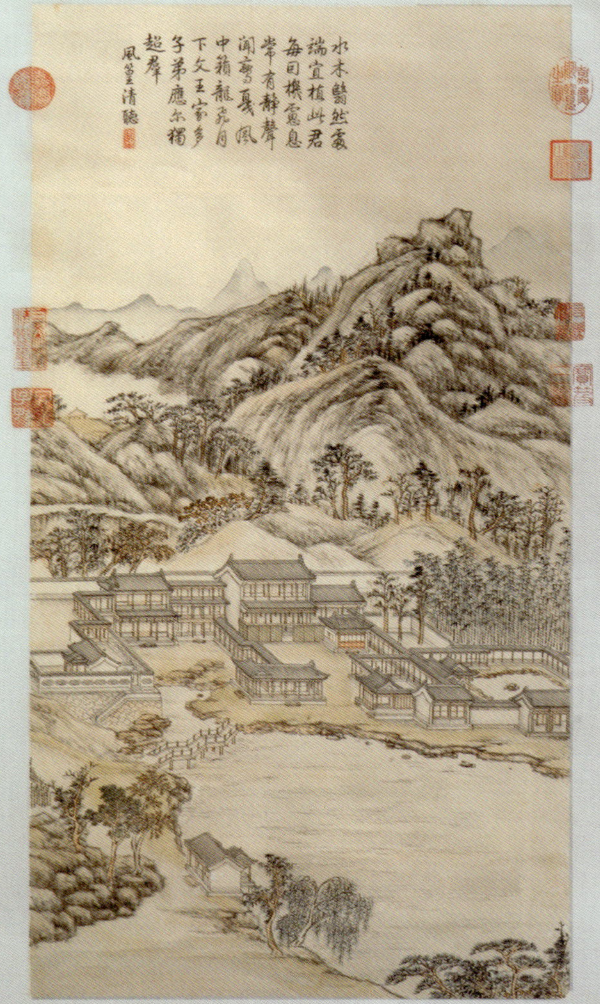

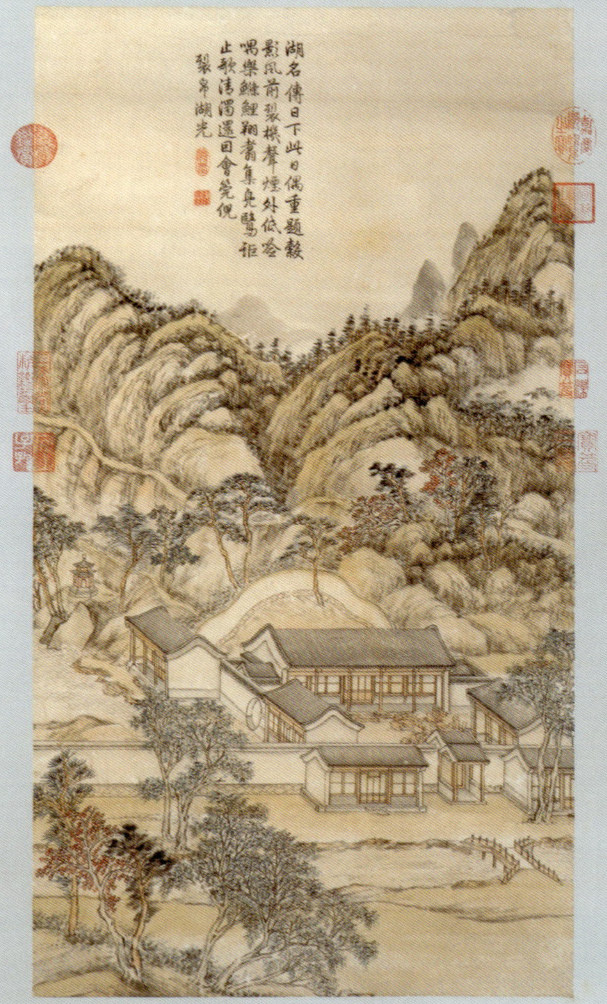

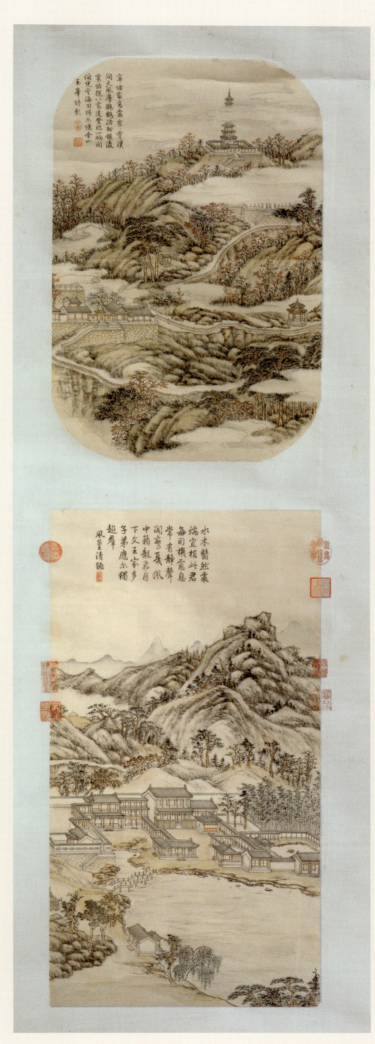

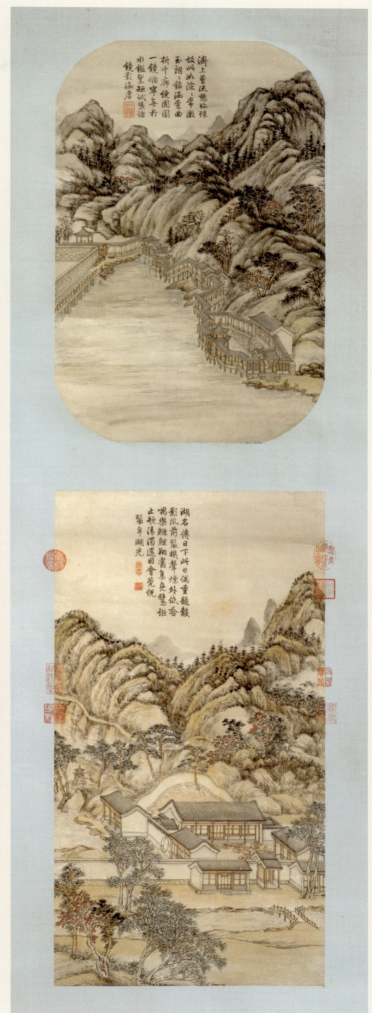

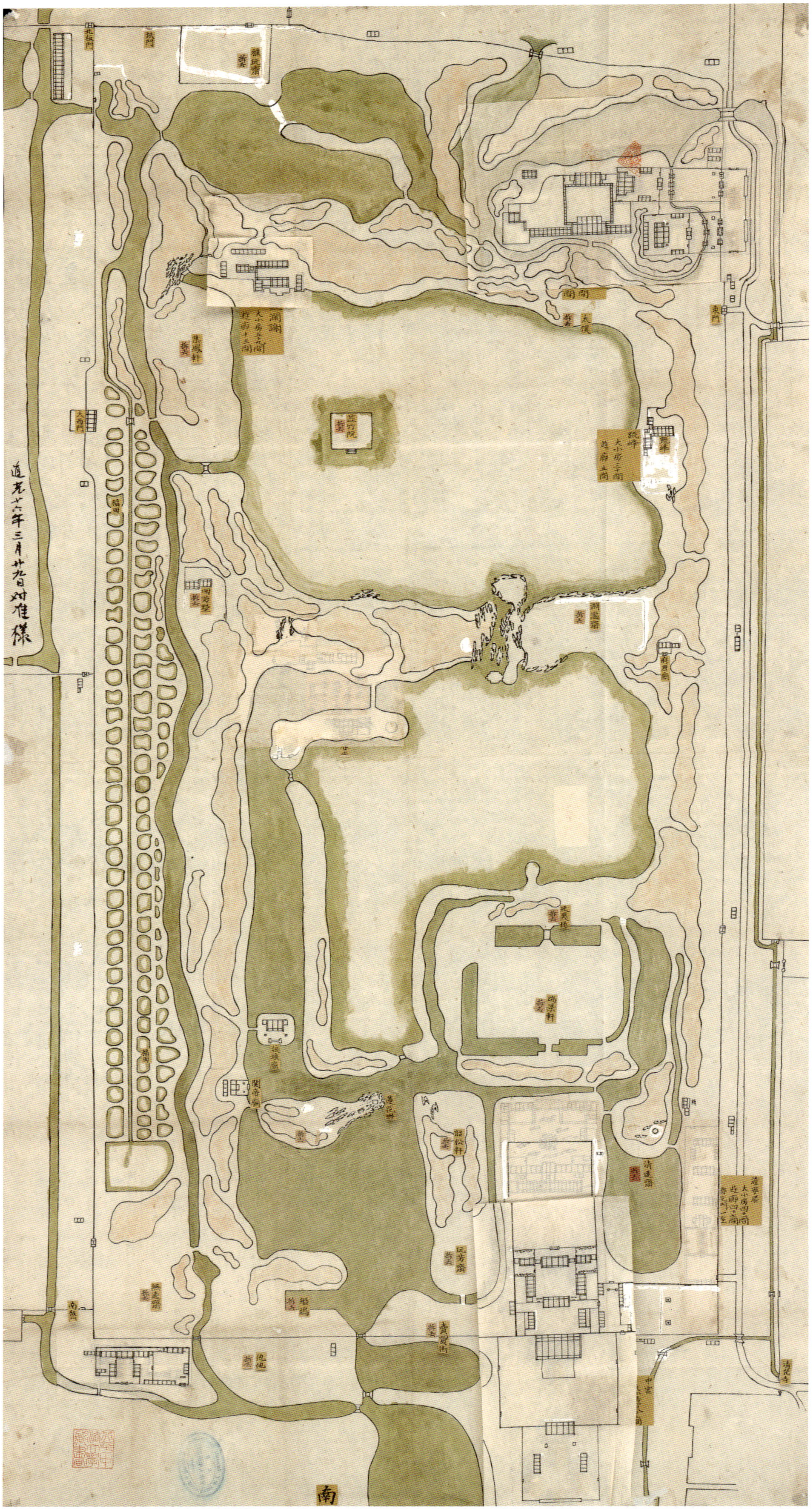

3

畅春园地盘全图

Site Plan of the Garden of Exuberant Spring

清道光十六年（1836年）

故宫博物院藏

4

太狮少狮青玉摆件

Green Jade Carved Lions

明（1368~1644年）

长33、宽14.5、高20厘米

1963年圆明园遗址采集

首都博物馆藏

青玉质，整体呈灰绿色，局部有褐色斑。工匠以简单写实的设计构思、精湛的技艺将狮子的形态展现得淋漓尽致。造型生动、趣致，太狮神情威武目视前方，双耳贴于头侧，凸目大鼻，张唇露齿，少狮卧于太狮足边、前爪搭于太狮爪上，眼望太狮，姿态乖巧温顺。

5

『兼管圆明园健锐营事务江印』兽纽象牙方章

Ivory Seal with an Animal-Shaped Knob

清（1644~1911年）

长2.8、宽2.8、高6.7厘米

首都博物馆藏

象牙质地，兽纽。阳文篆书“兼管圆明园健锐营事务江印”。

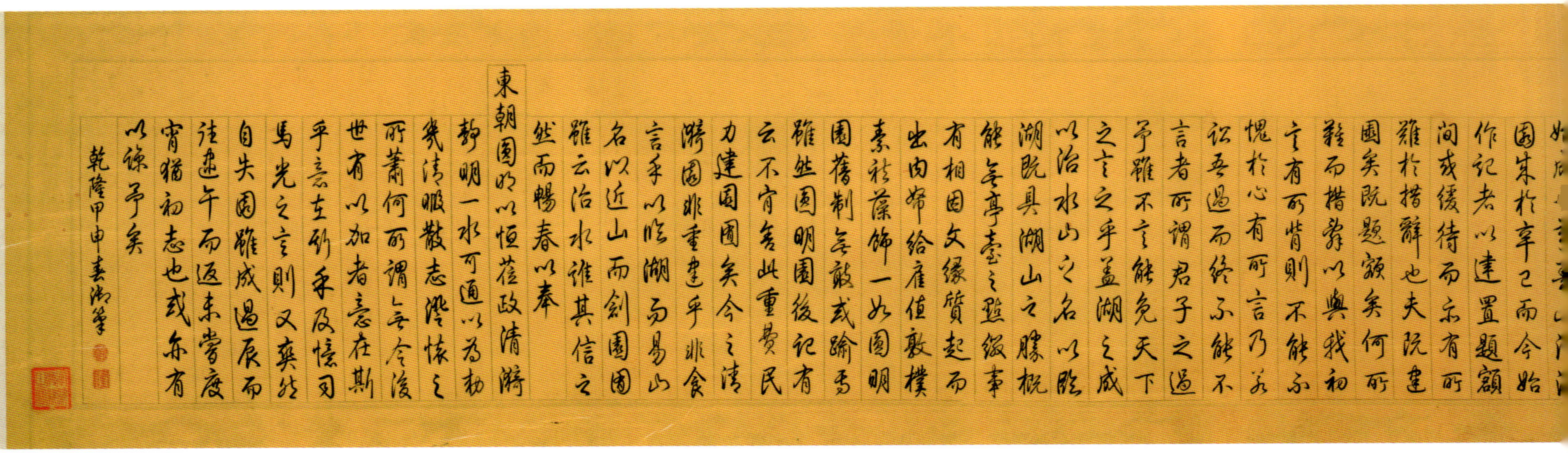

6

弘历行书万寿山清漪园记卷

Record of the Longevity Hill and Garden of Clear Ripples Written by the Qianlong Emperor

清乾隆（1736~1795年）

故宫博物院藏

弘历书，纸本，行书。正文为乾隆帝于乾隆二十九年所做《万寿山清漪园记》，阐述因治水而修清漪园，进一步完善西郊水系，因此违背圆明园后不建园的原因。引首题“达辞明志”，钤“乾隆御笔”印。卷前钤“五福五代堂古稀天子宝”“八征耄念之宝”“太上皇帝之宝”“石渠宝笈所藏”“用笔在心”“卍（万）有同春”印章。款下有“乾”“隆”连珠印，卷后有“宣统御览之宝”方印。

附原文：万寿山昆明湖记作于辛未，记治水之由与山之更名及湖之始成也。万寿山清漪园成于辛巳，而今始作记者，以建置题额间或缓待而亦有所难于措辞也。夫既建园矣，既题额矣，何所难而措辞？以与我初言有所背，则不能不愧于心。有所言乃若诵吾过而终不能不言者，所谓君子之过。予虽不言，能免天下之言之乎？盖湖之成以治水，山之名以临湖，既具湖山之胜概，能无亭台之点缀？事有相因，文缘质起，而出内帑，给雇直，敦朴素，祛藻饰，一如圆明园旧制，无敢或逾焉。虽然，圆明园后记有云，不肯舍此重费民力建园囿矣，今之清漪园非重建乎？非食言乎？以临湖而易山名，以近山而创园囿，虽云治水谁其信之？然而畅春以奉东朝，圆明以恒莅政，清漪静明一水可通，以为勅几清暇散志澄怀之所，萧何所谓无令后世有以加者，意在斯乎！意在斯乎！及忆司马光之言，则又爽然自失。园虽成，过辰而往，逮午而返，未尝度宵，犹初志也，或亦有以谅予矣。 乾隆甲申春御制。

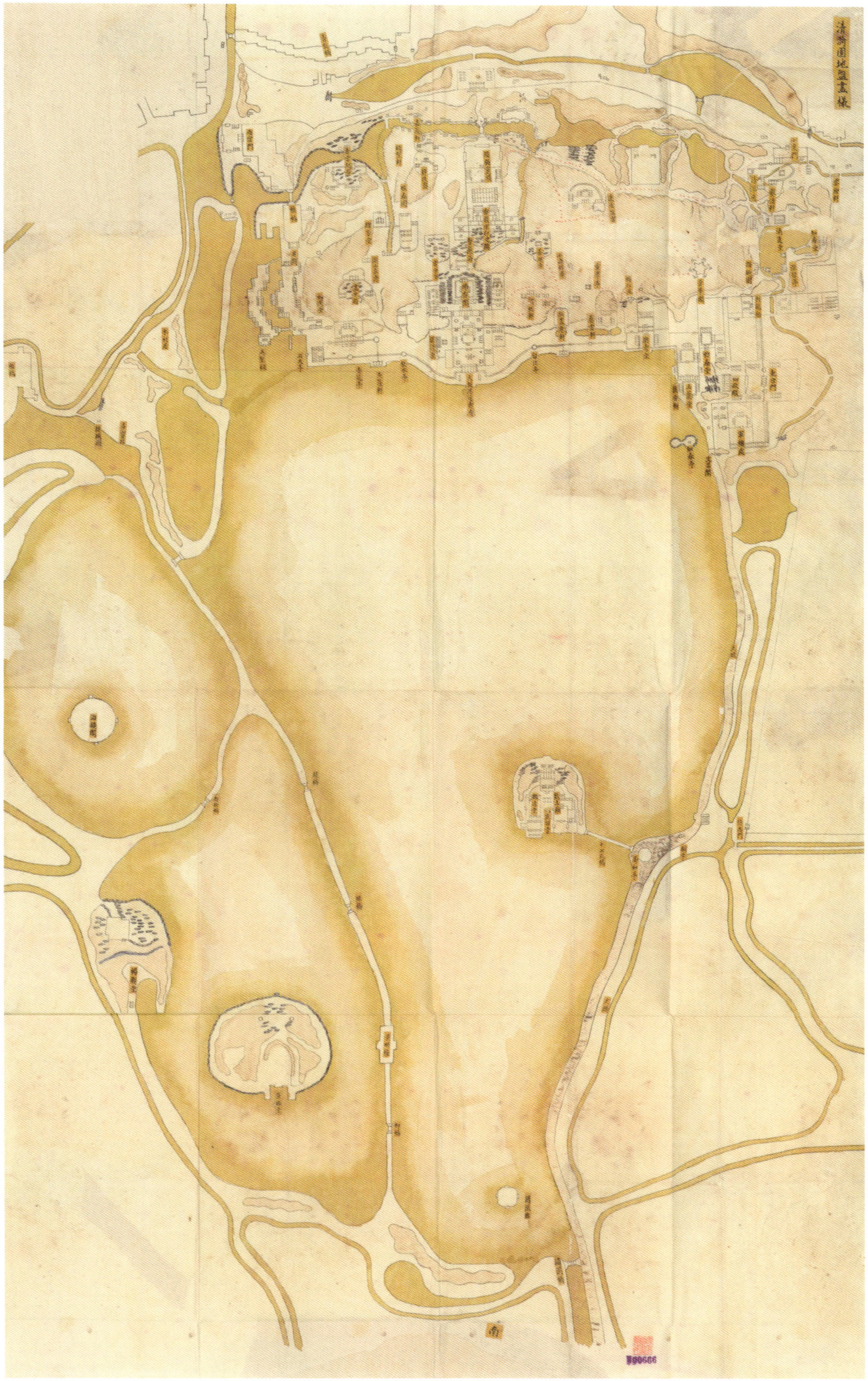

7

清漪园地盘画样

Site Plan of the Garden of Clear Ripples

清（1644~1911年）

纵114.2、横70厘米

国家图书馆藏

图中清漪园建筑格局完整，大部分建筑群贴有相应的题名图签。依据乐安和、构虚轩、怡春堂等建筑存毁情况，推测此图绘制于道光二十年至二十四年。

8

都畿水利图轴（局部）

Water Conservancy of the Capital (Detail)

作者：爱新觉罗·弘旿

清乾隆（1736~1795年）

国家博物馆藏

原画以玉泉山开始，绘其水流源自西山，聚于昆明湖，流经长河，贯绕京城，于城东南入通惠河、潞河；反映了乾隆年间（1736～1795年）北京地区水系分布与水利设施、风景地貌、苑囿城郭等情况。图中钤有“石渠宝笈”“宝笈重编”“三希堂精鉴玺”等印记。卷末有作者自题款识23行，下钤“臣”“旿”两印。所示局部展现了昆明湖周边的景观。

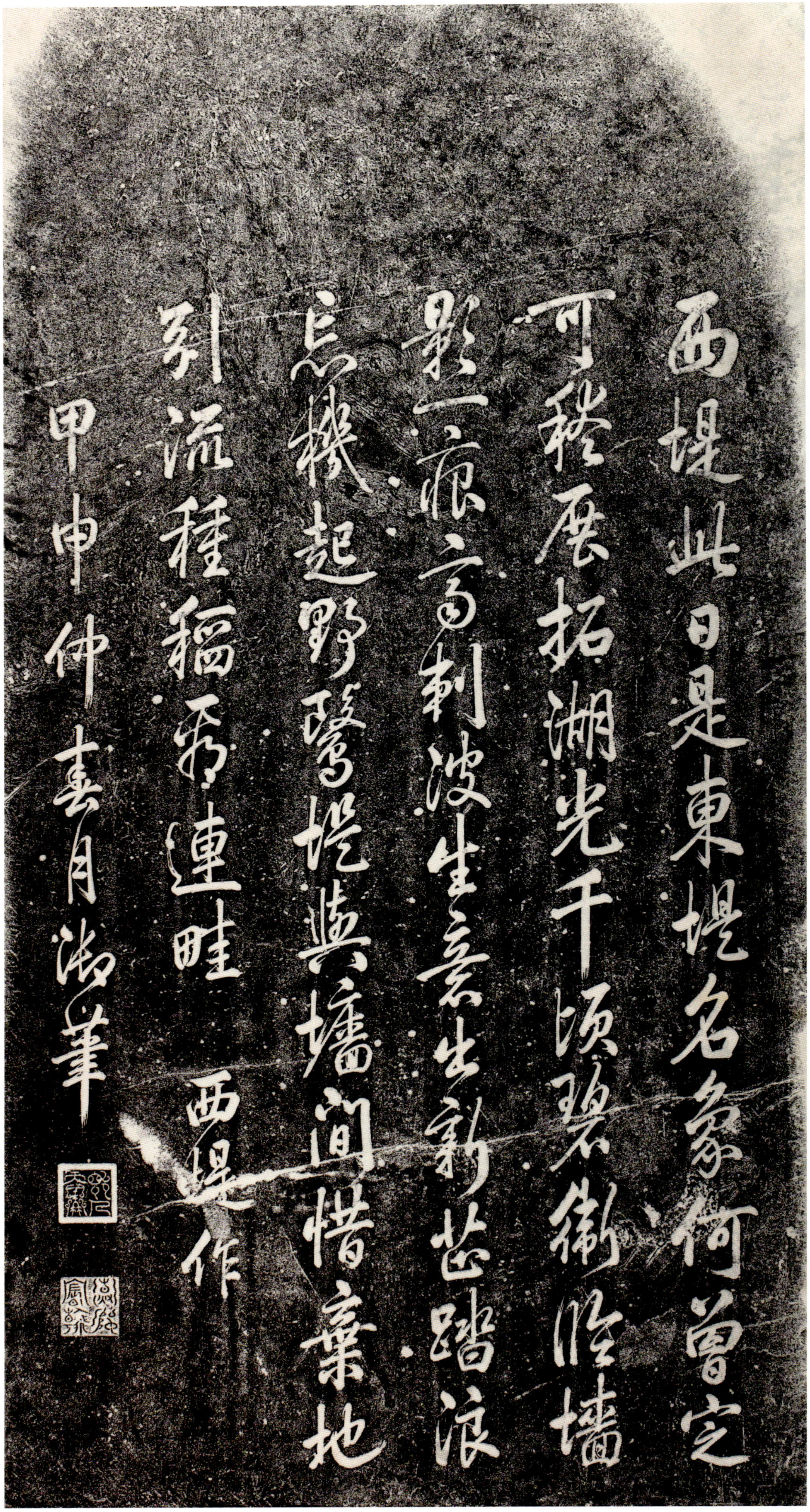

9

昆仑石碑《西堤》诗文拓片

Rubbing of Western Dyke on a Kunlun Stele

现代

纵 238、横 107 厘米

颐和园藏

此为东堤昆仑石碑面东诗文拓片。该石碑位于昆明湖东岸铜牛以北，坐西面东，碑长方形，弧形碑首，四面皆刻乾隆皇帝所作御制诗文。其中东面阴刻乾隆御笔行书《西堤》七律诗一首。

刻文：“西堤此日是东堤，名象何曾定可稽。展拓湖光千顷碧，卫临墙影一痕齐。刺波生意出新芷，踏浪忘机起野鹥。堤与墙间惜弃地，引流种稻看连畦。西堤作。甲申仲春月御笔。” 以及“信天主人”“乾隆宸翰”两方印文。

10

《万寿山昆明湖记》碑文拓片

Rubbing of the Record of the Kunming Lake of the Longevity Hill

现代

纵 390、横 189 厘米

颐和园藏

此为《万寿山昆明湖记》碑文拓片，石碑立于清乾隆十六年（1751年），位于佛香阁东侧转轮藏前。碑以青白石雕制而成，坐北面南，碑通高9.875、厚1.09米，形制巨大。碑额为长方形宝顶，深雕双龙，须弥座束腰，碑身雕龙边，上枋雕浮莲；碑座上雕刻神兽海浪图案。碑身四面阴刻皆为乾隆帝御笔，正面是“万寿山昆明湖”擘窠正书，背面为记述修浚昆明湖始末的“万寿山昆明湖记”，两侧为乾隆帝御制昆明湖诗。

刻文：“万寿山昆明湖记：岁己巳，考通惠河之源而勒碑于麦庄桥。元史所载，引白浮、瓮山诸泉云者，时皆湮没不可详。夫河渠，国家之大事也，浮漕利涉灌田，使涨有受而旱无虞，其在导泄有方而潴蓄不匮乎！是不宜听其淤阏泛滥而不治。因命就瓮山前，芟苇茭之丛杂，浚沙泥之隘塞，汇西湖之水都为一区。经始之时，用事者咸以为新湖之廓与深两倍于旧，踟蹰虑水之不足。及湖成而水通，则汪洋漭沆，较旧倍盛，于是又虑夏秋汛涨或有疏虞。甚哉集事之难，可与乐成者以因循为得计，而古人良法美意，利足及民而中止不究者，皆是也。今之为闸为坝为涵洞，非所以待汛涨乎？非所以济沟塍乎？非所以启闭以时使东南顺轨以浮漕而利涉乎？昔之城河水不盈尺，今则三尺矣。昔之海甸无水田，今则水田日辟矣。顾予不以此矜其能而滋以惧。盖天下事必待一人积思劳虑，亲细务有弗辞，致众议有弗恤，而为之以侥幸有成焉，则其所得者必少而所失者亦多矣。此予所重慨夫集事之难也。湖既成，因赐名万寿山昆明湖，景仰放勋之迹，兼寓习武之意。得泉瓮山而易之曰万寿云者，则以今年恭逢皇太后六旬大庆，建延寿寺于山之阳故尔。寺别有记，兹特记湖之成，并元史所载泉源始末废兴所由云。乾隆十有六年岁次辛未长至月御制并书。”

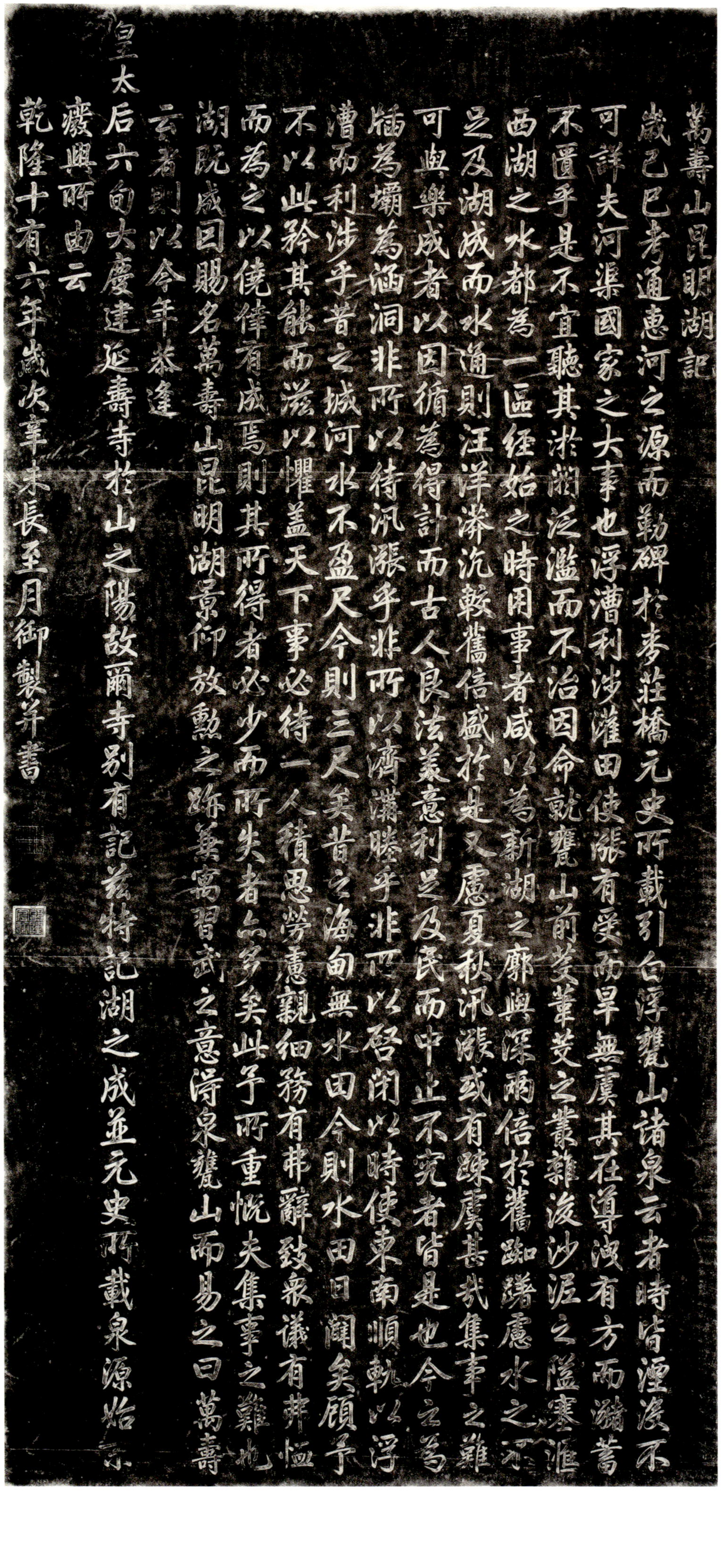

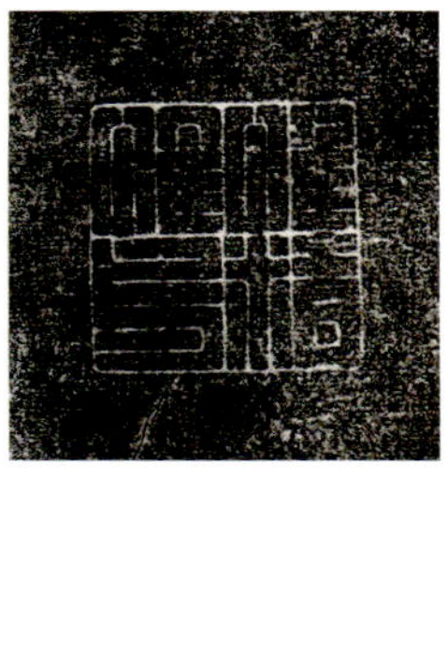

11

铜闸构件

Bronze components of a Sluice

清（1644~1911年）
分为两件
外：长55.8、宽38、厚28厘米
内：长38.5、宽24、厚8厘米
颐和园藏

此铜闸构件由两部分组成，外层为长方形框架，内层为可调节的铜板。

12

京城内外河道全图

Map with Rivers in and around the Capital

清（1644~1911年）
纵75、横85厘米
国家图书馆藏

乾隆因地制宜建成清漪园，并引西山诸泉的泉水至玉泉山，再汇入昆明湖，形成该区域最广大的水面。帝后御舟以颐和园昆明湖为中心，西北从玉带桥可达玉泉山静明园，东南从绣漪桥直通西直门倚虹堂。长河—昆明湖—玉河一线，成为连接北京城与西郊诸名胜的皇家水上航线，将长河两岸的倚虹堂、五塔寺、豳风堂、畅观楼、紫竹院行宫、广源闸、万寿寺行宫、麦庄桥、长春桥、广仁宫，以及颐和园、玉泉山等京西历史人文名胜串联起来。

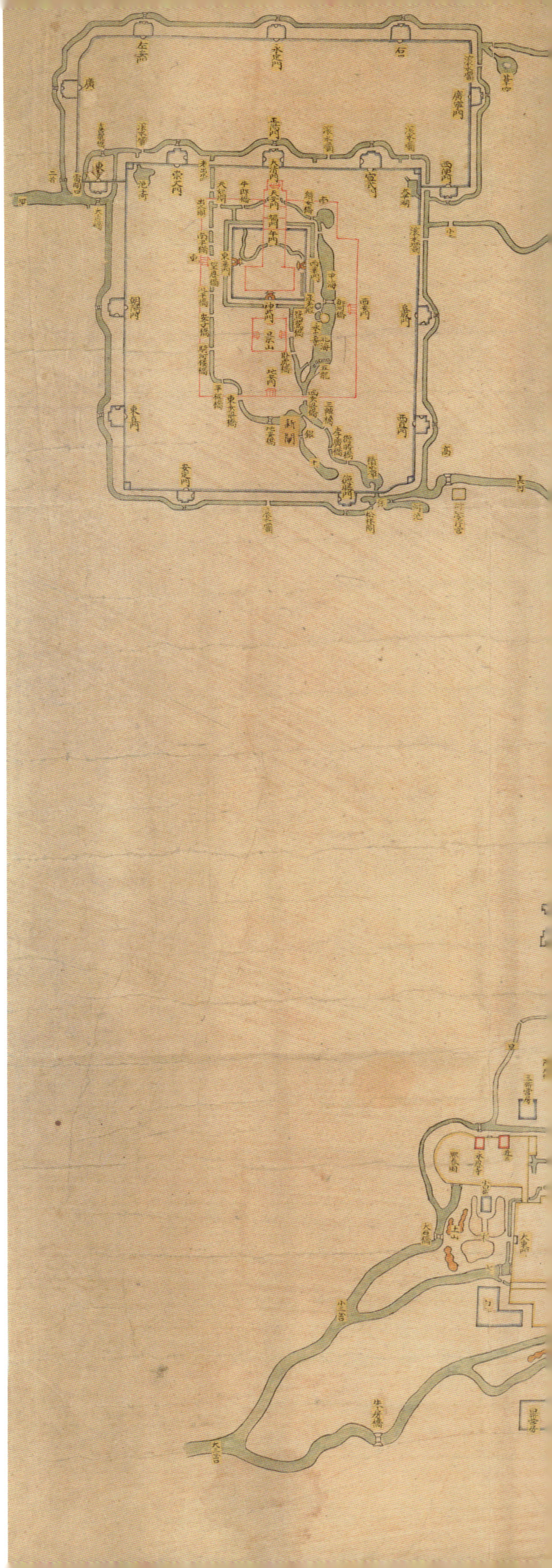

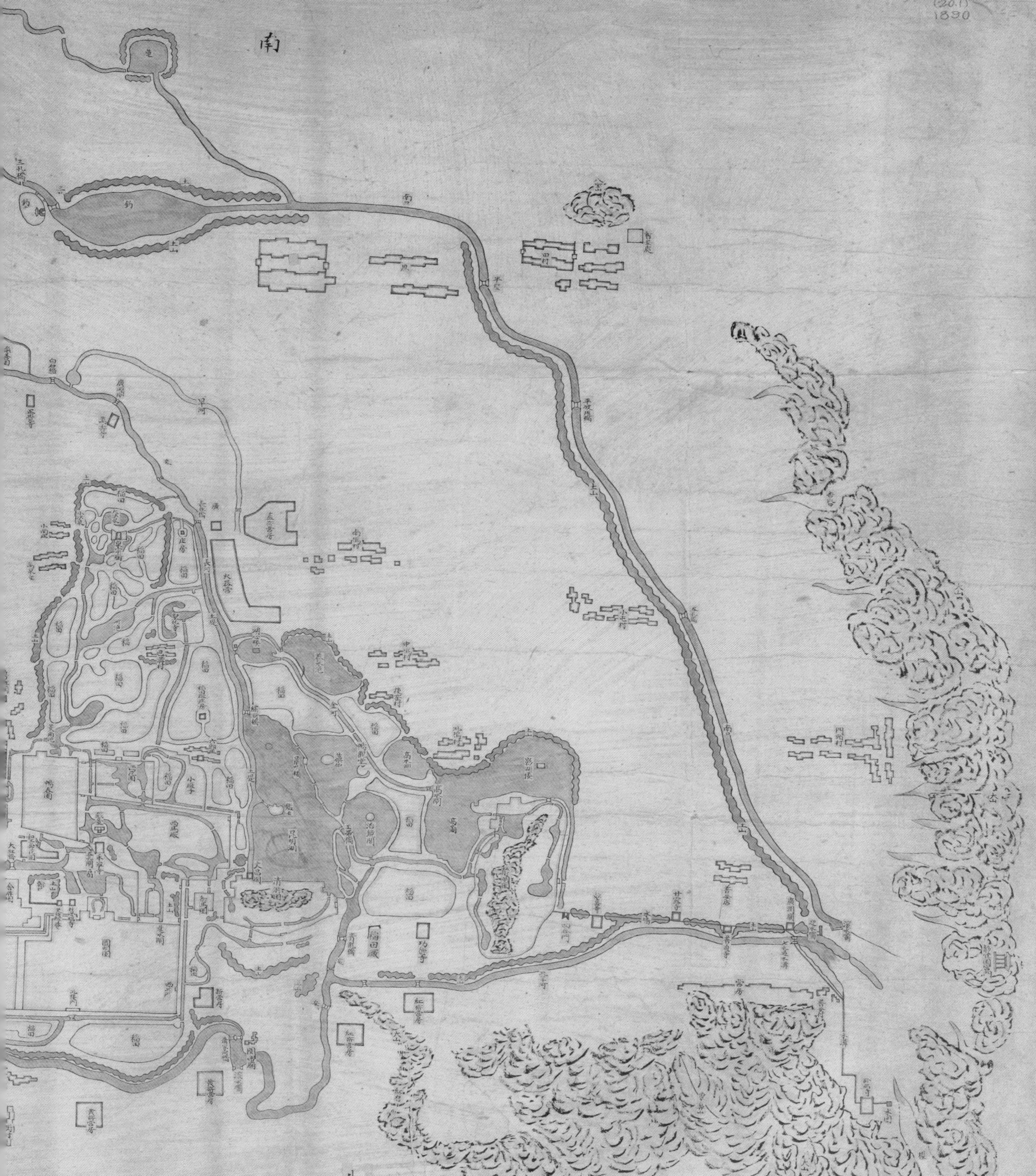
南

13

清人绘孝圣宪皇后朝服像轴

Official Portrait of Empress Xiaoshengxian in Court Dress

清（1644~1911 年）

故宫博物院藏

画中人物为清世宗孝圣宪皇后钮祜禄氏（1693～1777年），徽号崇庆皇太后，乾隆生母。乾隆四十二年（1777年）卒于圆明园长春仙馆，享年84岁。

14

吉庆万寿纹青玉如意

Green Jade *Ruyi* Scepter with a Pattern Wishing Auspiciousness and Longevity

清乾隆（1736~1795年）

长44、宽10.5、高6厘米

颐和园藏

青玉质。整料雕琢，如意首为云头形，长条形柄，采用浅浮雕技法，雕饰蝙蝠、磬、万寿纹，如意柄身光素，柄尾雕饰三角回纹，有象鼻孔，挂黄色穗子。整体造型舒展优美，雕工细腻精致，抛光极佳。

15

百宝嵌木柄福寿八宝白玉如意

Wooden Handled White Jade *Ruyi* Scepter with Eight Treasures

清乾隆（1736~1795年）

长44、宽10、高7厘米

颐和园藏

首、尾白玉质，木柄。云头形首，斧形尾，彩石嵌寿桃、蝙蝠纹；中间木柄彩石嵌饰佛教八宝。从上至下依次是盖、鱼、罐、花、螺、伞、肠、轮。该器造型优美、做工精细，装饰华丽，寓意吉祥。

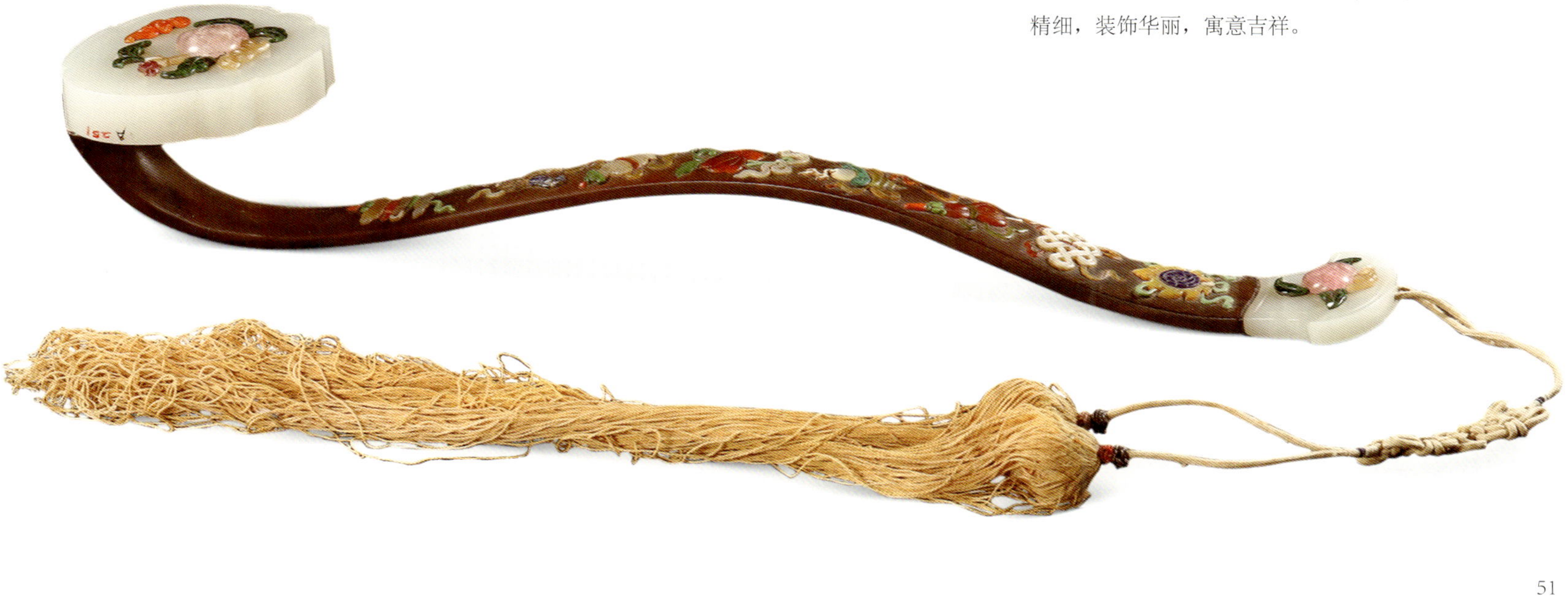

16

青花粉彩海屋添筹象腿尊

Famille-Rose and Underglaze-Blue Vase

清乾隆（1736~1795年）

口径11.6、底径10.8、高34厘米

颐和园藏

尊盘口，短束颈，圆肩，下腹内收，浅圈足，造型挺拔饱满，因形似象腿，故名。整体分为五层装饰带，由上至下依次为：回纹、花卉、如意云肩、人物画片、如意云头。首尾青花装饰，遥相呼应。中间以粉彩绘“海屋添筹”“麻姑献寿”两则故事。皆为祝愿长寿之美好寓意。底款青花篆书“大清乾隆年制”。

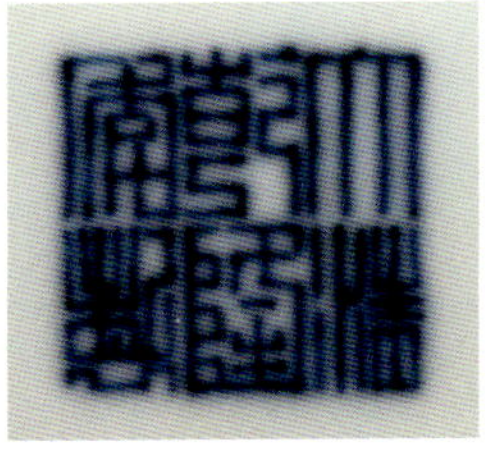

17

斗彩仙桃纹梅瓶

Doucai Meiping Vase with Peaches

清嘉庆（1796~1820年）

口径 5.2、底径 12、高 34.1 厘米

颐和园藏

梅瓶小口，丰肩，收腹，造型敦厚规整。胎体较厚，胎质洁白坚细；釉色白中泛青。瓶肩颈处装饰蕉叶纹和卷草纹各一周；瓶身以青花勾绘桃树，以各色釉彩为桃实、花叶、洞石着色，整幅画面清新自然；底部一圈饰莲瓣纹。底足罩白釉，只足边一周露胎。

18

铁锈花釉寿字纹琮式瓶

Tubular Vase with "Iron-Rust" Glaze and *Shou* Characters

瓶撇口，方身，矮圈足，造型仿良渚时期玉琮。胎体较厚，通体施红褐色铁锈花釉。瓶身四面贴塑寿字。底足满釉，只足边一周露胎。铁锈花釉是一种结晶釉，清代时所用釉料主要成分是铁和锰。琮式瓶的烧造可追溯至南宋时期，明清时又称“蓍草瓶”，用来插放卜卦所用蓍草，亦可插花。

19

福禄寿三星琉璃建筑构件

Liuli-Glazed Structural Components with Fu, Lu, and Shou Gods

清乾隆（1736~1795年）

福、禄：长64、宽64、高135厘米

寿：长64、宽64、高150厘米

颐和园藏

这三座琉璃构件原位于清漪园转轮藏正殿屋脊上，自东向西分别为“福”“寿”“禄”。光绪二十年重修时重新进行了安放。

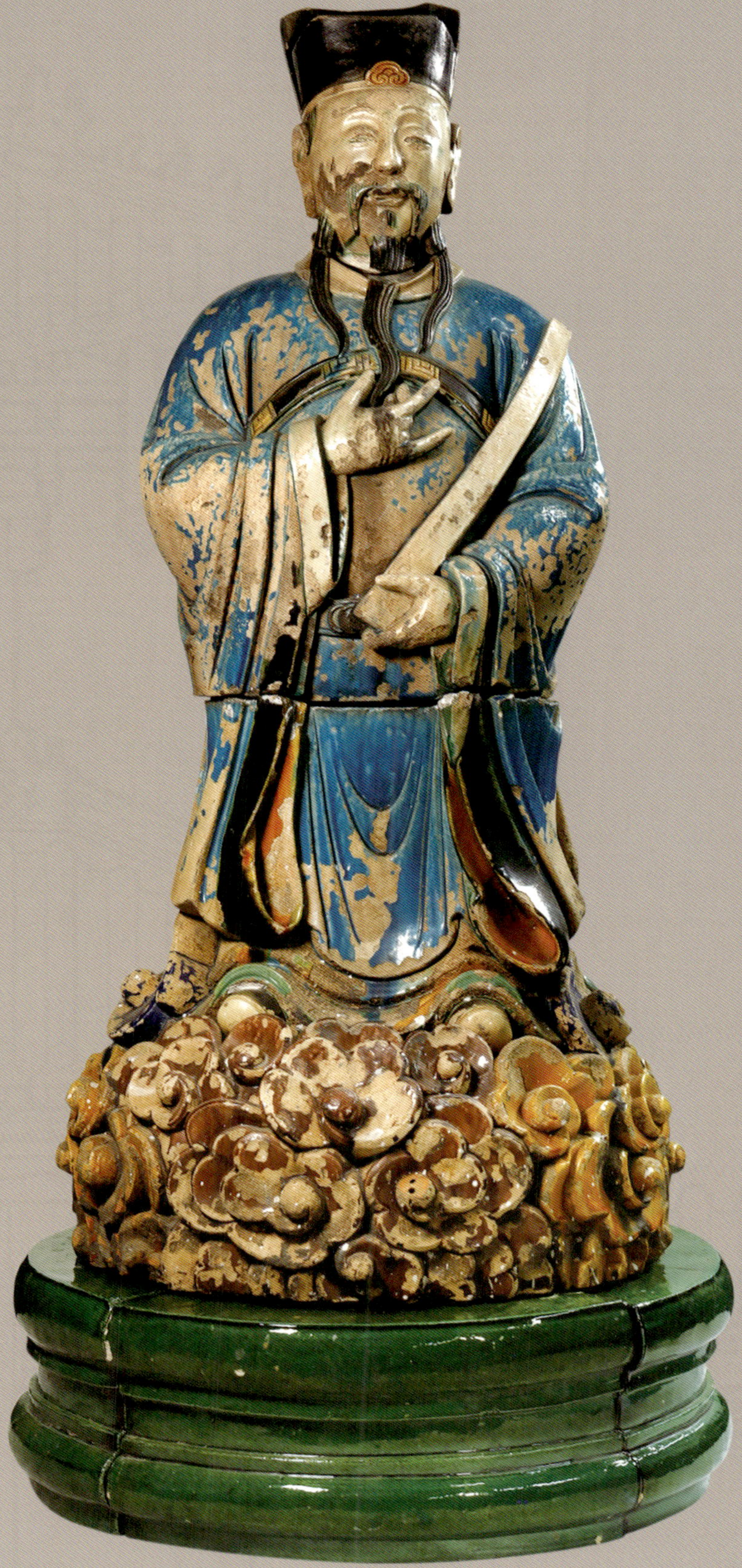

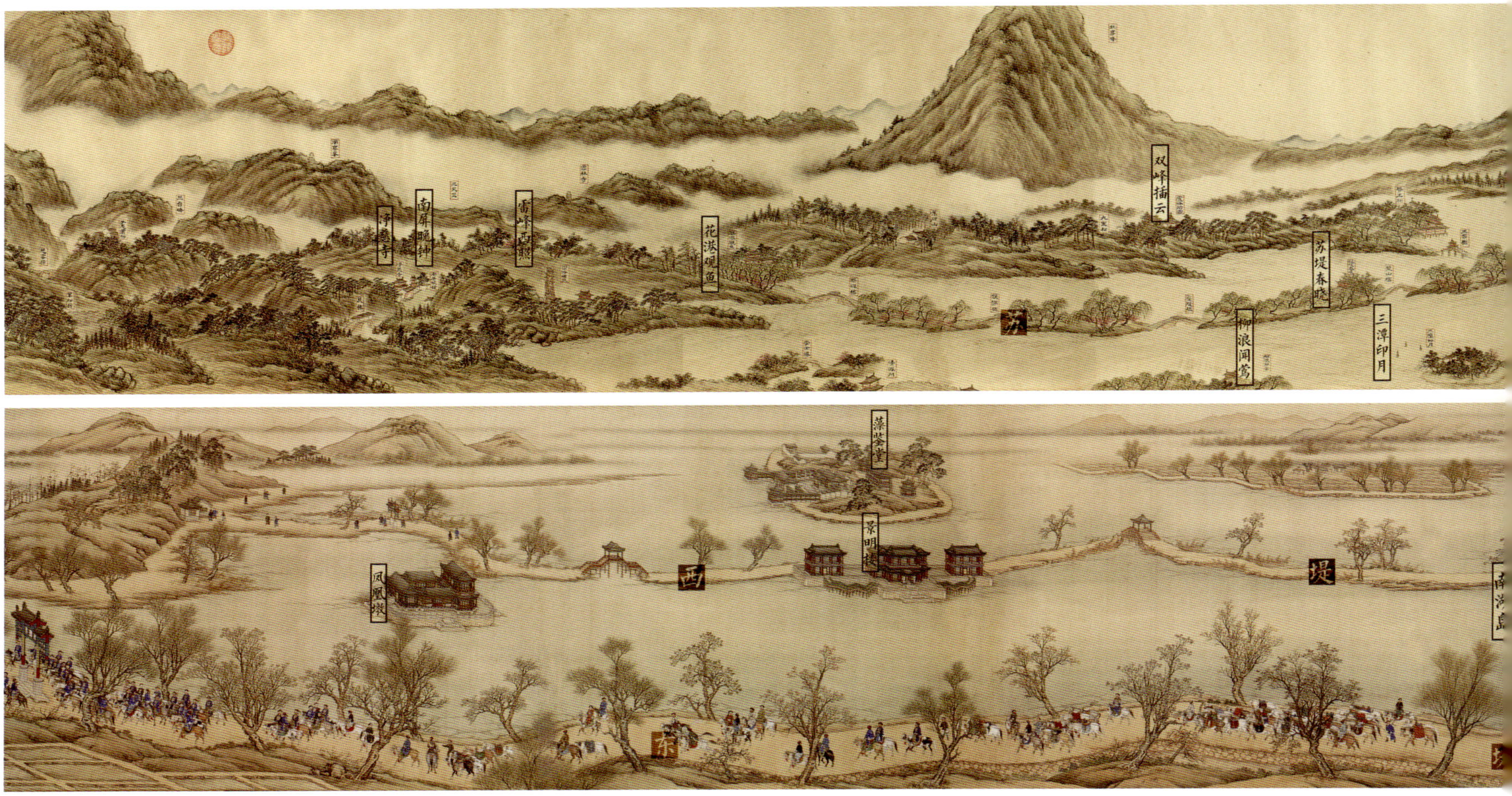

▲万寿庆典图与西湖十景图对比

20

《钱维城画西湖名胜图》

Painting of the West Lake by Qian Weicheng

作者：钱维城（1720~1772年）

清乾隆（1736~1795年）

纸本设色 册页12开

长43.5、宽32.8、厚4厘米

颐和园藏

此图册描绘了杭州西湖及周边的十二处风景，分别为：苏堤春晓、双峰插云、柳浪闻莺、花港观鱼、曲院风荷、平湖秋月、南屏晚钟、三潭印月、雷峰夕照、断桥残雪、北高峰、丁家山。每幅书、画对开，一边绘山水风景，一边配以文字介绍，记录位置、由来，以及康熙帝御笔题字建碑亭和乾隆帝作御制诗情况。画中楼阁、树木等景致错落，层次分明。作者以中锋行笔，细笔、淡墨勾勒线条，青绿、赭石设色。画风秀逸，笔墨精工，真实描绘出西湖名胜的秀丽景象。册面上黄签墨笔篆书题“钱维城画西湖名胜图”。

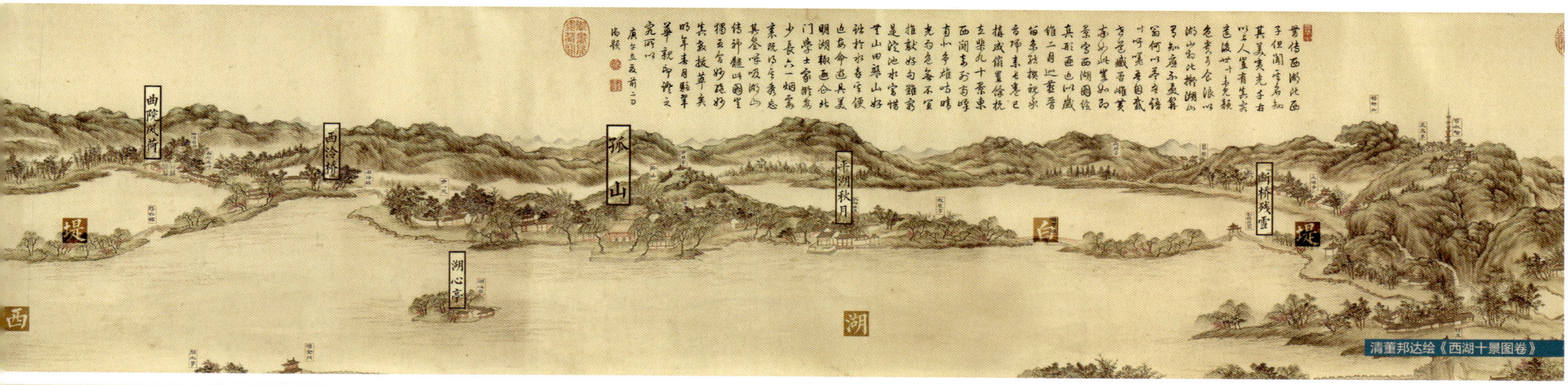

清董邦达绘《西湖十景图卷》

清人绘《崇庆皇太后万寿庆典图》

钱维城（1720~1772年）

初名辛来，字宗磐，又字幼安，号幼庵、茶山，晚号稼轩，江苏武进人。擅画山水、花鸟。曾先后两次随乾隆南巡，并奉命绘沿途风景名胜。

蘇堤春曉

在堤之第三橋西湖十景始見祝穆方輿勝覽康熙三十八年
聖祖仁皇帝御書十景大字勒碑建亭序次始定以蘇堤春曉為第一堤以宋臣蘇軾得名因濬湖築堤約長十里軾詩所謂六橋橫絕天漢上北山始與南屏通是已
皇上御製蘇堤春曉七言截句一首辛未疊韻三首丁丑壬午乙酉

雙峯插雲

在行春橋湖上諸山惟南北兩峯為最高相去十餘里此橋適當南北之中舊稱兩峯插雲
聖祖仁皇帝改為雙峯插雲恭建
御書碑亭
皇上御製雙峯插雲七言截句一首辛未疊韻三首丁丑壬午乙酉

柳浪聞鶯

在湧金門外即宋時豐豫門也有柳浪橋沿堤植柳舊名柳洲今即其地恭建
聖祖仁皇帝御書柳浪聞鶯碑亭
皇上御製柳浪聞鶯七言截句一首辛未疊韻三首丁丑壬午乙酉

花港觀魚
在定香橋北宋時有盧允升園池在花家山山下有水名花港今
移於此恭建
聖祖仁皇帝御書花港觀魚碑亭
皇上御製花港觀魚七言截句一首辛未 疊韻三首丁丑壬午乙酉

曲院風荷
在跨虹橋西舊名麯院荷風宋時取金潤水造麯以釀官酒故名
在九里松旁今移於此
聖祖仁皇帝特改為曲院風荷恭建
御書碑亭
皇上御製曲院風荷七言截句一首辛未 疊韻三首丁丑壬午乙酉

平湖秋月
在孤山路口宋有水仙王廟在蘇堤三橋之南明季始移於此曰
望湖亭後即其地恭建
聖祖仁皇帝御書平湖秋月碑亭
皇上御製平湖秋月七言截句一首辛未 疊韻三首丁丑壬午乙酉

南屏晚鐘

在淨慈寺前寺倚南屏山舊名慧日禪院吳越時建康熙間

賜今額寺前恭建

聖祖仁皇帝御書南屏晚鐘碑亭

皇上御製南屏晚鐘七言截句一首辛未疊韻三首丁丑壬午乙酉

三潭印月

在湖心亭南古有三塔志稱蘇軾濬湖時立塔以清水界一說湖中有三潭深不可測故建浮屠以鎮之舊蹟已圮明季繞潭作埂為放生池仍置三塔於池外每月光映潭影分為三故名池上恭

建

聖祖仁皇帝御書三潭印月碑亭

皇上御製三潭印月七言截句一首辛未疊韻三首丁丑壬午乙酉

雷峯西照

在淨慈寺北峯為南屏支脉咸淳志謂郡人雷就居此故名頂有塔吳越時所建舊名雷峯夕照

聖祖仁皇帝改為雷峯西照恭建

御書碑亭

皇上御製雷峯西照七言截句一首辛未疊韻三首丁丑壬午乙酉

斷橋殘雪

在白沙堤一稱段家橋見周密武林舊事橋前恭建

聖祖仁皇帝御書斷橋殘雪碑亭

皇上御製斷橋殘雪七言截句一首辛未疊韻三首丁丑壬午乙酉

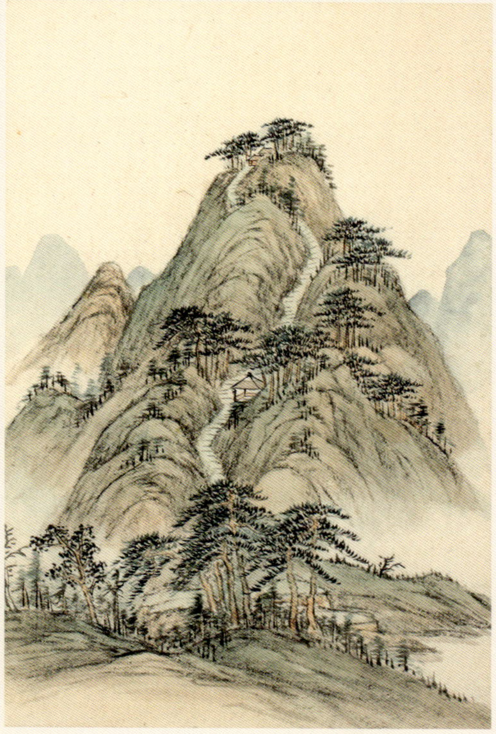

北高峯

在雲林寺後武林山左支之最高者自山麓取徑而上石磴數千級凡三十六折始達於巔憑高俯瞰峯嶺江湖靡遠不矚

皇上御製登北高峯極頂五言古詩一首辛未北高峯七言律詩一首丁丑

丁家山即蕉石鳴琴

在湖之西南平岡層遞可瞰全湖有奇石高丈許展如蕉葉下度石牀石几可以撫琴故有蕉石鳴琴之目

皇上御製丁家山七言律詩一首辛未題丁家山七言截句一首壬午

21

《御制诗二集》

Poetry Composed by the Qianlong Emperor (Volume II)

清光绪（1875~1908年）

单本：长29.3、宽17.8、厚1.4厘米

整函：长29.4、宽19.3、厚10.9厘米

颐和园藏

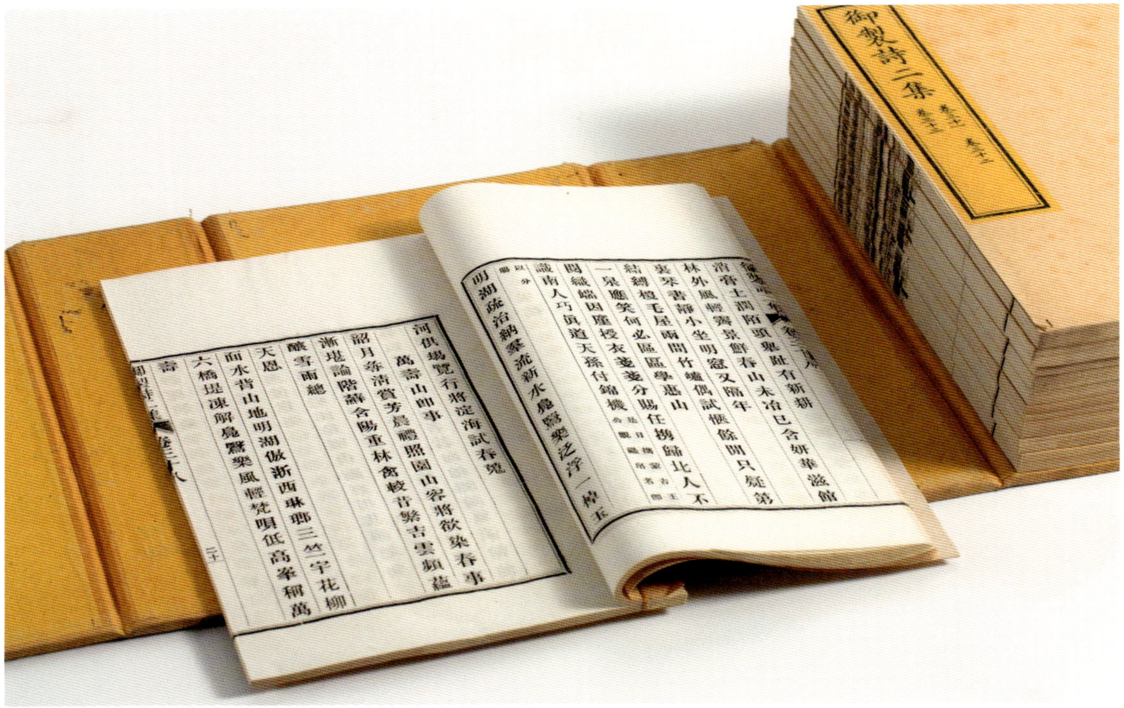

清高宗弘历撰，蒋溥等编，清光绪五年（1879年），总理各国事务衙门铅印版，半页9行，行17字，白口，四周双边，上鱼尾，40册4函。

书中收录清高宗弘历于乾隆十三年至二十四年（1748～1759年）所作诗，按年编次。其中《御制诗二集》卷三十八中《万寿山即事》有诗句云："面水背山地，明湖仿浙西。"点明了昆明湖是仿造浙江西湖修造。

22

《御制文二集》

Composed by the Jiaqing Emperor (Volume II)

清光绪（1875~1908年）

单本：长28.5、宽16.9、厚1厘米（厚度不均）

整函：长28.5、宽16.9、厚8.5厘米

颐和园藏

此文集共十四卷。清仁宗颙琰撰，董诰等编，清光绪五年（1879年），总理各国事务衙门铅印版。半页7行，行15字，白口，四周双边，上鱼尾，12册2函。

书中收录清仁宗颙琰所作文章，按文章体裁编次。书中卷五载《谐趣园记》，文中说明修葺谐趣园并改名之原委，是研究谐趣园、清漪园历史变迁的佐证资料。

北
萬壽山
昆明湖
西
西湖
南湖
南

23

颐和园地盘图样

Site Plan of the Summer Palace

清（1644~1911 年）

纵 107.5、横 85 厘米

颐和园藏

此为样式房绘制的彩色颐和园图样。所绘颐和园建筑格局较为细致，部分图样建筑群及湖泊贴有相应的题名图签。万寿山前建筑补贴黄色图纸两块，建筑无名签，绘制较为粗糙。绕湖一周绘有红线，旁有方格，写有“堆拨”，为颐和园内巡逻人员的位置示意点。

24

颐和园内藻鉴堂图样

Drawing of the Zaojiantang Island in the Summer Palace

清（1644~1911 年）

纵 68、横 97 厘米

颐和园藏

此图为样式房绘制，图右上角贴黄签墨笔书“颐和园内藻鉴堂图样”。图中整个藻鉴堂岛被湖水四面环绕，各处建筑施以彩色，工整精细。用黄签标注方位、建筑名称及各处房屋的面阔、进深、柱高尺寸等信息。

25

治镜阁立样

Elevation Drawing of the Building on the Zhijingge Island

清（1644~1911年）

纵104.5，横74厘米

国家图书馆藏

此图以彩绘方式绘制治镜阁建筑群的亭、牌楼、廊、随廊宫门等建筑。治镜阁圆城有内、外两重城垣，外城设宫门四座，以游廊相连。内城之上有二层歇山十字脊楼阁治镜阁，城上还建有四座牌楼，四角设方亭四座。图中治镜阁楼层较清漪园时期层数降低，这是颐和园重修时期的惯用手法。依据图中建筑格局及治镜阁重修史料分析，推测其绘制年代为光绪二十一年前后。

▲治镜阁老照片

26

『蓬岛烟霞』石额

Stone Tablet with an Inscription "Pengdao Yanxia"

清乾隆（1736~1795年）

长144、宽64.5、厚39厘米

颐和园藏

此石额原位于治镜阁外城垣北城门之上。“蓬岛烟霞”四字为乾隆御题，语出唐代诗人李商隐《郑州献从叔舍人褎》：“蓬岛烟霞阆苑钟，三官笺奏附金龙。”

27

黄琉璃『望阐各』建筑构件

Yellow *Liuli*-Glazed Structural Component Inscribed with "Wang Chan Ge"

清（1644~1911 年）

长 18.6、宽 17.8、高 24.8 厘米

颐和园藏

▲望蟾阁

此构件原位于清漪园南湖岛主体建筑望蟾阁之上。构件通体施黄釉，以浮雕技法雕刻云纹，线条简练、流畅。其上阴刻有“望阐各，厂亭黄色”字样款识。

28

『三阳楼』建筑构件

Structural Component Inscribed with "San Yang Lou"

清乾隆（1736~1795年）

长22、宽9.5、高13.2厘米

颐和园藏

此构件施黄釉，雕刻云纹，底部阴刻有“三阳楼，黄色”字样，为清漪园时期万寿山后山须弥灵境建筑群用琉璃构件。

落霞与孤鹜齐飞，秋水共长天一色。
——唐·王勃《滕王阁序》

29

乾隆御笔『随香』木匾

Gilt and Black Lacquered Wooden Tablet with Qianlong Emperor's Inscription "Sui Xiang"

清乾隆（1736~1795年）

长95.4、宽47.9、厚5.1厘米

颐和园藏

木质横匾，清乾隆年制，悬挂于养云轩东配殿外檐。匾身髹黑漆，匾心刻有描金行书“随香”匾文，带篆书“乾隆御笔”印文额章。

30

乾隆御笔『秋水亭』木匾

Wooden Tablet with Qianlong Emperor's Inscription "Qiushui Ting"

清乾隆（1736~1795年）

长110.9、宽58、厚9.5厘米

颐和园藏

木质横匾，清乾隆年制，悬挂于长廊秋水亭外檐。匾框周边饰万字锦地嵌寿字描金边，匾心刻有描金行书“秋水亭”匾文，带篆书“乾隆御笔”印文额章。

35

慈禧御笔『琁题玉英』木匾

Wooden Tablet with Empress Dowager Cixi's Inscription "Xuanti Yuying"

清光绪（1875~1908年）

长95.5、宽51.2、厚8厘米

颐和园藏

木质横匾，清光绪年制，悬挂于长廊留佳亭内檐。匾框周边饰万字锦地嵌寿字描金边，匾心刻有描金楷书“琁题玉英”匾文及篆书“慈禧皇太后御笔之宝”印文额章。

珍台闲馆，琁题玉英。

——汉·班固《汉书·扬雄传·甘泉赋》

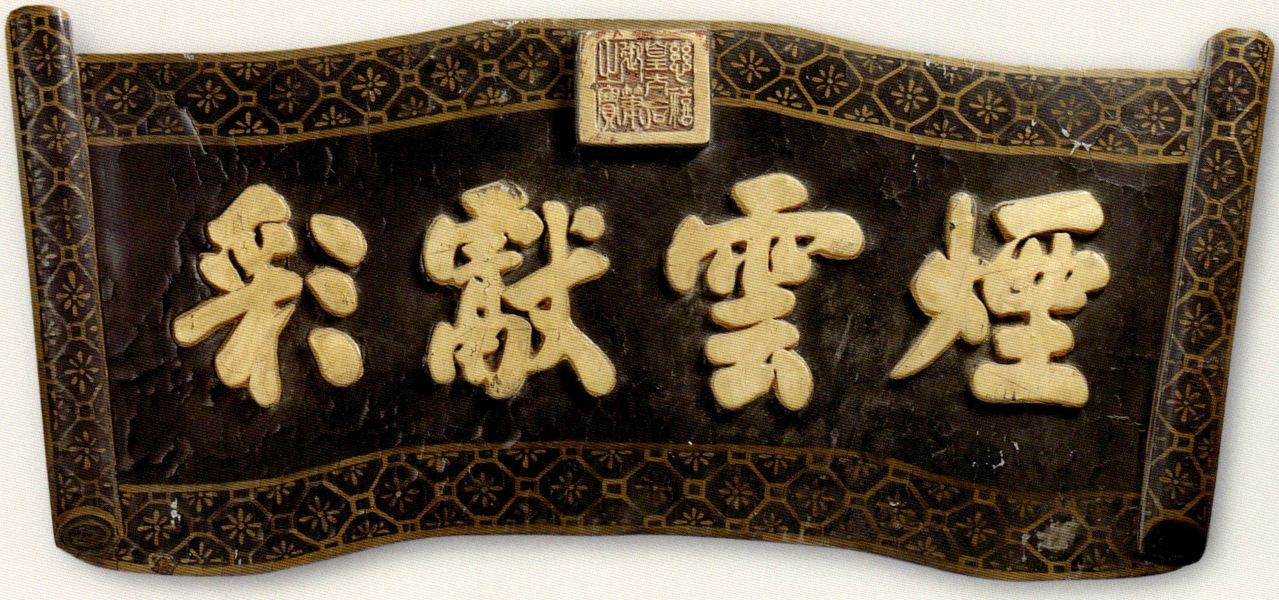

烟云献彩，龟龙表异。

——唐·魏征等《隋书·音乐志·文舞歌辞》

36

慈禧御笔『烟云献彩』书卷式木匾

Scroll-Shaped Wooden Tablet with Empress Dowager Cixi's Inscription "Yanyun Xiancai"

清光绪（1875~1908年）

长124、宽60、厚12厘米

颐和园藏

木质书卷式横匾，清光绪年制，悬挂于近西轩西向外檐。匾身弯曲形如书卷，上下两边金漆描绘龟背锦纹。匾心刻有描金楷书“烟云献彩”匾文及朱漆描金篆书“慈禧皇太后御笔之宝”印文额章。

其君天下也，炎之如日，威之如神，函之如海，养之如春。
——汉・班固《汉书・叙传》

37

慈禧御笔『函海养春』蝠式木匾

Bat-Shaped Wooden Tablet with Empress Dowager Cixi's Inscription "Hanhai Yangchun"

清光绪（1875~1908年）

长122、宽52、厚9厘米

颐和园藏

木质蝙蝠式横匾，清光绪年制，悬挂于长廊东部对鸥舫内檐。匾身呈蝙蝠形，底部雕刻蝙蝠头样，两侧分别饰团寿及盘肠结。匾心刻描金楷书“函海养春”匾文及篆书“慈禧皇太后御笔之宝”印文额章。

贞筠抽箭，润璧怀山。
——南朝齐・王融《赠族叔卫军》

38

光绪御笔『润璧怀山』蝠式木匾

Bat-Shaped Wooden Tablet with Guangxu Emperor's Inscription "Runbi Huaishan"

清光绪（1875~1908年）

长125、宽62、厚11厘米

颐和园藏

木质蝙蝠式横匾，清光绪年制，悬挂于乐寿堂东配殿东向外檐。匾身呈蝙蝠形，底部雕刻为蝙蝠头，两侧分别饰团寿及盘肠结。匾心刻有描金楷书“润璧怀山”匾文及篆书“光绪御笔之宝”印文额章。

39

祥云宝相花纹圆形露陈墩

Stone Pedestal Decorated with Clouds and Flowers

清（1644~1911年）

高102、直径44.5厘米

颐和园藏

此露陈墩原陈设于颐和园乐寿堂西穿堂西侧，用于展示青铜器。石墩上下枋雕刻菊花纹和卷草缠枝纹，束腰部分主图案雕刻线状如意祥云，其间满刻宝相花。主图上下台阶式三层部分雕刻“卐”字与回字纹连续图案，寓意富贵吉祥万年长。此石墩纹饰繁复、雕工精巧。

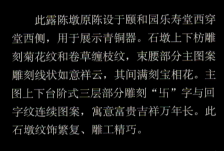

40

花卉瑞兽纹方形露陈墩

Stone Pedestal Decorated with Flowers and Beasts

清（1644~1911年）

高102、长44、宽43厘米

颐和园藏

此露陈墩原陈设于颐和园乐寿堂东穿堂西侧，用于展示青铜器。石墩从上至下依次雕刻缠枝花卉纹、卷草纹、回字纹。中部雕刻四幅主图，分别为麒麟松树、玄鹿识灵芝、蒲松万代和猴子蜂窝，寓意富贵长寿、子孙满堂。此露陈墩题材生动有趣，与颐和园内各处造景相呼应，别有一番雅致情趣。

何处燕山最畅情，
无双风月属昆明。

乾隆《昆明湖泛舟》

第二单元

SECTION TWO

无双风月属昆明

UNPARALLELED VIEW OF KUNMING LAKE

清漪园不仅是清朝皇室散志澄怀、观光悠游的休闲胜地，也承担着最高统治者观稼验农、宗教祭祀、怀柔远人等重要政治文化功能。咸丰十年（1860年），英法联军焚毁三山五园，清漪园亦遭劫难。

The Garden of Clear Ripples was not only a leisure resort for the imperial family of the Qing dynasty, but also a place for the emperor to observe agriculture, perform religious rituals, and cherish men afar. In the tenth year of the Xianfeng reign period(1860), the Anglo-French allied armies burned down three hills and five gardens, and the Garden of Clear Ripples was also destroyed.

“何处燕山最畅情，无双风月属昆明”，这是乾隆所写的《昆明湖泛舟》中的一句，与他《万寿山昆明湖记》中所说的“敕几清暇，散志澄怀之所”意思相近。清漪园不仅仅是清朝皇室散志澄怀的休闲胜地，也承担着最高统治者观稼验农、宗教祭祀、怀柔远人等重要政治文化功能。

耕织图画。乾隆十六年（1751年），乾隆将内务府织染局迁至清漪园西北部的耕织图景区。1771年，乾隆将元代程棨摹绘南宋楼璹《耕织图》摹刻上石，镶嵌在耕织图的延赏斋内，从而使清漪园耕织图成为既有耕织生产实际功能，又有耕织文化景观价值的“活”的“耕织图画”。中国古代以农业立国，高度重视农业生产，因此产生了诸多以农业生产为题材的绘画作品，其中较为知名的就是南宋楼璹所绘《耕织图》四十五幅。黑龙江省博物馆藏宋人摹《蚕织图》也描绘了时人从养蚕到织丝的过程。后人多有摹绘《耕织图》的作品，清朝康熙、雍正两朝几度摹绘、刊行《耕织图》，体现了朝廷对农桑的重视程度。乾隆本人对耕织图景区甚为喜爱，他在《自玉河放舟至玉泉山》中写道“玉带桥边耕织图，织云耕雨肖东吴。每过便尔留清问，为较寻常景趣殊”，并将这几句诗刻在耕织图昆仑石上。在清漪园内及昆明湖周边，当时都种植稻田，由稻田厂进行管理，用昆明湖湖水进行灌溉，构成重要的农业景观，后世称为“京西稻”。乾隆皇帝在园中畅观堂、绿畦亭、构虚轩等处观稼，随时了解农业情况。

几暇散志。清漪园主要是作为清帝理政之余的休闲游观之所，不承担居住功能。但是帝后亦常来园拈香礼佛、祀神祈雨、读书品茗等，有时也在这里接见大臣，赐游示渥。拈香礼佛是皇帝在清漪园中经常进行的活动，乾隆时期有时会陪同太后同来。南湖岛龙王庙则是皇家祈雨的场所，备受乾隆及后世皇帝的重视。乾隆皇帝有很高的文化素养，郎世宁等绘《乾隆帝岁朝行乐图》及清人绘《乾隆帝写字像》都体现了他文人化的一面。在清漪园中，乾隆写诗、题字、造景，将自己的艺术理念发挥得淋漓尽致。玉澜堂、怀新书屋都是乾隆的书房，清可轩、藻鉴堂则作为他的茶室。道光皇帝曾在玉澜堂中赐宴十五位老臣，并为他们绘像题诗。园中陈设器物即体现了游憩、祭祀等功能及当时皇帝的审美意趣。

和合一家。清代帝王出于巩固其政治统治的需要，注重以宗教推行政治怀柔与社会教化。清漪园中的大量宗教建筑，体现了乾隆对宗教特别是藏传佛教的尊重与扶植，具有加强民族团结的意义，清漪园后山四大部洲即如此。乾隆四十五年（1780年）九月初二日，六世班禅抵京，驻锡黄寺。九月初三日，乾隆帝谕旨：新造大船给班禅额尔德尼乘坐，自绣漪桥起至大报恩延寿寺泊岸下船进庙。九月初五日，演试预备十六日班禅额尔德尼乘船至昆明湖大报恩延寿寺泊岸下船事宜。九月十六日，六世班禅从高梁桥乘船，沿长河而行，瞻拜万寿寺等寺庙，从昆明湖改乘喜龙船至万寿山，瞻拜山南所有庙宇毕，遵旨住慈福楼。班禅的清漪园之行也说明了清漪园的宗教建筑确实发挥了应有的作用。在此之前的乾隆二十五年（1760年）正月十三日，乾隆帝在勤政殿召见布鲁特阿集必依来使西拉葛斯等，遂命同蒙古王公台吉及拔达山安集延等来使一同入宴，为此他特地作了一首《上元前二日万寿山赐亲藩及诸回部宴诗以纪事》诗，其中写道"何期戎索兹开拓，敬保金瓯永乂安"，则此时勤政殿筵宴也有绥抚藩部的作用。

清漪园作为皇家御苑，由内务府委派官员和匠役进行管理，并形成了一整套完备的制度。《钦定大清会典事例（嘉庆朝）》中记载：乾隆十五年，万寿山行宫河道管辖闸军领催内设八品虚衔委署催总一人。十六年，清漪园设总理园务大臣，特简无定额，兼管静明园静宜园事务，铸给图记，由该园总管大臣掌管；又奏准设六品总领一人，七品副总领二人，八品副总领二人，笔帖式四人；又奏准增设八品催总一人，由奉宸苑拨往无品级催总一人。十七年，议准于领催内增设委署催总二人，给与无品级顶戴。十八年，奏准由上驷院拨来七品牧长六人，对品改为七品副总领，其八品顶戴副牧长六人，无品级牧副六人，俱改为委署副总领。十九年，增设六品总领二人。二十二年，奏准增设员外郎一人，兼管清漪园静明园事务。二十六年，奏准增设员外郎一人。三十四年，奏准派六品苑丞一人，协同员外郎管理事务。三十六年，奉旨功德寺著交清漪园总管大臣派员管理。四十六年，奏准改河道八品催长为六品衔苑丞，仍食八品俸。四十八年，奏准六品衔八品苑丞改为六品实缺。嘉庆四年，奏准增设郎中一人，协理清漪园、静明园、静宜园事务。

清漪园门禁森严，严禁官绅百姓私自入园，建立了惩戒制度。乾隆四十五年（1780年），有民人侯义公擅自进入乐寿堂院内，被判发往黑龙江给披甲人为奴，园外看守官兵与园内值守人员和他们的主管官员也都受到了相应的处罚。不仅仅是一般民众，即便是宗室王公，不经皇帝允准，也不得私自游园，嘉庆年间，果郡王永瑹因私游昆明湖被罚俸。

庚申罹难。咸丰十年（1860年），英法联军入侵北京，焚毁了三山五园，清漪园绝大部分建筑被毁，陈设文物被抢劫殆尽。现今颐和园后山众多遗址上的砖石构件，即为劫火残余。

41

昆仑石碑耕织图诗文拓片

Rubbings of Tilling and Weaving on Kunlun Stele

现代

1：纵181、横97厘米

2：纵187、横105厘米

颐和园藏

此为颐和园耕织图景区昆仑石拓片两面，石碑清乾隆年间立，位于昆明湖西北部岸边，坐北面南。碑为长方形昆仑石，圆首，下承海水江崖纹石座。通高1.94米。碑阳阴刻清高宗弘历御笔“耕织图”三字，碑阴刻御笔行书御制诗句“玉带桥边耕织图，织云耕雨肖东吴。每过便尔留清问，为较寻常景趣殊”。此外，碑阳和碑身两侧也刻有御制诗文。

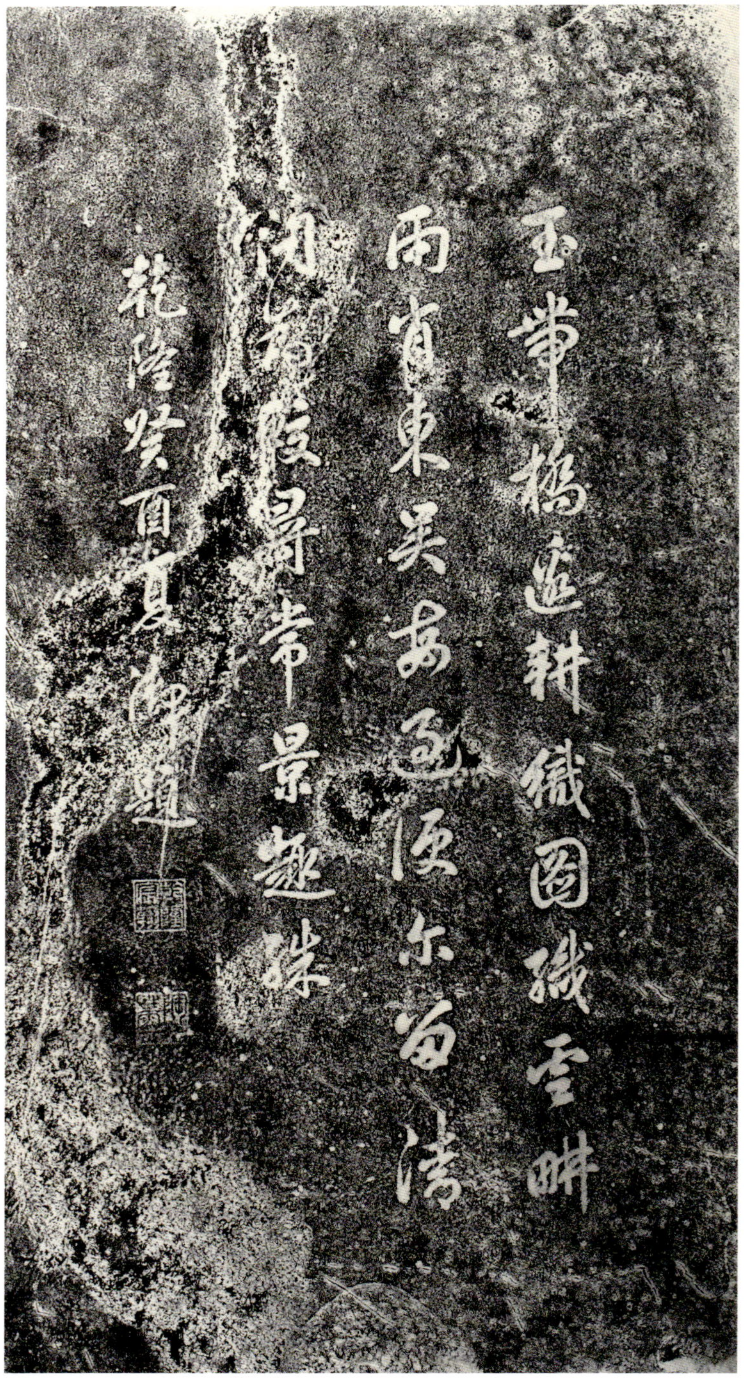

1

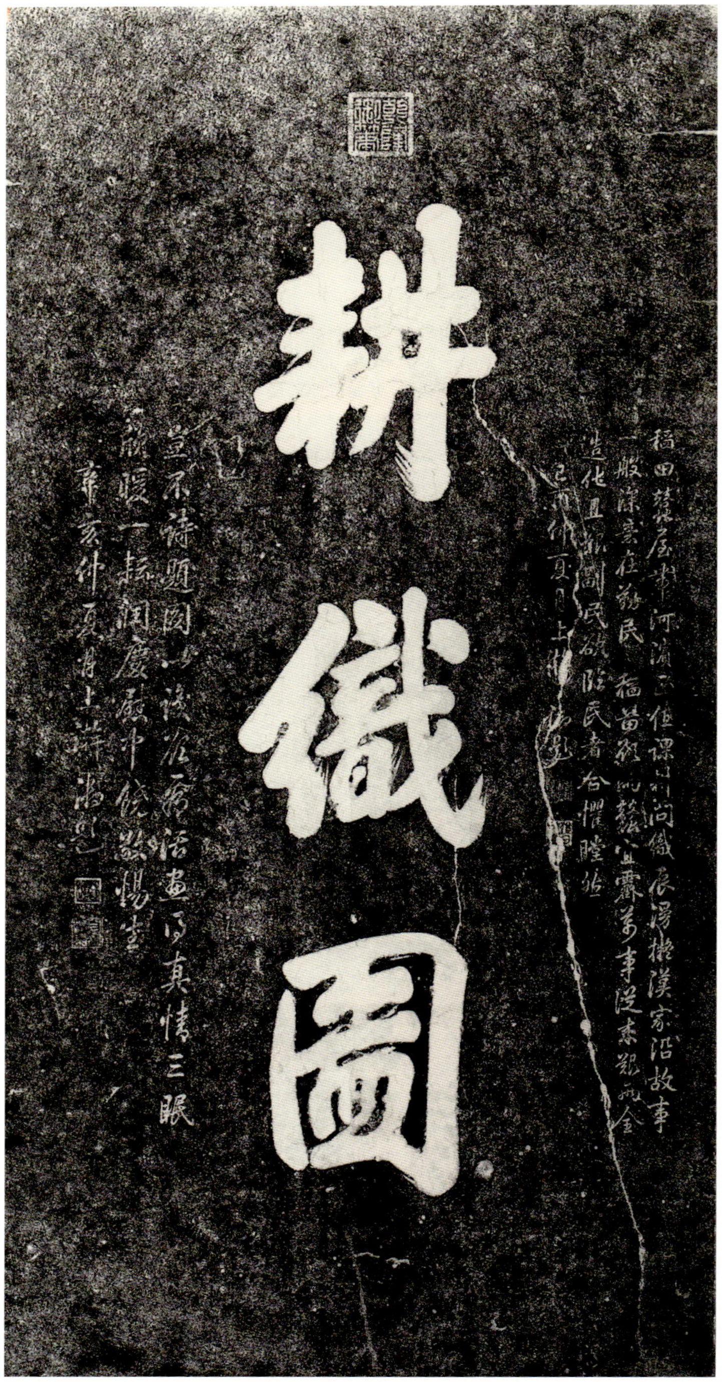

2

42

焦秉贞款耕织图册页

Album of Tilling and Weaving by Jiao Bingzhen

清（1644~1911年）

绢本设色 册页12开

画心：纵19.5、横26.3厘米

全幅：纵29、横38、厚3厘米

颐和园藏

此为清焦秉贞款耕织图一册。卷首题有“耕织图”墨笔篆书三字，落款为“臣张之洞跪进”字样，应为张之洞进呈贺礼。册页上题写有“康熙丙寅春三月既望内廷画史焦秉贞写”，钤盖白文印“秉”、朱文印“贞”。共十二开，其中耕图6幅，分别为浸种、耙耨、一耘、登场、持穗、筛。织图6幅，分别为练丝、择茧、纬、络丝、大起、织。作品设色淡雅、人物生动传神、场景自然细腻。作者以历代耕织图为模板，每页皆为一个独立的生产过程，绘制出我国古代社会农桑并举、男耕女织的生产劳动场景。

康熙丙寅春
三月既望
内廷畫史
焦秉貞寫

43

耕织图石刻——『捉绩』图

Stone Carving of Tilling and Weaving—Making Threading

清乾隆三十四年（1769年）

长51.5、宽31.5厘米

国家博物馆藏

此刻石描绘了耕织时“捉绩”，即将丝搓成线的景象。右侧刻楼璹诗“麦黄雨初足，蚕老人愈忙。辛勤减眠食，颠倒著衣裳。丝肠映绿叶，练练金色光。松明照夜屋，杜宇啼东冈”。

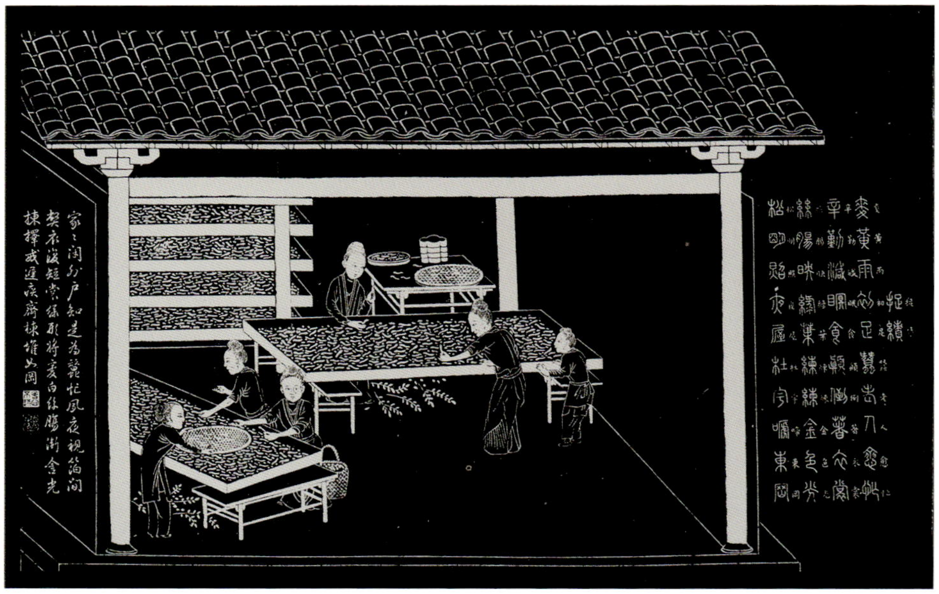

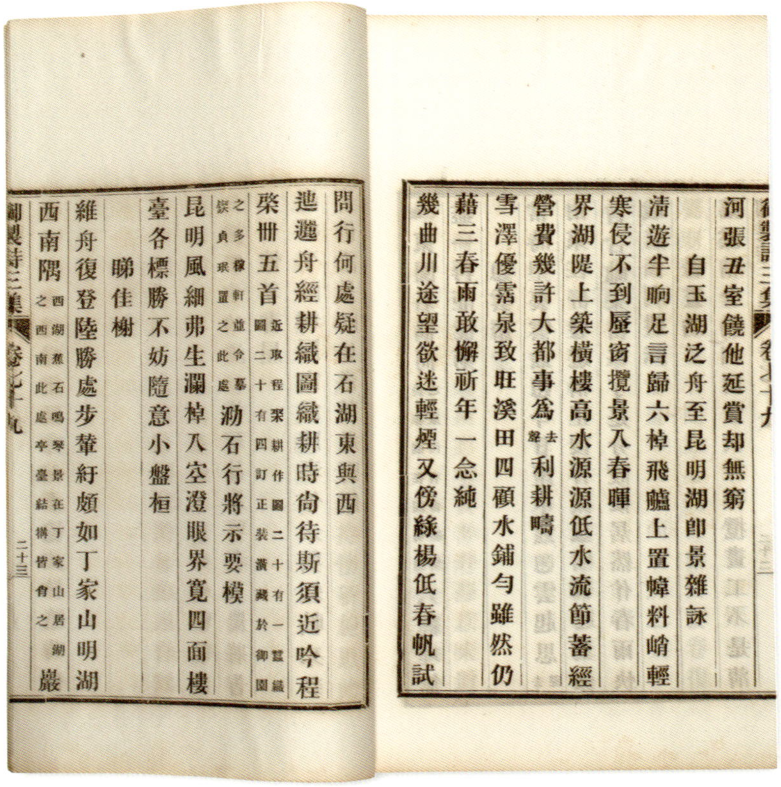

河張丑室鏡他延賞却無窮
自玉湖泛舟至昆明湖即景雜詠
清遊半晌足言歸六棹飛艫上置幃料峭輕
寒侵不到壓窗攬景入春暉
界湖隄上築橫樓高水源源低水流節蓄經
營費幾許大都事爲去聲利耕疇
雪澤優霑泉致旺溪田四頃水鋪勻雖然仍
藉三春雨敢懈祈年一念純
幾曲川途望欲迷輕煙又傍綠楊低春帆試
問行何處疑在石湖東與西
迤邐舟經耕織圖織耕時尚待斯須近吟程
棨冊五首近取程棨耕作圖二十有一蠶織圖二十有四訂正裝潢藏於御園之多稼軒並令摹勒貞珉置之此處泐石行將示要模
昆明風細弗生瀾棹入空澄眼界寬四面樓
臺各標勝不妨隨意小盤桓
睇佳樹
維舟復登陸勝處步輦紆頗如丁家山明湖
西南隅西湖蕉石鳴琴景在丁家山居湖之西南此處亭臺結構皆倣之巖
御製詩三集　卷七十九　二十三

44

《御制诗三集》

Poetry Composed by the Qianlong Emperor (Volume III)

清光绪（1875~1908年）

单本：长29.3、宽18、厚0.9厘米

整函：长29.5、宽19.5、厚9厘米

颐和园藏

清高宗弘历撰，清光绪五年（1879年），总理各国事务衙门铅印版。书中收录清高宗弘历于乾隆二十五年至三十六年（1760～1771年）所作诗作，按年编次。其中收录多首与清漪园相关诗作。

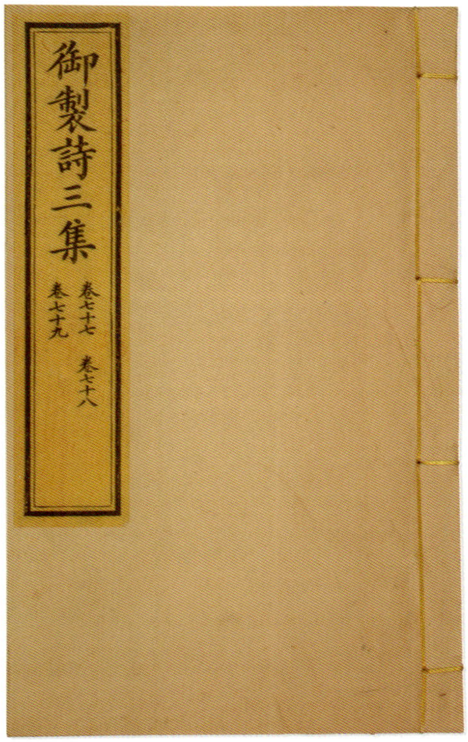

45

青玉卧牛

Green Jade Crouched Ox

清乾隆（1736~1795年）

长58、宽40、高20厘米

颐和园藏

青玉质，有绺裂。用料硕大，构思巧妙，采用圆雕、线刻等技法，将玉绺巧做，置于牛蹄、口、腹身等部位，生动自然。卧牛团身、俯卧、回首，神态怡然，似在小憩，通身琢磨细致。

46

御制诗碧玉插屏

Spinach-Green Jade Table Screen with a Poem Composed by the Qianlong Emperor

清乾隆（1736~1795年）

长35、宽16、高40厘米

颐和园藏

碧玉质。玉质匀净、颜色墨绿。插屏为长方形，形制规整，开料琢磨平匀，一面琢刻隶书乾隆御制诗“山庄无别事，惟是祝年丰。纳稼村村急，高困户户同。社常接鸡犬，邻不远西东。相聚农桑话，于于太古风”。琢刻字体古拙秀美，屏内四边阴刻纤细缠枝装饰；另一面阴刻雕琢出房屋村舍、人物等田野农庄图案与御制诗相应。诗文字口和图案线条之内填涂金粉，使诗文、图案更为清晰鲜明，跃然而出。

47

黄地蓝曲水团五福捧寿织金锦

（复制件）

Nasich with Design of Five-Happinesses and Longevity on a Yellow Ground (Replica)

现代

纵 230、横 99 厘米

颐和园藏

此幅织锦以团寿为底面，每个团寿分别织有五个神态各异的蝙蝠，织锦底部织有“耕织图”三字。

48

五彩耕织图鱼藻纹大缸

Famille Verte Vat with Designs of Tilling and Weaving and Fish Swimming amid Pond Weeds

清同治（1862~1875年）

口径53、底径30.7、高47.8厘米

颐和园藏

缸平沿，唇口，下腹斜收，造型端庄沉稳。胎体厚重，胎色洁白，质坚细；釉层莹洁光润。唇沿施一周棱格纹，被八等分，分别装饰红色花朵和开光花卉。内壁红绿彩绘金鱼和水藻，随波游弋、舞动，寓意“金玉满堂”。主纹饰为耕织图，描绘插秧、收刈、舂兑、祭神等耕作场面，以及养蚕、采桑、练丝、织布等劳动景象。画面质朴，人物各有分工，展现了传统农耕社会的劳作之景。

49

蓝釉白龙纹梅瓶

Blue-Glazed *Meiping* Vase with White Dragon

元（1271~1368年）

口径4.6、底径10.5、高34厘米

颐和园藏

梅瓶小口，圆肩，收腹，圈足轻微外撇，造型挺拔。胎质坚细，通体施蓝釉，釉色浓翠艳丽，釉质莹润光洁。瓶身刻游龙，刀笔流畅自如，气象豪迈奔放又不失精到，龙鳞须发毕显。底足露胎处光滑细腻，修胎工整。此蓝釉白龙纹梅瓶为高温钴蓝釉瓷，是元代景德镇创烧的新品种。

50

青花釉里红海水白龙纹梅瓶

Underglaze-Blue and -Red *Meiping* Vase with White Dragon amid Waves

清康熙（1662~1722年）

口径8.1、底径15、高35厘米

颐和园藏

梅瓶翻唇，束颈，丰肩，收腹，圈足外撇，造型敦厚、圆润。胎体较厚，胎质洁白坚细；通体施白釉，釉色闪青，釉层均匀。瓶身以釉里红作海水衬地，以留白手法刻云龙跃水而出之姿，刀笔苍劲，龙鳞须发尽显，动感极强，仅在龙目处以青花点睛。此瓶铜红色浓正鲜亮，具有鲜明的时代特点，是康熙时期成熟烧制釉里红瓷器的代表。底足满釉，只足边一周露胎，青花双圈楷书款"大明宣德年制"，是这一时期常见的瓷器器底书前朝寄托款。

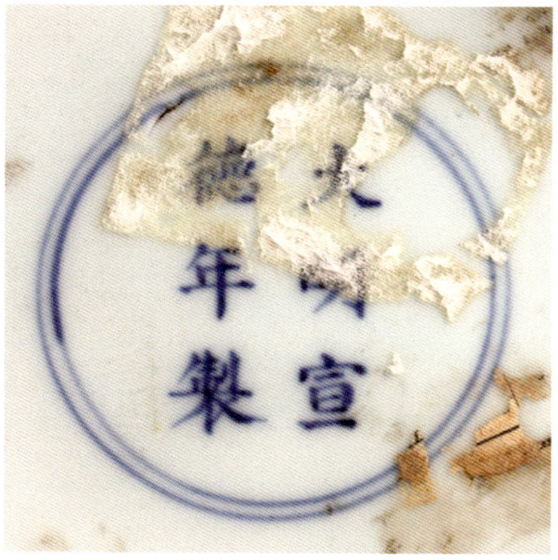

51

斗彩龙凤纹盘

Doucai Dish Decorated with Dragon and Phoenix

清康熙（1662~1722年）

口径21.3、底径13.5、高5厘米

颐和园藏

盘弧腹，圈足，造型规正秀美。胎体薄，胎质洁白坚细；釉面莹润光洁。内心绘一团龙腾云而出，昂首正视，张眉瞪目，须发尽显。外壁海水衬底，云气充沛，一对游龙飞凤互相追逐，气势高邈雄浑。足底满釉，青花双圈楷书“大清康熙年制”款，字体苍劲俊朗。

52

斗彩海水云龙纹盘

Doucai Dish Decorated with a Dragon amid Waves and Clouds

清雍正（1723-1735年）

口径 21.1、底径 13.7、高 4.5 厘米

颐和园藏

盘弧腹，圈足，造型规正秀美。胎体薄，胎质洁白坚细；釉面莹润光洁。内心绘一腾龙踏浪而出，身披五彩祥云，张眉眦目，须发飘逸。外壁绘一对游龙互相追逐火珠，身侧火焰烈烈，云气充沛。足底满釉，青花双圈楷书“大清雍正年制”款，字体俊朗端正。

53

青花云鹤爵式杯盘

Blue-and-White *Jue*-Styled Cup and Saucer with Crane amid Clouds

清乾隆（1736~1795年）

直径16.5、高13.6厘米

颐和园藏

爵仿青铜器式样，由流、柱、鋬、身、尾、足组成，绘三角纹、云鹤、贯套花卉。盘中心凸起一高台，面绘海水江崖，顶绘寿桃，三处凹槽以插爵杯，四周绘云鹤纹；外壁为缠枝花；盘浅圈足，下承四足。爵、盘底满釉，有支钉痕，青花篆书“乾隆年制”款，笔法俊朗。

54

霁蓝釉描金开光粉彩御制诗文兽耳扁瓶

Blue Glazed Famille-Rose Flask with Animal-Shaped Lugs and Gilt-Decorated Panels of Imperially Composed Poems

清嘉庆（1796~1820年）

口径6.3、底径7.1~10.3、高30.9厘米

颐和园藏

扁瓶盘口，细颈，双夔耳，溜肩，圆腹，圈足外撇，造型周正挺拔。胎体较薄，胎质洁白细腻；釉面光亮莹润。此瓶以霁蓝釉衬地，其上金彩满绘缠枝莲、蝠、磬、寿等吉祥图案；双耳施珊瑚红釉，金彩描夔龙，作攀附状。瓶身正中圆形开光内一侧饰粉彩花卉；另一侧为墨书乾隆御制诗“锦绣堂中开画屏，牡丹红间老松青。日烘始识三春丽，岁暮犹看百尺亭。夭矫拏空欣得地，辉煌散彩正当庭。一般都是生生意，坐对从知笔有灵”。后附白文篆书“乾”、朱文篆书“隆”款。瓶底罩松石绿釉并朱彩篆书“大清嘉庆年制”款。此瓶为嘉庆官窑瓷器，融诗、书、画三者于一身，典雅堂皇中流露书卷气息。

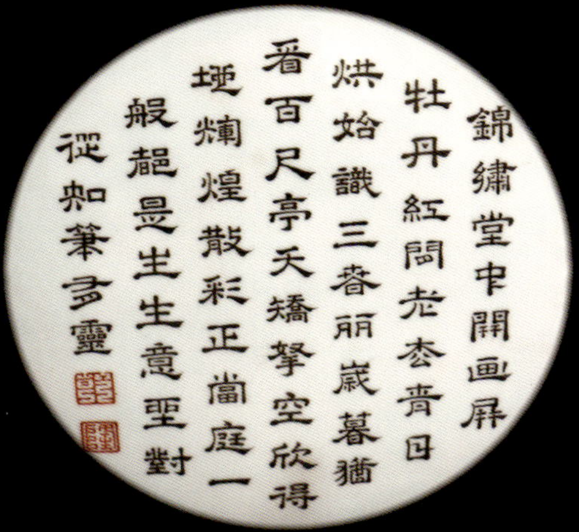

仿哥釉杏叶贯耳方壶

Ge-Type Glazed Rectangular Vase with Apricot Leaf

清道光（1821~1850年）

口径9.2~11.6、底径9~12、高30.4厘米

颐和园藏

此壶直颈，贯耳，垂腹，矮圈足，器身呈扁方形，四角内收，垂腹两面凸雕浅杏叶形（也似杏核）。从上至下，由里到外皆为灰白釉，釉面肥厚，黑色与深棕色大小开片交织。底足施一圈黑漆冒充“铁足”，青花篆书款“大清道光年制”。

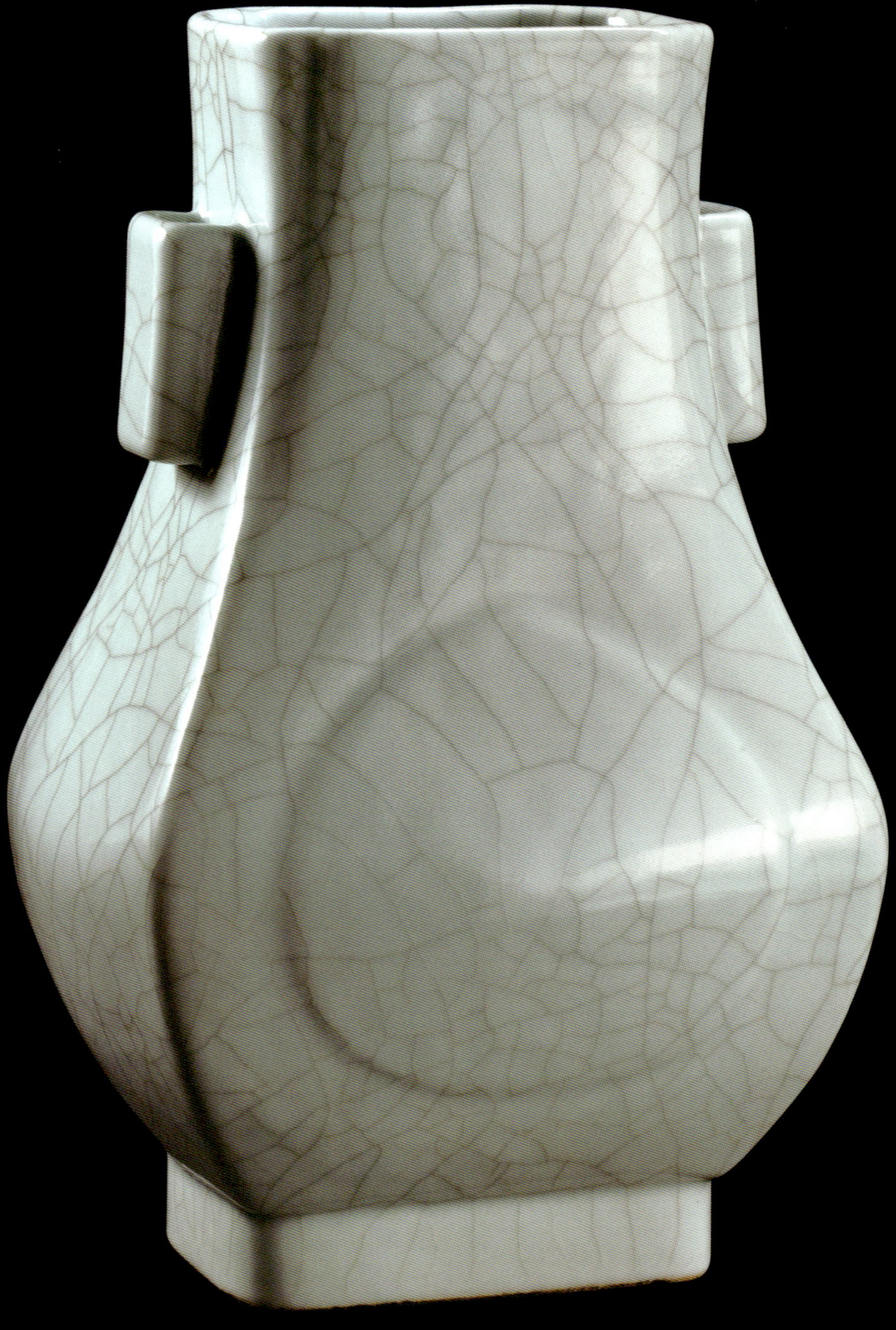

56

青花釉里红海水云龙纹天球瓶

Underglaze-Blue and -Red Globular Vase with a Dragon amid Clouds and Waves

清咸丰（1851~1861年）

口径5、底径10、高30厘米

颐和园藏

瓶长颈，溜肩，圜腹，卧足，造型端庄周正。胎体较厚，胎质洁白坚细；釉面光莹。口沿垂如意云头一周；瓶身以釉里红绘游龙、火焰、宝珠，青花衬流云、海水等背景。龙姿态张扬，穿云越波，动感非凡。

57

御题紫檀框蒲纹青玉璧插屏

Imperially Inscribed Green Jade Table Screen with *Zitan* Frame

玉：西汉（公元前206～公元8年）

屏：清乾隆（1736～1795年）

长26.8、宽13.2、高41.8厘米

颐和园藏

青玉质，有黄色沁斑，璧体平圆，外圈阴刻灵芝纹饰，内圈雕琢排列整齐的蒲纹装饰，内、外有两圈圆形阴刻线相隔，璧面抛光较好。插屏框为紫檀制作，雕有海水龙纹等纹饰，正面中心位置雕刻坤卦符号。插屏背面雕刻隶书御制诗“围好琢嘉谷，芝纹外绕之。制虽非子执，器则实周遗。古气如可挹，土华常自披。寸阴珍是竞，兴嗣谠言垂。乾隆丁亥夏日，御题”。

58

『自强不息』青白玉玺

Celadon Jade Seal with an Inscription "Ziqiang Buxi"

清乾隆（1736~1795年）

长4.9、宽4.9、高6.5厘米

青白玉质。玉质莹润密实，印纽以镂雕仿宋龙纽式样，刻白文篆书“自强不息”。整件玉玺精雕细琢，刻文工整严谨。

59

雕龙纽青玉玺

Green Jade Seal with Carved Dragon Knob

清乾隆（1736~1795年）

长12.8、宽12.8、高10.7厘米

颐和园藏

青玉质，青绿色中夹有斑点。玺纽以圆雕、浮雕、浅刻等技法雕刻一条爬伏状祥龙，目圆睁，嘴微张，鬓须飘逸，神态威严。玺印呈正方形，光素润洁，印面无铭文，整体端庄稳重，做工精细。

60

『大清乾隆仿古』款碧玉簋式炉

Spinach-Green Jade Bombe Censer with an Inscription "Imitation Made in the Qianlong Reign of the Qing Dynasty in the *Archaic Style*"

清乾隆（1736~1795年）

长21.2、宽13.9、高14.8厘米

颐和园藏

碧玉质，局部泛灰白色并夹有褐色绺斑。用透雕和浮雕的技法在器盖和耳部雕刻出龙形，器身上以减地阳起法雕琢兽面纹，整体装饰浮华繁密，为乾隆时期典型的装饰风格。底刻“大清乾隆仿古”六字款。

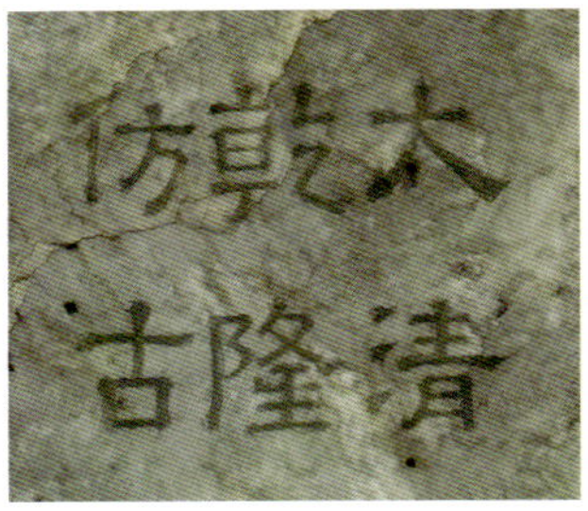

今古此藍黟不聞出昆
玉采者向絶嶺來之草
莽宿蒼頡制字後故應
鬼夜哭 和闐供歲貢
玉河每撈玉計促賂之
糧飽餐而晏宿瑾瑜自
特達郵詩秦庭笑
反韋應物采玉行即用其韻二首
乾隆甲申仲夏月御製

61

御制诗青玉籽料

Green Jade Material with Imperially Composed Poem

清乾隆（1736~1795年）

长30、宽22.5、高12.5厘米

颐和园藏

青玉质，色温润，有黄色玉皮，通体有裂纹。整器随形，通体光素未经雕琢，线条圆润，简洁质朴。阳面随形刻有乾隆御制诗《反韦应物〈采玉行〉即月其韵两首》，并加刻乾隆印章两枚，足见乾隆皇帝对其之珍爱。

和珅书《御制颁朔日作》青玉插屏

Green Jade Table Screen with He Shen's Calligraphy of a Poem Composed by the Qianlong Emperor on the First Day of the Tenth Moon

清乾隆（1736~1795年）

长22.5、宽13.5、厚2厘米

颐和园藏

青玉质，色泽莹润。玉板开料平整，琢磨精细，抛光极好。板面阴刻楷书和珅书御制诗《御制颁朔日作》。内容为：“御制颁朔日作。廿五践皇阼，六旬颁宪书（三代下享国长久，未有周甲者。只我皇祖在位六十一年，予践阼之初焚香告天。惟愿得六十年即当归政，不敢同皇祖六十一年。然皇祖以八龄践阼，而予即位，时已二十五岁，以百年之计已过四之一，彼时亦未计及，若满六十年当跻八十五岁也。今十月朔日颁乾隆六十年时宪书，仰蒙上苍眷佑，得符初愿。稽之载藉，实所未闻）。诚然三代下，只有一身予。独沐天恩厚，深怜雍正除（宪书后纪年例周六甲。乾隆元年宪书尚纪康熙十六年丁巳岁，月推迁兹。乾隆六十年宪书已不载雍正年号，阅时虽久而荷昊禧。承先烈兢兢业业，犹是践阼初心耳）寸心增感惕，惟恐或孤初。臣和珅敬书。”

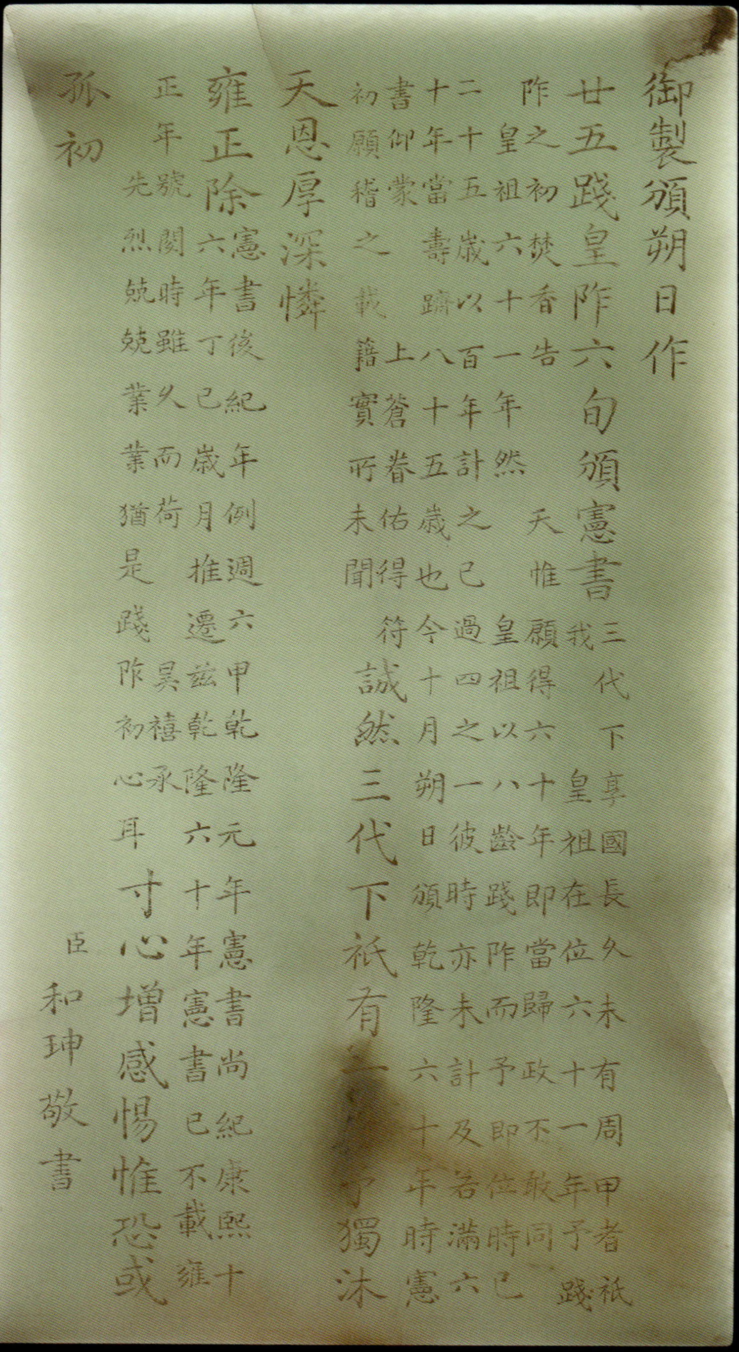

和珅书《御制嘉平月朔开笔之作》青玉插屏

Green Jade Table Screen with He Shen's Calligraphy of a Poem Composed by the Qianlong Emperor on the First Day of the Twelfth Moon

清乾隆（1736~1795年）

长22.5、宽13.5、厚2厘米

颐和园藏

青玉质，色泽莹润。玉板开料平整，琢磨精细，抛光极好。板面阴刻楷书和珅书御制诗《御制嘉平月朔开笔之作》，内容为：“嘉平吉朔欣开笔，皇考家风钦饬垂（每岁嘉平月朔开笔书福以赐王公及内外大臣，盖敬遵皇考时成例也）；敛福因之皆阐福（寺名，是日依例于是拈香，亦协迓禧，敛福之义云），于时慎亦锡惟时。三层楼阁仍躬陟（寺后佛楼凡三层，今日仍依旧登陟，尚不觉劳，仰蒙昊贶，年逾八表，实不敢不自强耳），八表康强赖昊禧；似此四年归政近，其能否曷敢言期。臣和珅敬书。”

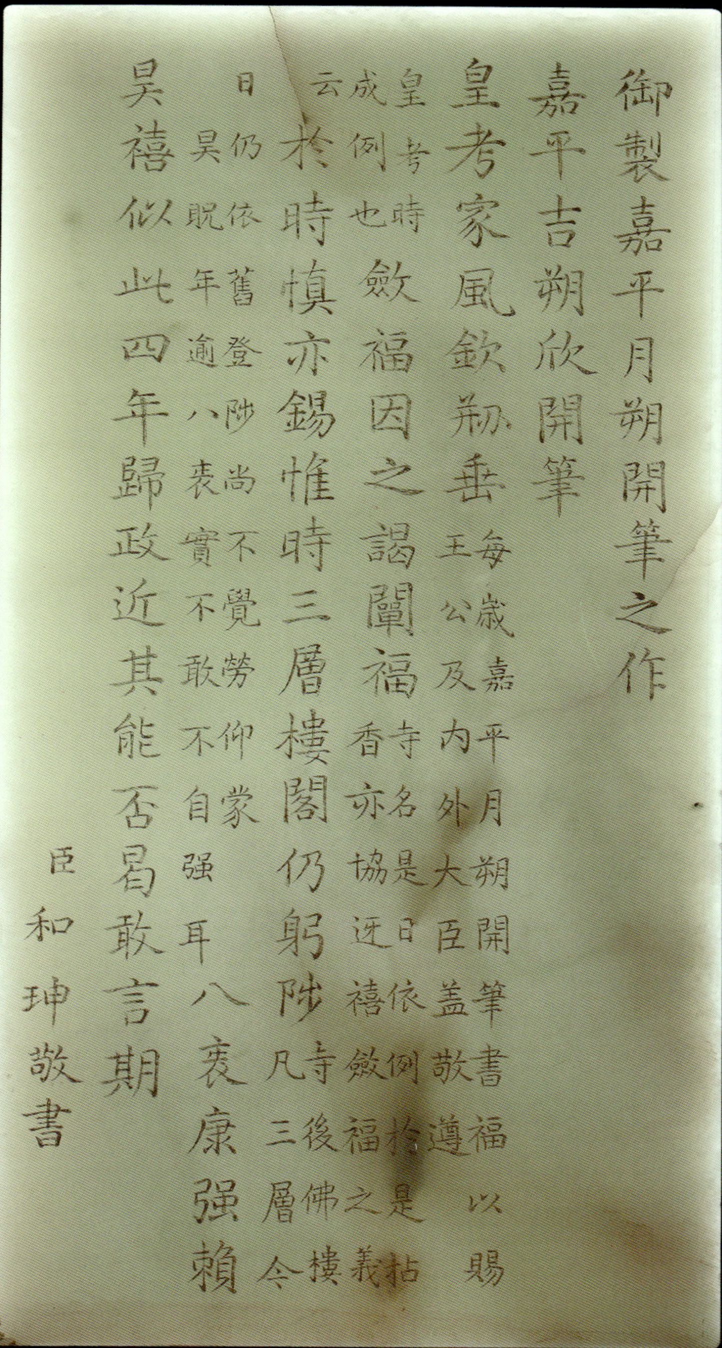

64

描金菊纹白玉盘

White Jade Dish with Gilt-Decorated Chrysanthemums

清嘉庆（1796~1820 年）

直径 26、高 4.6 厘米

颐和园藏

白玉质。盘内外壁皆有描金品种各异的菊纹，为清代宫廷常用玉盘造型。菊纹是传统的纹样之一，与梅、兰、竹被称为四君子，深受文人的喜爱。

65

碧玉盘

Spinach-Green Jade Dish

清乾隆（1736~1795年）

直径24.7、高4厘米

颐和园藏

碧玉质，光泽莹润，翠色深沉。此盘侈口，口沿平磨，弧腹斜收至底，圈足，足边切分规整，线条柔和。盘通体素洁，高贵清雅。

66

镶八宝云龙纹白玉顶缠枝莲纹碧玉圆盒

Spinach-Green Jade Box with Twining Lotuses and White Jade Lid with Dragon amid Clouds

清乾隆（1736~1795年）

直径16.5、高10厘米

颐和园藏

碧玉质，带木座，由盒盖与盒身配套成器，盖顶部镶嵌白玉，雕团龙八宝纹饰；盒盖及盒身为碧玉，以浅浮雕手法遍饰缠枝莲纹，盒体呈弧形，平底。

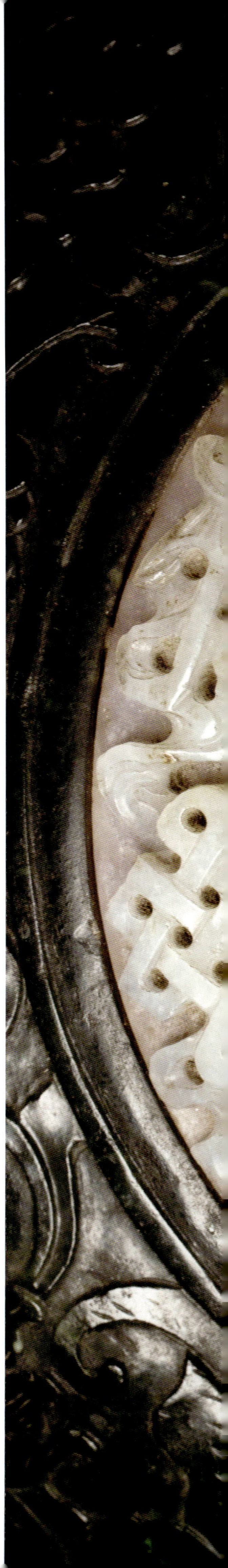

67

白玉碗

White Jade Bowl

清乾隆（1736~1795年）

直径8.5、高5厘米

颐和园藏

白玉质，玉质温润，光素无纹。圆形，撇口，弧壁，深腹，圈足。造型规整，呈现优美的弧度，器壁轻薄，做工精致。

68

白玉渣斗

White Jade Waste Bucket

清（1644~1911年）

直径9、高10.6厘米

颐和园藏

白玉质，玉料细腻，莹润有光。此件渣斗撇口，束颈，鼓腹，圈足。底款“道光御用”。通体光素无纹，胎体轻薄，透明感佳，线条流畅。渣斗，起源于晋代，用于盛装唾吐物，如食物渣滓、茶渣等，故常置于餐桌、卧室，有时也用于盛载茶渣。

69

龙柄莲瓣纹白玉茶壶

White Jade Tea Pot with Dragon-Shaped Handle

清嘉庆（1796~1820年）

长20、宽12、高13厘米

颐和园藏

白玉质，局部有黄褐色沁，有盖，盖顶为宝珠形纽，壶盖和壶身腹部有莲瓣纹，龙形柄，圈足，鼓腹。此壶用料较大，雕工精湛。

70

福寿纹桃形青玉洗

Peach-Shaped Jade Washer

清乾隆（1736~1795年）

长13.5、宽13.1、高6.4厘米

颐和园藏

青玉质。色温润，夹有少许黄斑，笔洗掏膛后依玉料雕成桃形，外壁浮雕枝叶，枝干粗壮，枝叶错落有致，单阴刻线琢出叶脉，内壁光滑、平底，整体雕琢精细，抛光极好。

71

云龙纹白玉洗

White Jade Washer with Dragon amid Clouds

清乾隆（1736~1795 年）

直径 13.5、高 7 厘米

颐和园藏

白玉质，莹润细腻如凝脂。椭圆形唇口，深腹，内空可贮水。腹外环绕采用圆雕技法雕刻的云龙纹饰，底部浮雕卷云纹。构思巧妙，整体布局和谐，造型规整，线条流利，雕工细腻精巧，不仅有使用功能，也是件小巧的艺术品。

72

九老图碧玉笔筒

Spinach-Green Jade Brush Pot with Nine Elders

清乾隆（1736~1795年）

长15、宽15、高15厘米

颐和园藏

碧玉质，玉质匀净，颜色墨绿。笔筒为海棠式方形，采用圆雕、浮雕、镂雕等技法在筒身四面琢刻出山水人物等景观，图案层次分明，呈现画境般的立体效果。

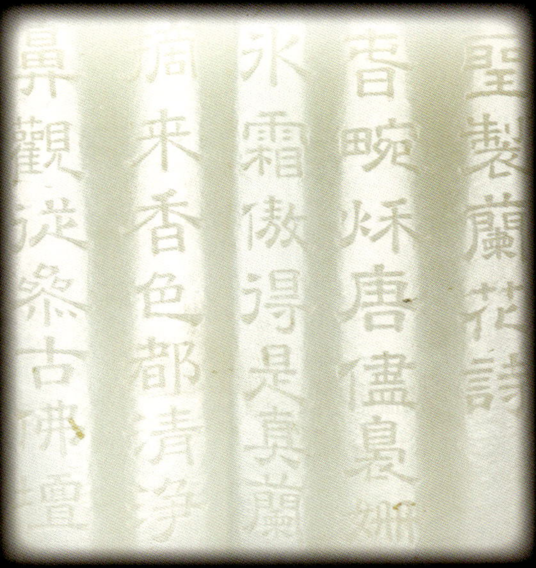

《圣制兰花诗》白玉笔筒

White Jade Brush Pot with Imperially Composed Pome about Orchid Flowers

清嘉庆（1796~1820年）

直径6、高7.7厘米

颐和园藏

白玉质，笔筒呈圆筒形，外壁浅浮雕兰花山石及《圣制兰花诗》。圣制诗，特指年代为清嘉庆元年至三年即清乾隆六十一年至六十三年，乾隆归政之时所作诗文。该笔筒器形规整，玉质莹润，雕刻写意，构图与诗文相对应，布局和谐，层次分明。

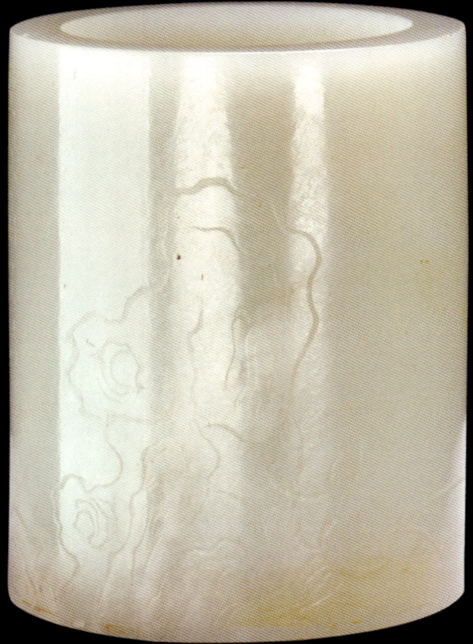

76

青花开光粉彩人物纹八角印盒

Underglaze-Blue and Famille-Rose Octagon Seal Paste Box and Cover with Panels of Figures

清乾隆（1736~1795年）

长6.4、宽6、高2.9厘米

颐和园藏

由盒盖和盒身两部分组成。盖面箍青花描金边框，内绘一着官袍长者在芭蕉树下摇扇纳凉，一旁童子正执莲走来。盒侧面以青花描金彩绘折枝花，正中心用红彩点缀花朵。印盒下承有束腰透雕八角形木座，下承锦托。

77

青花开光粉彩人物纹海棠式笔筒

Underglaze-Blue and Famille-Rose Quatrefoil Brush Pot with Panels of Figures

清乾隆（1736~1795年）

口径 5.2~5.8、底径 5~5.7、高 8.1 厘米

颐和园藏

四角内凹筒形式样。口沿一圈描金，筒身前后各一处四方形开光，内分别绘人物故事和岁寒三友，开光外以青花描金红彩花草纹样衬地，筒下四足轻微外撇。下承有束腰透雕海棠式木座。

78

青花锦地开光粉彩人物纹墨床

Underglaze-Blue and Famille-Rose Ink Rest with Panels of Figures

清乾隆（1736~1795年）

长 9、宽 4.5、高 1.7 厘米

颐和园藏

仿手卷式样，左右两侧内卷，上下沿呈曲形。墨床面亦为曲形青花描金开光，内绘人物二；两侧面为龟背锦纹饰。下承随形透雕木座。

79

青花开光粉彩人物纹镇纸

Underglaze-Blue and Famille-Rose Scroll Weight with Panels of Figures

清乾隆（1736~1795年）

长5.2，宽3.6，高2厘米

颐和园藏

仿书匣式样，顶面箍四方形青花描金开光一圈，内绘一着红绿衣童子，左右手各执荷莲一束。侧面上下为青花描金红彩花草纹饰，左右两头则以青花线条绘制仿线装书样式。下承有束腰透雕随形木座。

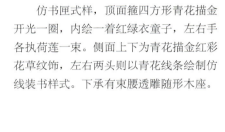

80

象牙杆毛笔

Brush with Ivory Shaft

清（1644~1911年）

长22.8、直径1厘米

颐和园藏

象牙制，通体修长，素雅，笔杆刻有“宝翰宣纶”四字。

81

青花开光粉彩人物纹笔床

Underglaze-Blue and Famille-Rose Brush Rest with Panels of Figures

清乾隆（1736~1795年）

长8.7、宽4.5、高2.8厘米

颐和园藏

长方形，从上至下可分为三段。顶端为笔槽三格，内绘石榴、佛手等瓜果；中段为青花描金红彩花草纹饰；其下为青花描金四方形开光，内绘粉彩人物图；底端笔槽与顶端笔槽相对应，搁笔则不易滚落。侧面绘青花卷草纹，下承随形透雕拐子纹木座。

82

剔红狮滚绣球牡丹纹瓜楞形漆捧盒

Cinnabar Lacquer Melon-Shaped Box Decorated with Lions Pursing a Ball

清乾隆（1736~1795年）

直径38、高13.3厘米

颐和园藏

漆质，瓜楞形，由盒身和盖部两部分组成。器身楞瓣内饰有菊纹，盖顶部中间饰狮子绣球纹、外饰牡丹纹。整体纹饰繁缛，但层次分明、错落有致，浑然一体。

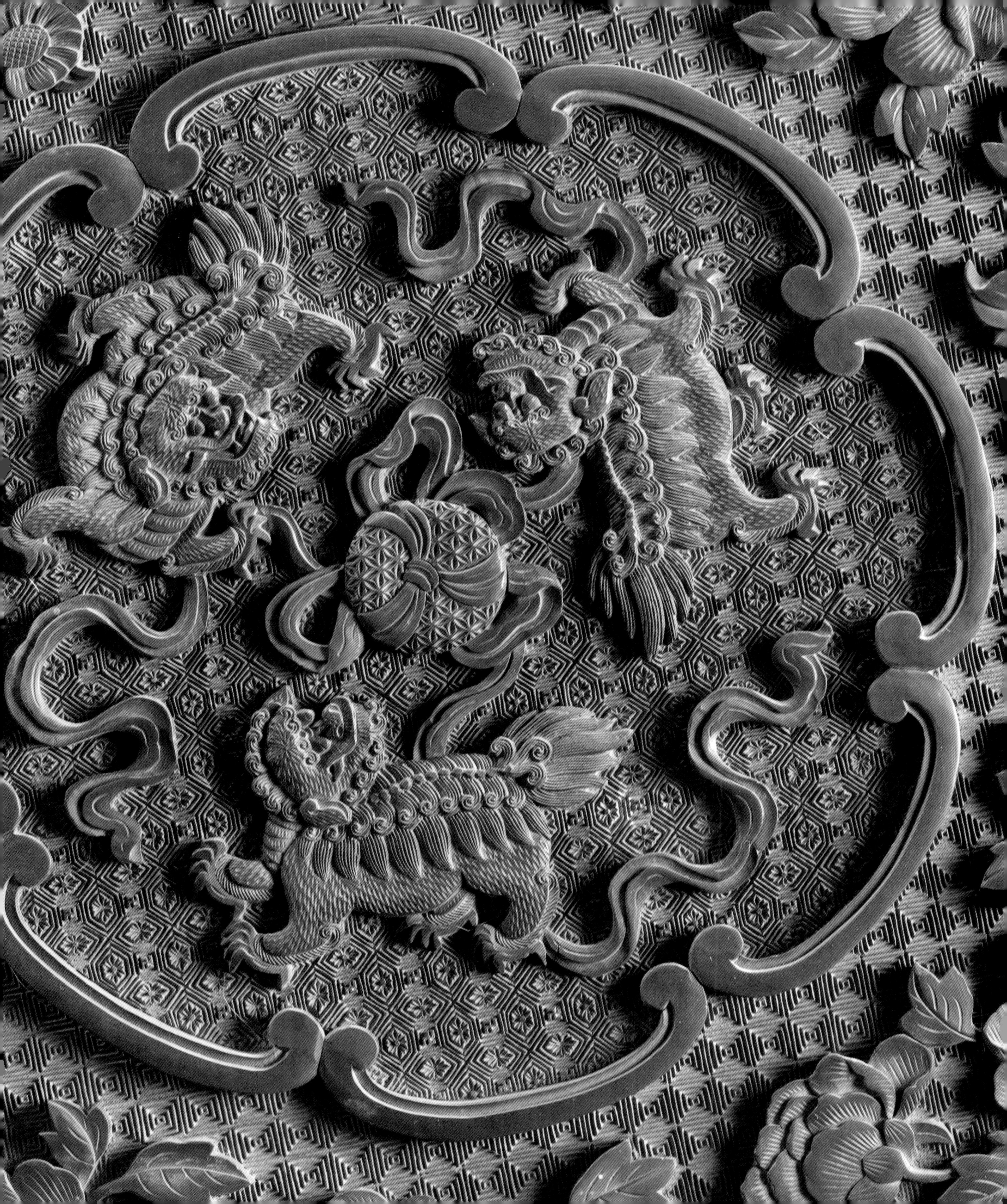

83

紫檀木雕枝干纹炕桌

Zitan Low Table with Free-Standing Tree Branches

清（1644~1911年）

长130、宽64.5、高32.8厘米

颐和园藏

炕桌面攒芯装板，桌面边抹、腿足、横枨、矮佬、坠角等部位均用大料锼挖雕刻成树木根瘤形状，疏密有致，浑然天成。

84

紫檀木雕龙纹小柜

Small *Zitan* Standing Cabinet with Carved Dragons

清（1644~1911年）

长38.9，宽15.6，高65.9厘米

颐和园藏

紫檀木质，分上、下两层，上层顶箱，下层立柜。顶箱和立柜一木连做。上下两层分别对开两扇门，门绦环板上雕万字锦地祥龙戏珠纹饰。上下门框外侧边各嵌铜錾龙纹活页两对，两门间嵌铜镀金錾龙纹面页，吊环纽头三枚，四脚包铜足。此柜做工精美，雕工细腻，纹饰复杂。

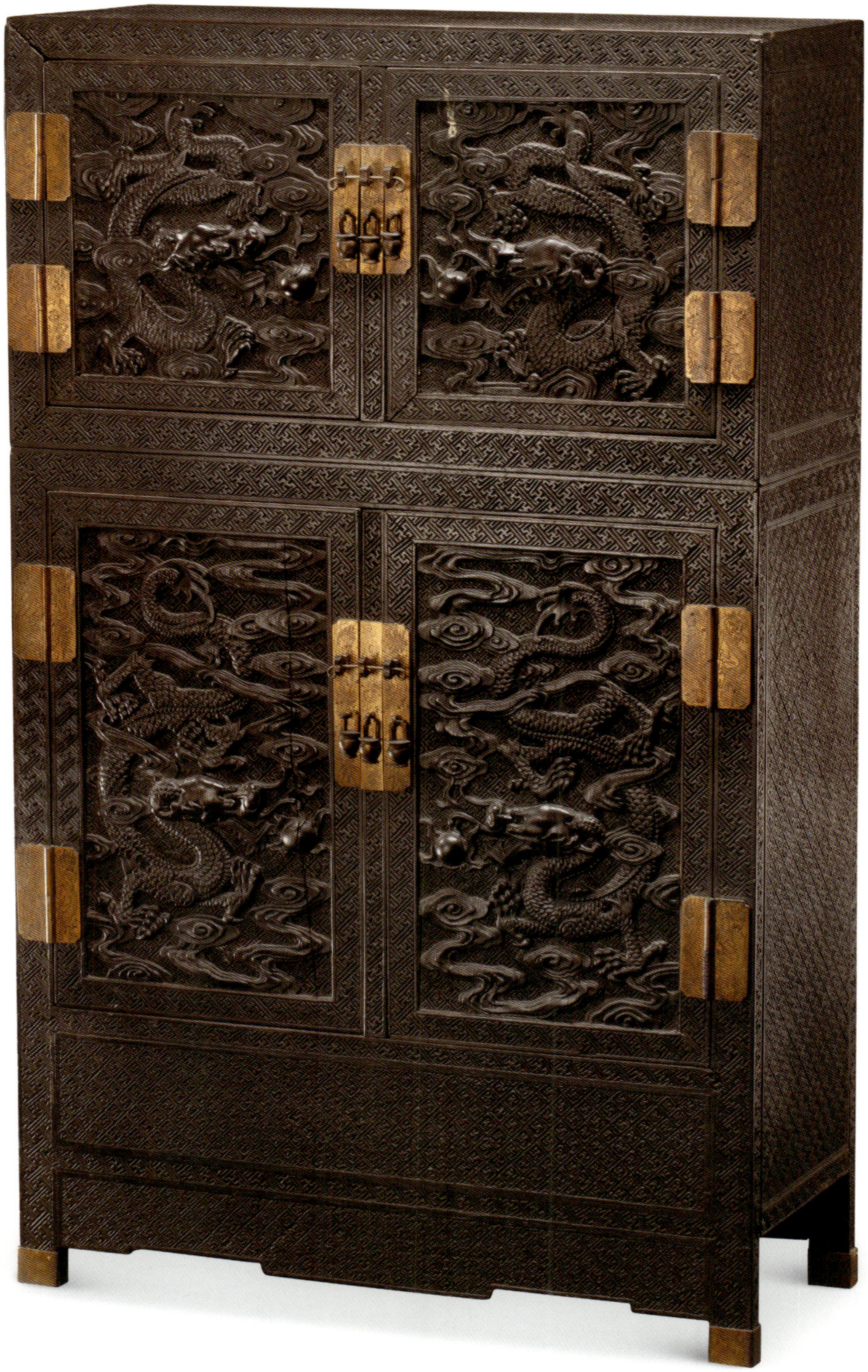

85

紫檀木雕云龙纹有束腰三弯腿罗汉床

Zitan Wood Couch Bed with Dragons amid Clouds

清乾隆（1736~1795年）

长277.5、宽177、高106厘米

颐和园藏

三面围屏攒框装双面铲地浮雕云龙海水纹花板。床面由两个攒框装芯的活拿床板组成。束腰浮雕如意云头纹饰。托腮雕莲瓣纹，牙板雕兽面纹与夔凤纹。外翻回纹马蹄腿带花牙，铲地浮雕兽面纹和火焰纹。此床紫檀满彻，用料厚重，比例和谐，整床纹饰繁缛，雕工精致，刀法圆润，在壮硕的用料衬托下，更显气势磅礴。

86

红木雕双龙捧珠纹有束腰脚踏

Rosewood Footstool with Double Dragons Holding a Pearl

清（1644~1911年）

长69、宽34、高17.5厘米

颐和园藏

面板攒框装芯，冰盘沿下束腰打洼。牙板做洼堂肚，雕双龙捧寿纹，鼓腿内翻马蹄，上雕兽面纹，足饰回纹。此脚踏造型厚重，用料大气，是晚清时期宫廷所常用的陈设家具。

87

紫檀木雕夔龙纹包铜角有束腰炕几

Zitan Wood Arm-Rest with a *Kui* Dragon Pattern

清（1644~1911年）

长102.5、宽41.5、高41.3厘米

颐和园藏

几面装攒框装芯板下承穿带，腿足和牙板边缘起阳线。束腰马蹄腿样式，束腰和牙板铲地浮雕拐子纹和夔龙纹，婉转流畅，工艺精湛。此炕几在面板、束腰、腿足的四边安装铸铜鎏金福庆纹包角，既起到加固作用，又增加了色彩的冷暖对比，令整件家具更显富丽堂皇。

88

蟠螭纹壶

Jar with Interlaced Serpent Pattern

战国（公元前475～公元前221年）

口径11、直径19、高35厘米

颐和园藏

青铜质地，口微侈，束颈，颈部两侧饰兽首衔环双耳。溜肩圆腹，下接圈足。器身有七条纹饰带，口、颈、腹饰蟠螭纹，以蝉纹相间隔。腹部下侧纹饰呈心形，饰对称夔龙纹。

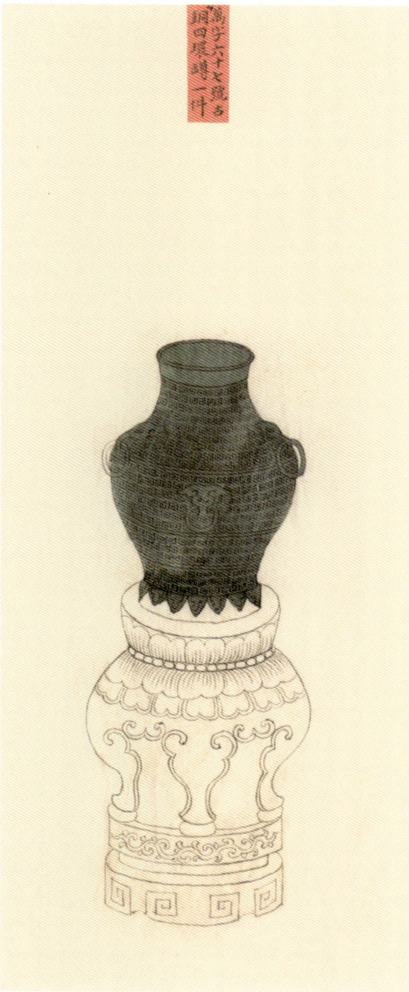

89

莲花纹壶

Jar with Lotus Pattern

隋至唐（581~907 年）

口径 18.7、直径 39.5、高 54 厘米

颐和园藏

青铜质地，侈口，束颈，溜肩，圆腹，圈足。颈部饰数道弦纹，肩部两侧饰兽面衔环耳。腹部圆鼓，底足外撇，饰双层莲瓣纹，形似莲花宝座，典雅大方，充满了隋唐时代独特的古香佛韵。

『万历年造』款鎏金万寿螭虎云纹瓶

Gilt Vase Decorated with Feline Dragons and Clouds Mark and Period of Wanli

明万历（1573~1620年）

口径24、直径30、高63.5厘米

颐和园藏

觚形瓶，上下呈喇叭状，中间鼓出。通体鎏金，底饰云纹，上层饰寿字纹，并铸两只螭虎。腹部饰浮雕兽首。底足饰缠枝花卉纹。有款“万历年造”。

91

甪端熏炉

Incense Burner in the Shape of *Luduan*

明（1368~1644年）

长26.8、宽13.5、高29.5厘米

颐和园藏

甪端形熏炉，纹饰饱满，气势威严。头部后仰，双目圆瞪，口微张，四肢呈蹲姿。甪端的头部可掀开，腹部中空，用于贮存香料，点燃时香气从口中升腾。甪端是古代传说中的神兽，陪伴明君，为其护驾，头顶独角为主要特征。

92

错金银鸟纹尊

Gold- and Silver-Inlaid Wine Vessel with Bird Pattern

明（1368~1644 年）

口径 21、宽 34、高 41 厘米

颐和园藏

铜质，侈口，束颈，折肩，鼓腹，圈足。颈部饰弦纹，肩饰兽面纹，上铸立体鸟和兽首各四个。鸟为半身，眼部突出，尾部上翘。兽首双耳蜷曲，额上有一长角突起，圆目卷鼻。腹、足以云雷纹为底，上饰凤鸟纹。腹下饰乳丁雷纹，铸四道扉棱。鸟兽眼、身等处有错金银装饰。此件器物造型别致，独具风格，纹饰华丽，其中八处浮雕鸟兽生动逼真。

93

『宝云阁』铜斗匾

Bronze Tablet of "Baoyun Pavillion"

清乾隆（1736~1795年）

上宽100、下宽74、长97、厚19厘米

颐和园藏

铜质竖匾，原悬挂于宝云阁南侧外檐。匾文以满、汉、蒙、藏四种文体书写"宝云阁"，中钤"乾隆御笔"印。匾框四周雕九龙，衬以祥云。宝云阁位于万寿山佛香阁西侧，建于清乾隆二十年（1755年），通体铜铸，俗称铜殿或铜亭。

94

刻敕封八世达赖喇嘛藏文嘎巴拉式青玉盒

Tibetan Gilt-Inscribed Green Jade "Kapala" Box Bestowed to the 8th Dalai Lama

清乾隆（1736~1795年）

长14.6、宽7、高6厘米

青玉质带原皮，有褐色斑点，呈卵石形。此青玉盖盒以整块籽玉留皮随形掏膛，皮色红润，精妙卓绝，形似藏传佛教法器嘎巴拉盒，盒内镌刻藏文，泥以明暗双色金漆。

乾隆四十八年（1783年），皇帝册封八世达赖喇嘛强白嘉措（1758～1804年），以此玉盒为赐，同赉玉印、玉册。玉册乃授命诏书，汉、藏、满、蒙四语写就，其文与此盒所铭一致。

释文汉译："奉天承运，皇帝制曰：国家海宇清晏，民物枚宁，抚育中外，振兴黄教，自宗喀巴崇阐宗风，宣扬梵律，尔达赖喇嘛，乃宗喀巴之法嗣、根敦噜布八转世身也。夙慧圆成，性身常住，十方供养，华夏皈依。先是顺治年间，五转世达赖喇嘛，来京瞻觐，恩礼崇隆。自兹四世，咸倾心依向，广布教乘，宠渥有加焉。尔达赖喇嘛，教演禅宗，诚殷唪祝，普天福寿，永世吉祥，诚国家道洽重熙、休和之盛事也。以尔性体纯全，法源广布，朕甚嘉焉。兹特加殊礼，锡之玉册玉宝，尔其祇领，供奉于普陀宗乘之庙（即今布达拉宫），永镇法门。逢国庆典，用之章奏，其余奏书文移，仍用原印。尔膺兹宠锡，其益励清修，宏宣宗乘，副朕阐扬梵教，福佑群生至意。以广布尔前世达赖喇嘛之善缘，寿世福民，用光我国家亿万年之休命。钦哉。特谕。"

95

札古札雅木碗

Tibetan Wooden Bowls

清（1644~1911年）

口径11、底径6.5、高3.8厘米

口径9.4、底径5.2、高3.5厘米

口径7、底径4.3、高2.4厘米

口径5.3、底径2.8、高3厘米

颐和园藏

此组木碗侈口，体型较矮，圈足。清代自康熙时起，西藏均向中央进献此种木碗。“札古札雅”是藏语桃木的音译。

96

模印泥塑帝释天像

Clay Statue of Śakra

清乾隆（1736~1795年）

长8.2、宽6、高1厘米

颐和园藏

此尊帝释天为立像，高髻，方圆开脸，身形强健，颈带缨络下垂至胸、腹，右手托持法螺，左手相抚，腿上衣纹褶皱飘逸，身体四周饰背光、卷草。佛像背面有乾隆年款和佛像名。此件佛像为颐和园前身清漪园佛殿建筑内遗存。

97

模印泥塑彩绘尊胜佛母像

Color-Painted Clay Statue of Usnisavijaya

清乾隆（1736~1795年）

长8、宽1、高10厘米

颐和园藏

此尊胜佛母像，三面八臂，每面三目。佛母威严慈祥，葫芦形发髻象征无限智慧；项戴珍宝缨络，身着秀丽天衣，八臂各施法印，跏趺坐于莲花宝座中央，整体造型精美华丽；手中法器，主臂双手置于胸前，一托十字金刚杵，一持绳索，右三手分别托小化佛、持箭、结与愿印；左三手分别是上扬、持弓、托宝瓶。面容慈祥，身形优雅，项圈、缨络、手镯、臂钏、腰带等饰物一应俱全。下裳紧裹腿部，衣缘錾刻花纹，线条纹饰清晰，装饰色彩鲜艳，为清代宫苑泥质模印佛的精品。

98

银鎏金上师像

Gilt Silver Statue of a Seated Guru

清（1644~1911年）

长13.5、宽8、高17.5厘米

颐和园藏

此尊上师坐像，面庞圆润，眉目清秀，微露笑意。长发及腰，身披袈裟，一手扶座，一手结印。

99

寿山石佛像

Agalmatolite Buddha Statue

清乾隆（1736~1795年）

长13.8、宽8.3、高26.5厘米

颐和园藏

寿山石质，螺髻，宽额，丰颐，闭目，大耳。身着袒胸袈裟，衣褶纹理清晰。胸前饰“卍”字，双手叠合捧药丹，全跏趺坐姿，下部雕以莲台和海水纹。

100

银鎏金嵌松石珊瑚白度母像

Gilt Silver White Tara Statue Inlaid with Turquoise and Coral

清（1644~1911年）

长17.5、宽11.5、高26厘米

颐和园藏

此造像银胎鎏金，头戴五叶宝冠，面容丰满慈祥，额头有一眼，缀圆形花冠大耳，项挂繁复华丽的佛珠，腰缀精细的璎珞，其身体姿势十分优美，头略左倾，袒胸，细腰稍扭，右手膝前施与愿印，左手当胸以三宝印，两臂外侧各有莲枝沿臂而上，左右肩旁伏以乌巴拉花，臂、腕、踝各饰钏、镯，双跣足结跏趺坐于双层莲台之上，多处嵌绿松石装饰，造型匀称，纹饰精细。

101

铜鎏金释迦牟尼佛坐像

Gilt Bronze Seated Shakyamuni Buddha Statue

清（1644~1911年）

长22、宽18、高30厘米

颐和园藏

此佛像头饰螺发，髻顶有宝珠，双耳垂下，面庞圆润，细眉敛目，神态安然。身着袒右式袈裟，结跏趺坐于莲台上，左手平伸呈捧钵状，右手下垂结触地印。莲台双层，莲瓣扁长，顶端微翘。

102

铜鎏金嵌松石金刚持像

Gilt Bronze Vajra Statue Inlaid with Turquoise

明末清初

长18、宽14.5、高28.5厘米

颐和园藏

此造像头戴五叶冠，顶结发髻，面庞圆润，五官端正，通身配饰华丽的璎珞、钏环，并镶嵌松石。金刚持跏趺坐于莲花座上，双手结金刚迦罗印，分别持金刚铃和金刚杵。金刚持，也称“大持金刚”“秘密主”。在藏传佛教中，金刚持被认为是释迦牟尼讲说密法时所呈现的形象，是释尊的秘密化身。

103

铜鎏金无量寿佛坐像

Gilt Bronze Seated Amitābha Statue

清（1644~1911年）

龛：长38、宽14、高58厘米

佛像：长7.5、宽5、高12厘米

颐和园藏

紫檀木雕佛龛选用了佛教中的尖拱龛，形如莲瓣，内供九尊鎏金铜佛造像，分别置于九个尖拱小佛龛内。龛内无量寿佛造像，全身鎏金，头戴花冠，顶结高发髻，面相慈祥，双目平直，神态沉静，身披璎珞，镶嵌松石、珊瑚。跏趺坐姿，双手结禅定印。九尊佛分三层排列，每层共有三尊造像，神态相似，造型相同，外层的八尊佛造像掌印上捧佛教八吉祥，轮、螺、伞、盖、花、罐、鱼、肠，正中佛祖手捧仙桃，桃上伏一只蝙蝠，取福寿之意。

104

清漪园遗址风景册

Scenery of the Garden of Clear Ripples

19世纪70年代

长26.2、宽18.9、厚3.6厘米

颐和园藏

约翰·德贞（Dr. John Dudgeon 1837~1901年）

英国人，1863年受教会派遣来华行医传教，在京生活直至去世。

此风景册为摄影师约翰·德贞拍摄。内容以清漪园遗址、北京各处建筑景观为主，另含少量北京人文市井照和天津照片。册中收录了被损毁尚未修缮的清漪园照片，包含绣漪桥、石舫、后山四大部洲、前山大报恩延寿寺遗址、治镜阁等。反映出当时园内杂草丛生、残垣断壁的荒芜景象。

105

蓝地粉彩缠枝花纹方砖

Blue Ground Famille-Rose Tile with Trailing Vines

清（1644~1911年）

边长38.7、厚8.7厘米

颐和园藏

正面以蓝色衬地，上绘缠枝花草。背面有三纵三横九个小孔，侧面为两两和三三对称圆孔，共计开孔19个。瓷砖内里中空，孔与孔之间有孔道相通。近年在圆明园出土过类似的粉彩瓷砖，推测为殿堂取暖用的空心“火墙”用砖。

106

汉白玉雕夔龙纹栏板

White Marble Banister with a *Kui* Dragon Pattern

清乾隆（1736~1795年）

通长120、高55、厚12厘米

颐和园藏

此石栏板为清漪园绮望轩遗址遗物。汉白玉质地，四边斜棱形镂空，形制规整，栏板中部开光，两面中部均浮雕龙纹，雕工细腻，为颐和园中具有代表性的石质建筑构件。

昆明万寿佳山水，
中间宫殿排云起。

王国维《颐和园词》

第三单元 SECTION THREE

中间宫殿排云起
THE SUMMER PALACE UNDER CONSTRUCTION

1886年，光绪以恢复昆明湖水操为由，在清漪园废墟上重建园林；1888年，正式更名清漪园为“颐和园”，作为慈禧的“颐养冲和”之所。从1891年到1908年，颐和园成为帝后园居、理政、外交的主要场所，是紫禁城之外重要的政治中心。

In 1886, the Guangxu emperor rebuilt on the ruins of the Garden of Clear Ripples for the reason of reviving the naval drill at Kunming Lake. In 1888, the garden was officially renamed "Summer Palace" and used as a place for Empress Dowager Cixi to enjoy her later years. From 1891 to 1908, the Summer Palace became the main place of residence, governance, and diplomacy for the emperors and empresses, and was a significant political center outside the Forbidden City.

107

奕劻等奏以新海防捐款暂垫颐和园工程用款片

Memorial on Temporary Advance of Funds for the Summer Palace Project from the New Coast Guard Donation Submitted by Yikuang

清（1644~1911 年）

纵 21.5、横 39 厘米

中国第一历史档案馆藏

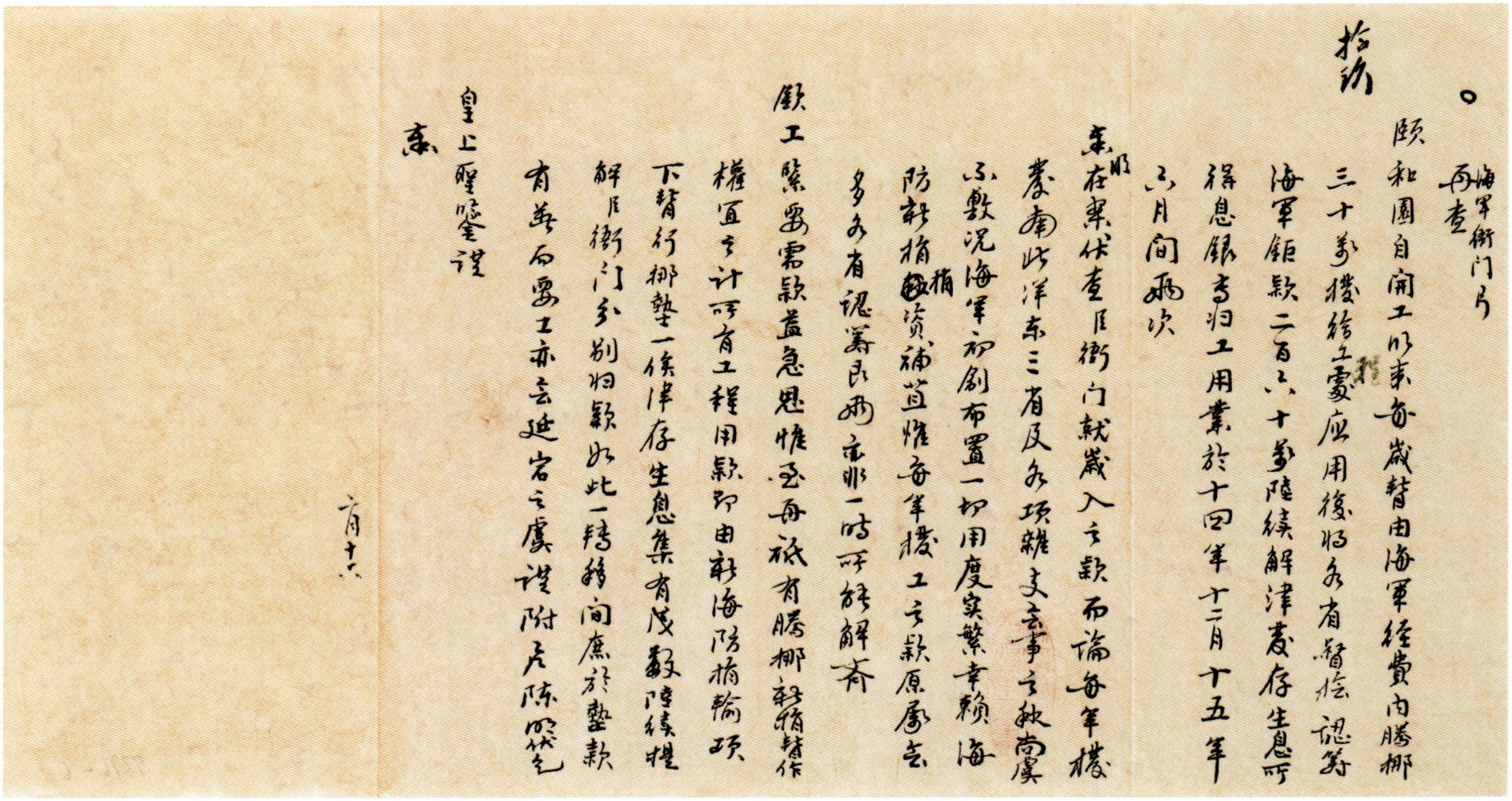
海軍衙門片
再查
頤
和園自開工以來每歲暫由海軍經費內騰挪
三十萬撥給工需應用復將各省督撫認籌
海軍鉅款二百六十萬陸續解津發存生息所
得息銀專歸工用業於十四年十二月十五年
六月間兩次
奏明在案伏查臣衙門就歲入之款而論每年撥
奉宸苑北洋東三省及各項雜支等事之款實屬
不敷況海軍初創布置一切用度實繁全賴海
防新捐指款資補苴惟每年撥工之款原屬無
多又有認籌銀兩亦非一時所能解齊
欽工緊要需款益急惟有騰挪新捐暫作
權宜之計所有工程用款即由新海防捐輸項
下暫行挪墊一俟津存生息集有成數陸續提
解臣衙門分別歸款如此一轉移間庶於墊款
有著而要工亦無延宕之虞謹附片陳明伏乞
皇上聖鑒謹
奏

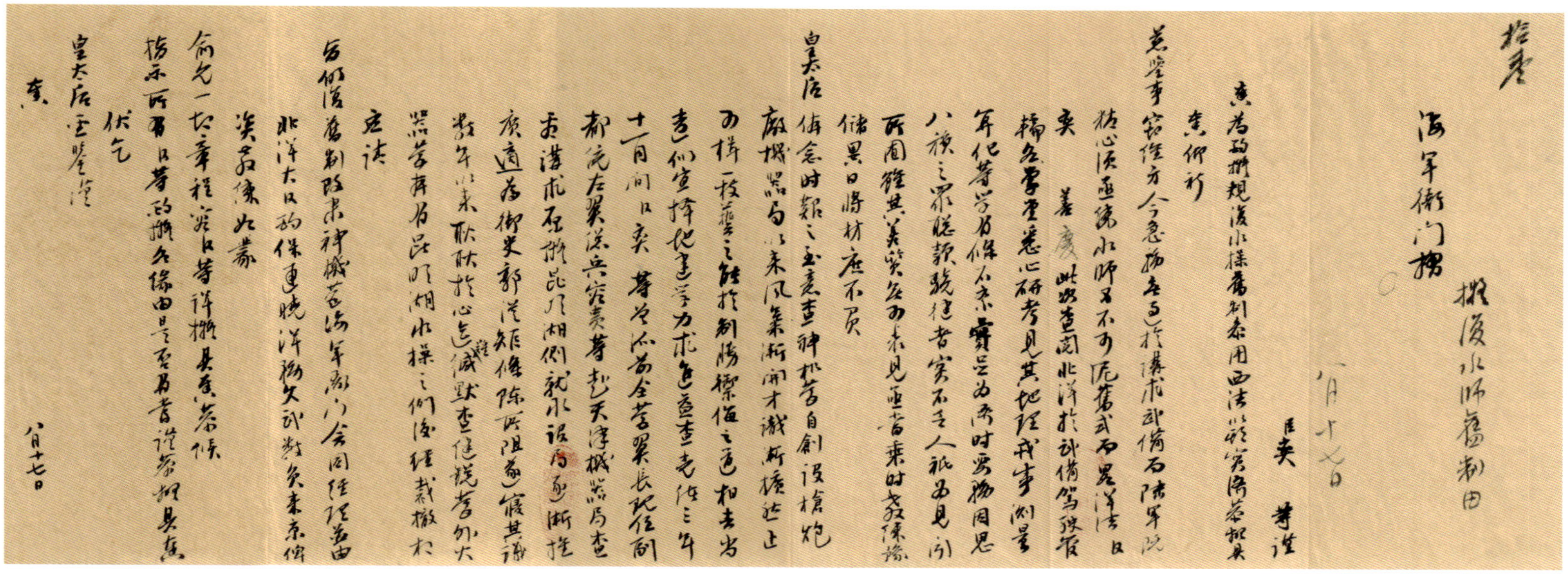

108

酌拟规复水操旧制参用西法以期实济奏折

Memorial on Reviving the Naval Drill by Using the Western Approach

清（1644~1911年）

纵21.5，横57.5厘米

中国第一历史档案馆藏

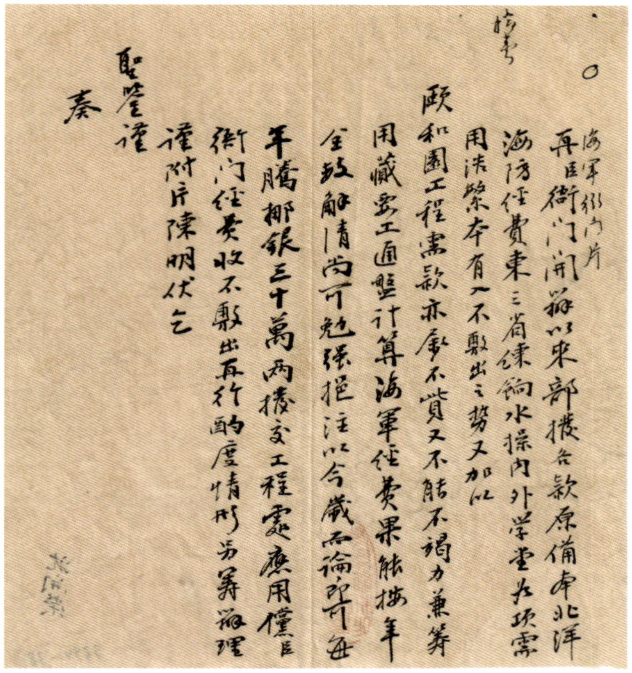

海军衙门片

再，臣衙门开办以来，部拨各款原备南北洋海防经费，东三省练饷，水操内外学堂，大项需用浩繁，本有入不敷出之势，又加以颐和园工程需款，亦属不赀，又不能不竭力兼筹用藏要工。通盘计算，海军经费果能按年全数解清，尚可勉强挹注。以今岁而论，即可每年腾挪银三十万两拨交工程处应用，仅臣衙门经费收不敷出，再行酌度情形，另筹办理。谨附片陈明。伏乞

圣鉴。谨

奏。

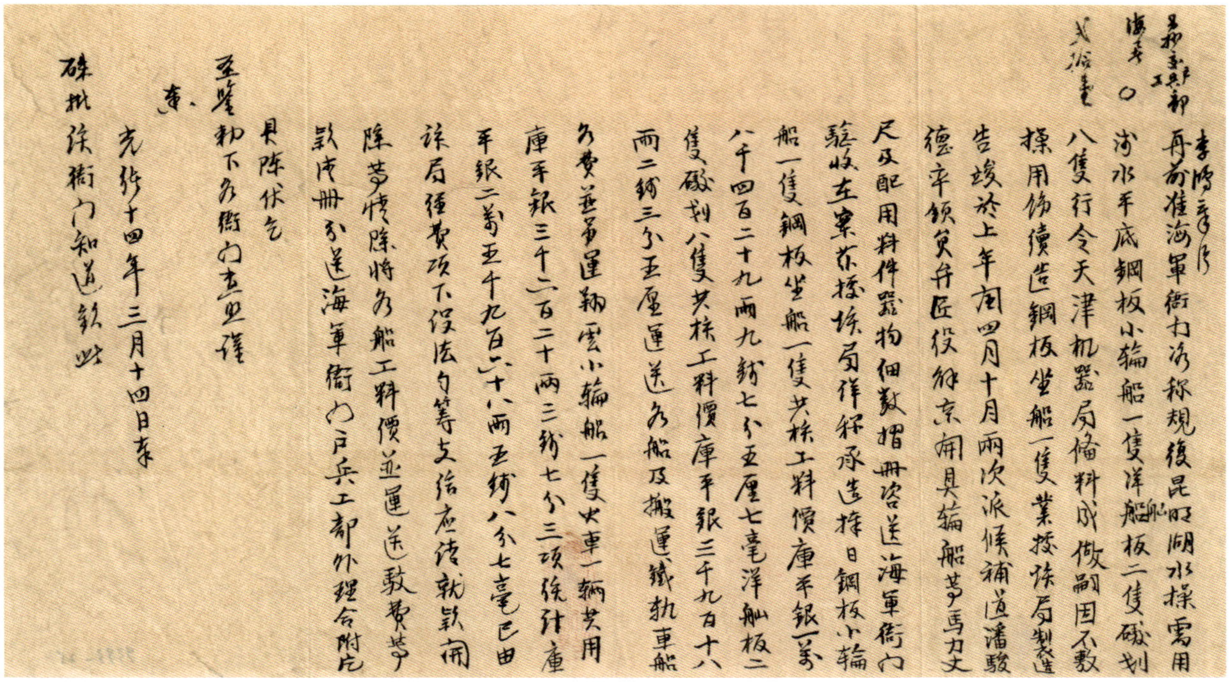

再，前准海军衙门咨称：规复昆明湖水操需用河水平底钢板小轮船一只，洋舢板二只，碰划八只，行令天津机器局备料成做。嗣因不敷操用，饬续造钢板坐船一只，业据该局制造告竣，于上年闰四月、十月两次派候补道潘骏德率领员弁匠役解京，开具轮船节马力丈尺及配用料件器物细数，摺册咨送海军衙门验收在案。兹据该局详称：承造钢板小轮船一只，钢板坐船一只，共核工料价库平银四万八千四百二十九两九钱七分五厘七毫，洋舢板二只，碰划八只，共核工料价库平银三千九百十八两二钱三分五厘，运送各船及搬运铁轨车船各费并前送翔云小轮船一只，火车一辆，共用库平银三千六百二十两三钱七分，三项统计库平银五万五千九百六十八两五钱八分七毫，已由该局经费项下设法匀筹支给，应请就款开除，除将各船工料价值并运送缴费等款造册分送海军衙门、户、兵、工部外，理合附片具陈。伏乞

圣鉴。

勅下各衙门查照。谨

奏。

光绪十四年三月十四日奉

硃批：该衙门知道。钦此。

109

奕劻奏每年由海军经费拨颐和园工程用款三十万两片

Memorial on Appropriating 300,000 Taels from the Navy Budget for the Summer Palace Project Submitted by Yikuang

清（1644~1911年）

纵21.5，横37.5／19.5厘米

中国第一历史档案馆藏

110

《威远健字枪炮队健锐营马队威远利字枪炮队外火器营马队水军炮船合操阵图》

Naval Drill with Cannons and Warships

清（1644~1911年）

长39、宽20厘米

国家图书馆提供

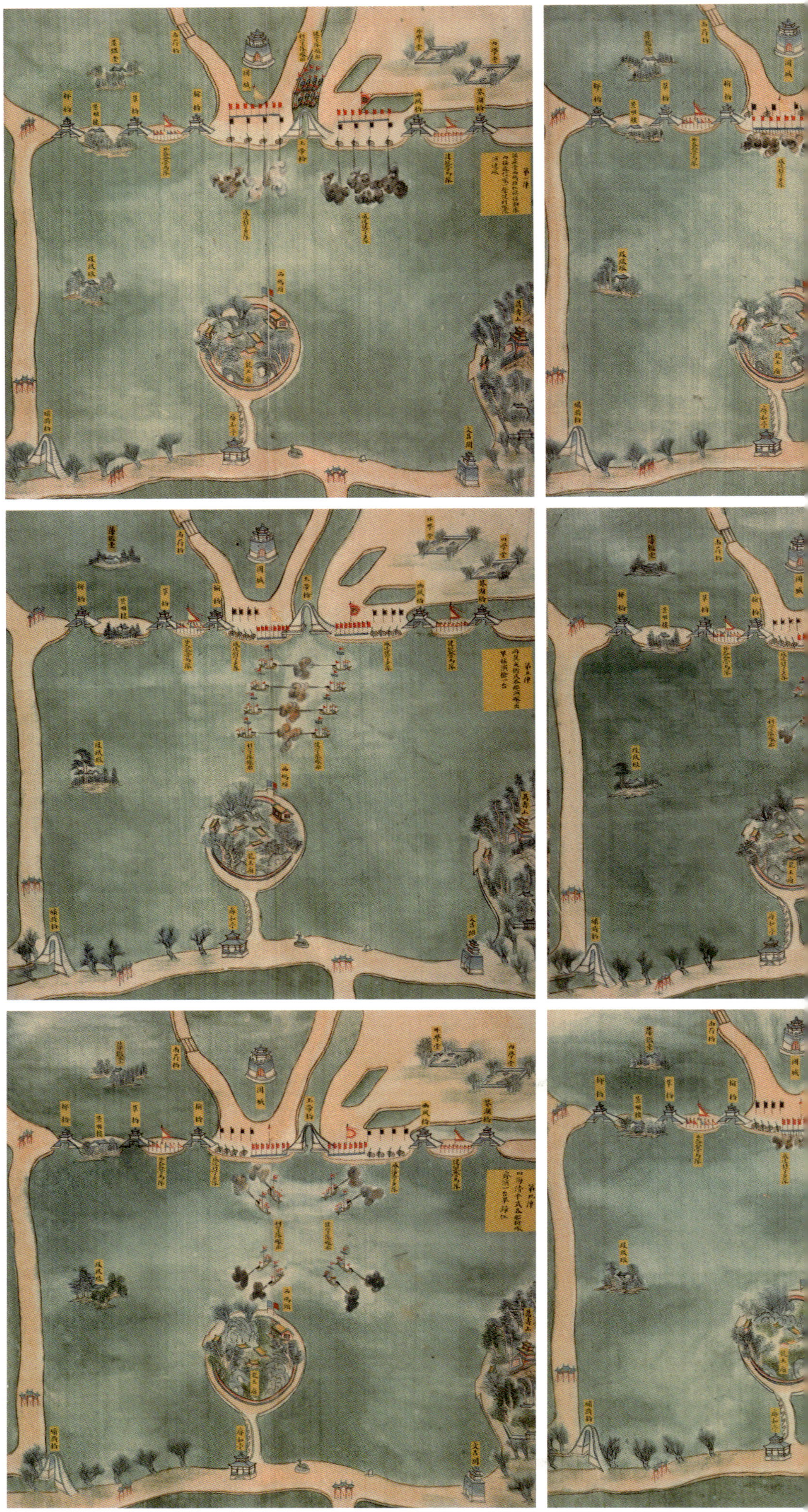

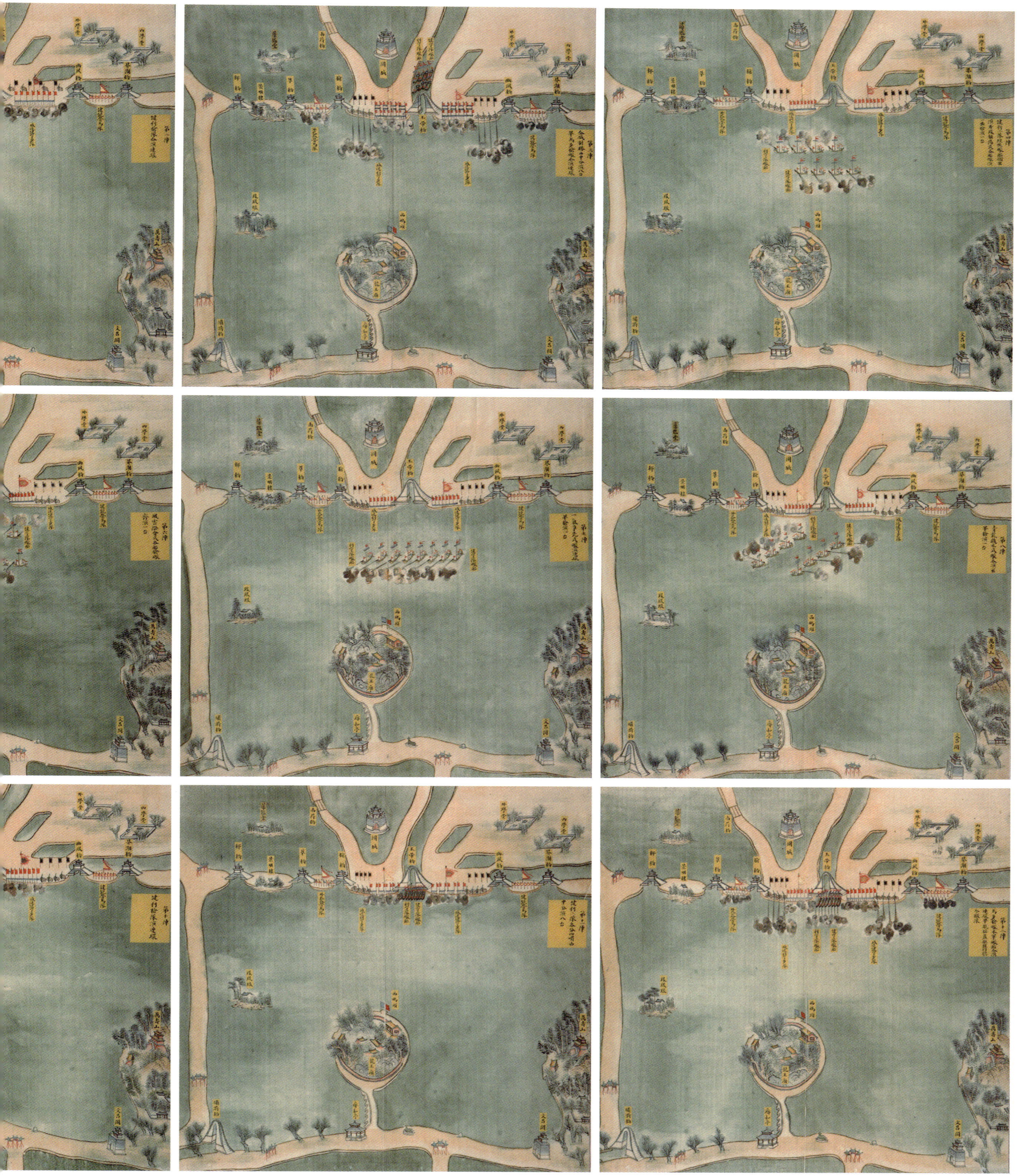

111

规复水操旧制及水操内学堂试行演练咨谕稿底

Consultation for the Restoration of the Former Naval Drill and Drill in the Inner Naval Academy

清（1644~1911年）

纵21.5、横33厘米

中国第一历史档案馆藏

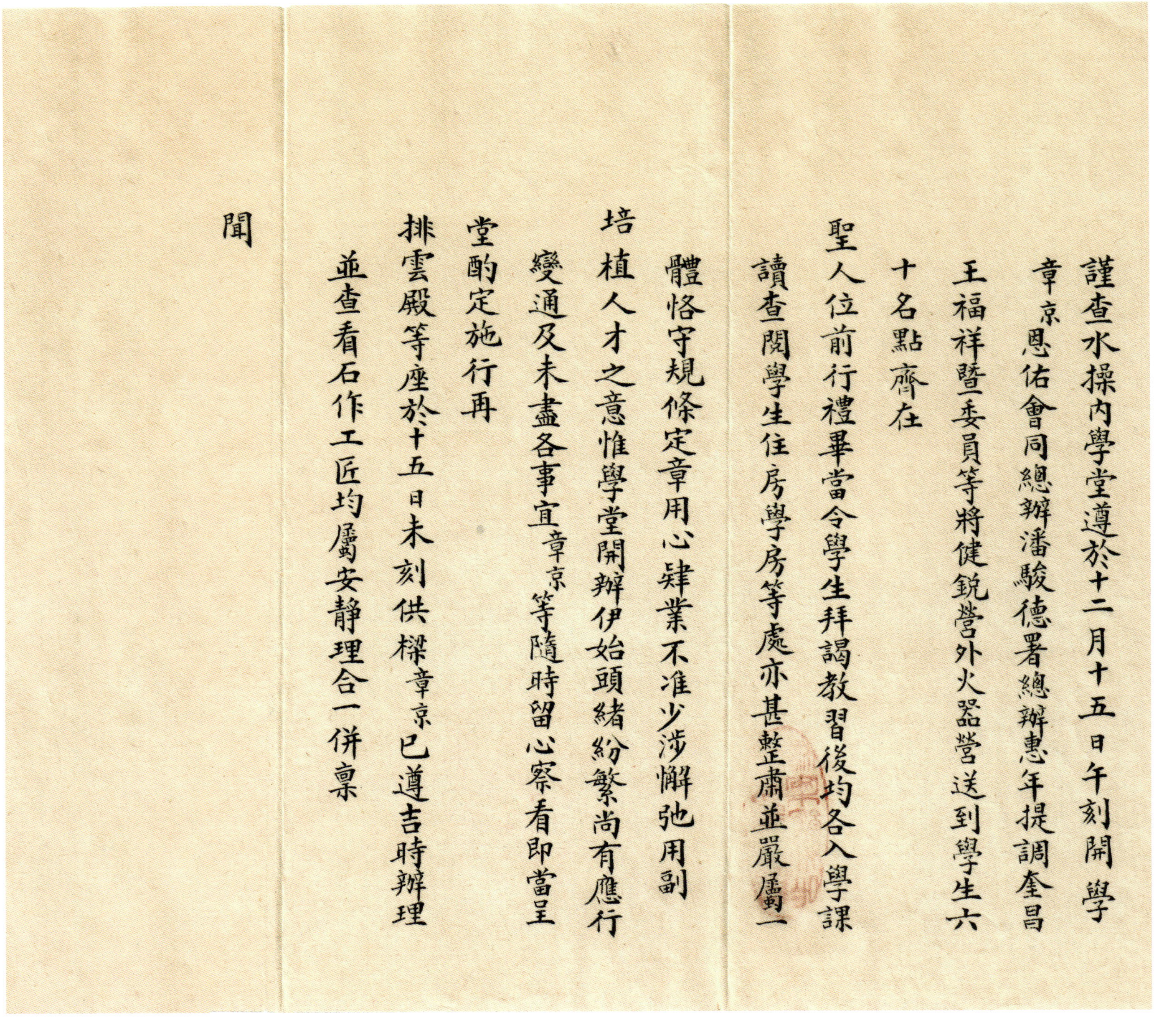

謹查水操内學堂遵於十二月十五日午刻開學
章京恩佑會同總辦潘駿德署總辦惠年提調奎昌
王福祥暨委員等將健鋭營外火器營送到學生六
十名點齊在
聖人位前行禮畢當令學生拜謁教習後均各入學課
讀查閱學生住房學房等處亦甚整肅並嚴屬一
體恪守規條定章用心肄業不准少涉懈弛用副
培植人才之意惟學堂開辦伊始頭緒紛繁尚有應行
變通及未盡各事宜章京等隨時留心察看即當呈
堂酌定施行再
排雲殿等座於十五日未刻供樑章京已遵吉時辦理
並查看石作工匠均屬安靜理合一併稟
聞

112

清漪园西宫门内外各处殿座亭台桥座房间等画样

Site Plan of Buildings around West Palace Gate in the Garden of Clear Ripples

清（1644~1911年）

国家图书馆藏

此图绘制了万寿山西部的建筑格局，西侧耕织图区域出现了水操内外学堂建筑群，图中无围墙及随墙门，推测绘制年代为光绪十三年至十四年（1887～1888年）。

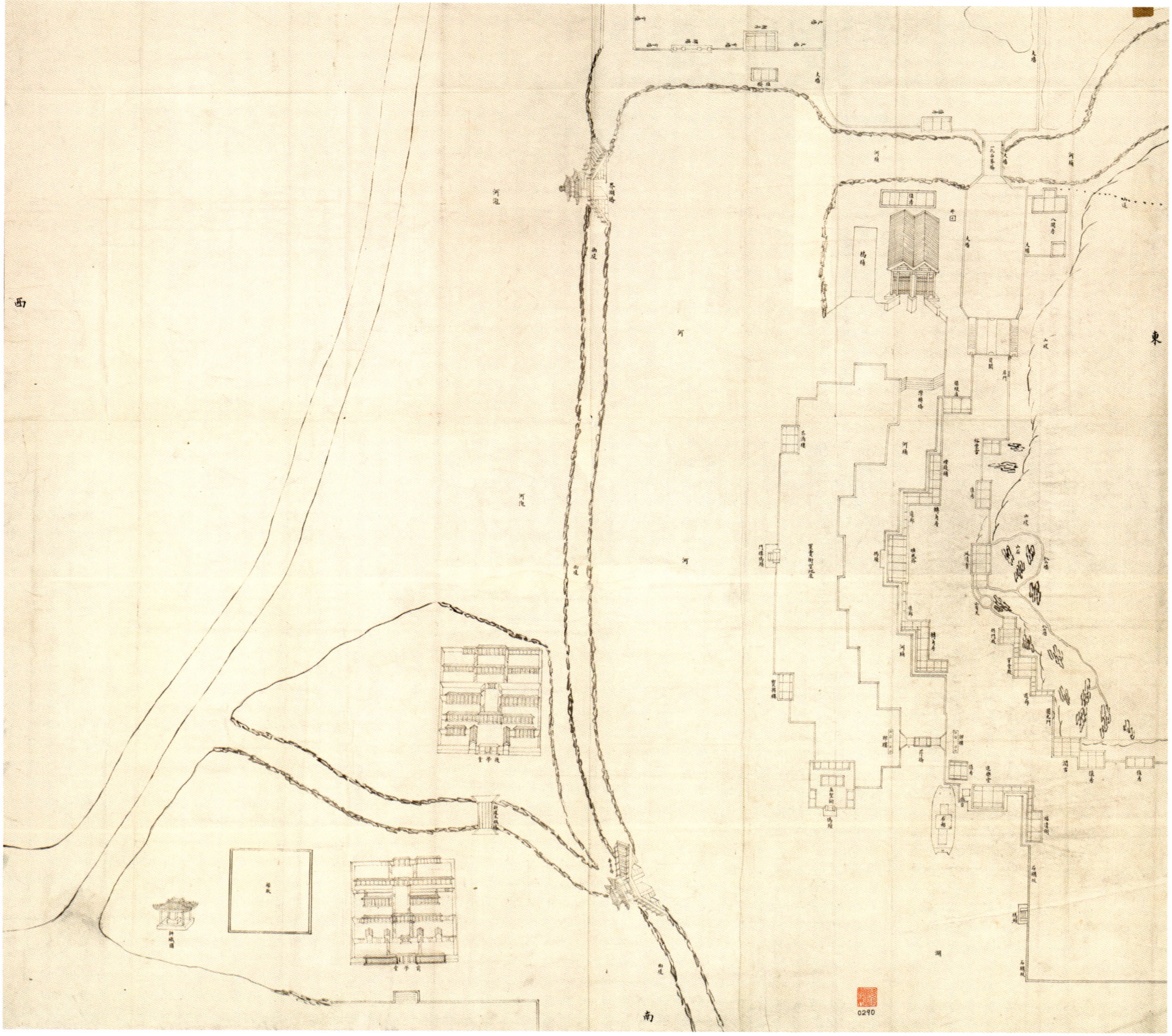

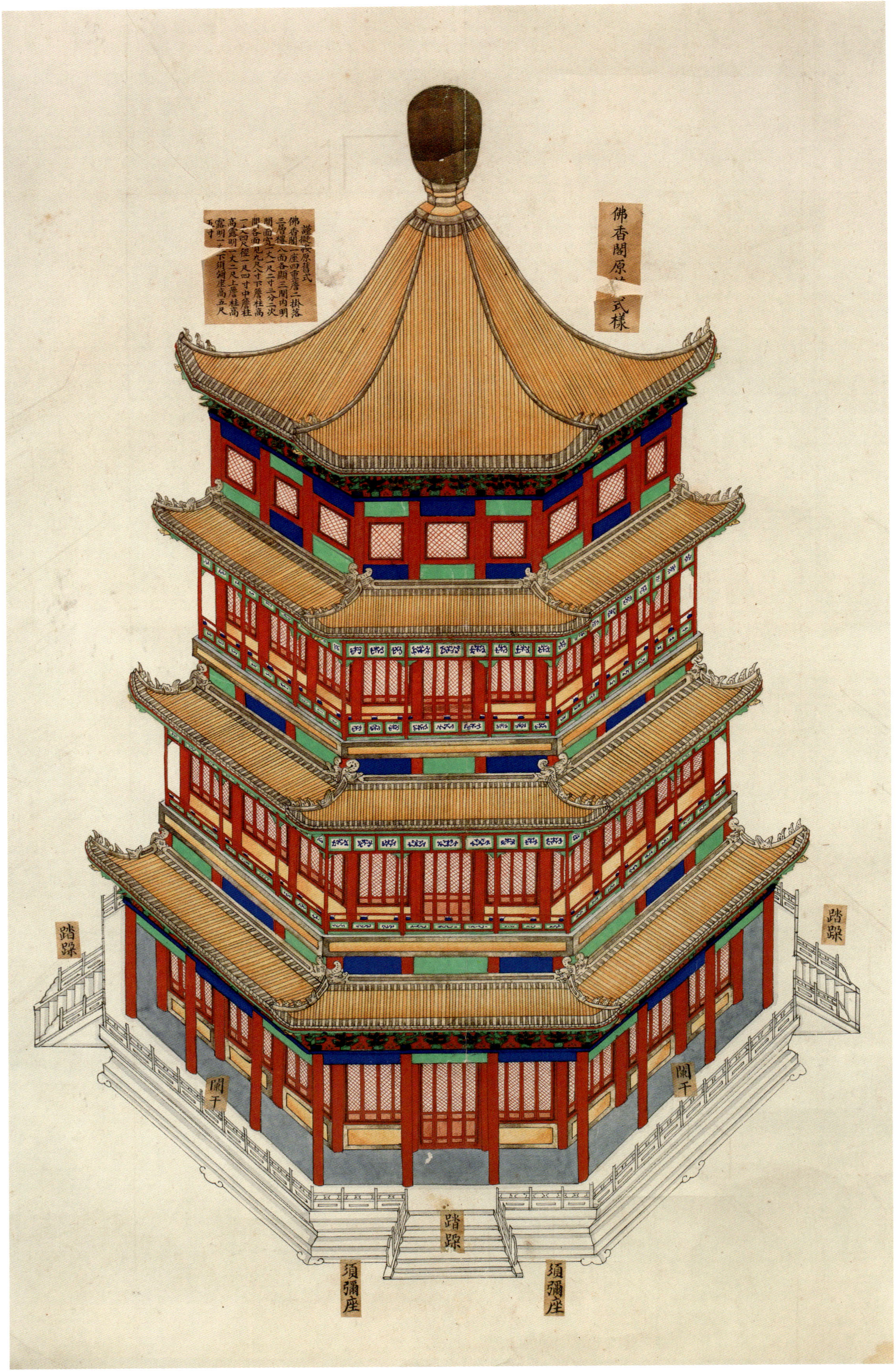

115

颐和园佛香阁立样图

Elevation Drawing of Tower of the Buddhist Incense in the Summer Palace

清（1644~1911年）

纵65.5，横52.5厘米

颐和园藏

此图为样式房绘制彩色佛香阁画样。图右侧贴黄签墨笔书“佛香阁原旧式样”。图中佛香阁为八角四重檐三层楼建筑，下设汉白玉须弥座、踏跺、栏杆，建筑整体施以彩色，描绘精细。图左侧用黄签墨笔标注“谨拟按原旧式佛香阁一座”，尺寸详细，包括各间房屋面宽、檐柱、须弥座尺寸等信息。

116

颐和园内畅观堂内檐洋式门口立样图

Elevation Drawing of Western-Style Doorway in the Hall of Good Sight

清（1644~1911 年）

纵 45.4、横 50.8 厘米

颐和园藏

此图为样式房绘制墨线畅观堂内檐洋式门画样。图样原为一式三份，每份设计样式不同，图为其中一座四柱洋式门立样，中间贴黄签墨笔书“洋式门”“洋式门口空宽三尺五寸空高五尺七寸”，两侧连接板墙，墨笔绘制工整精致，通体装饰洋式花纹，应为畅观堂内檐建筑的设计方案之一。

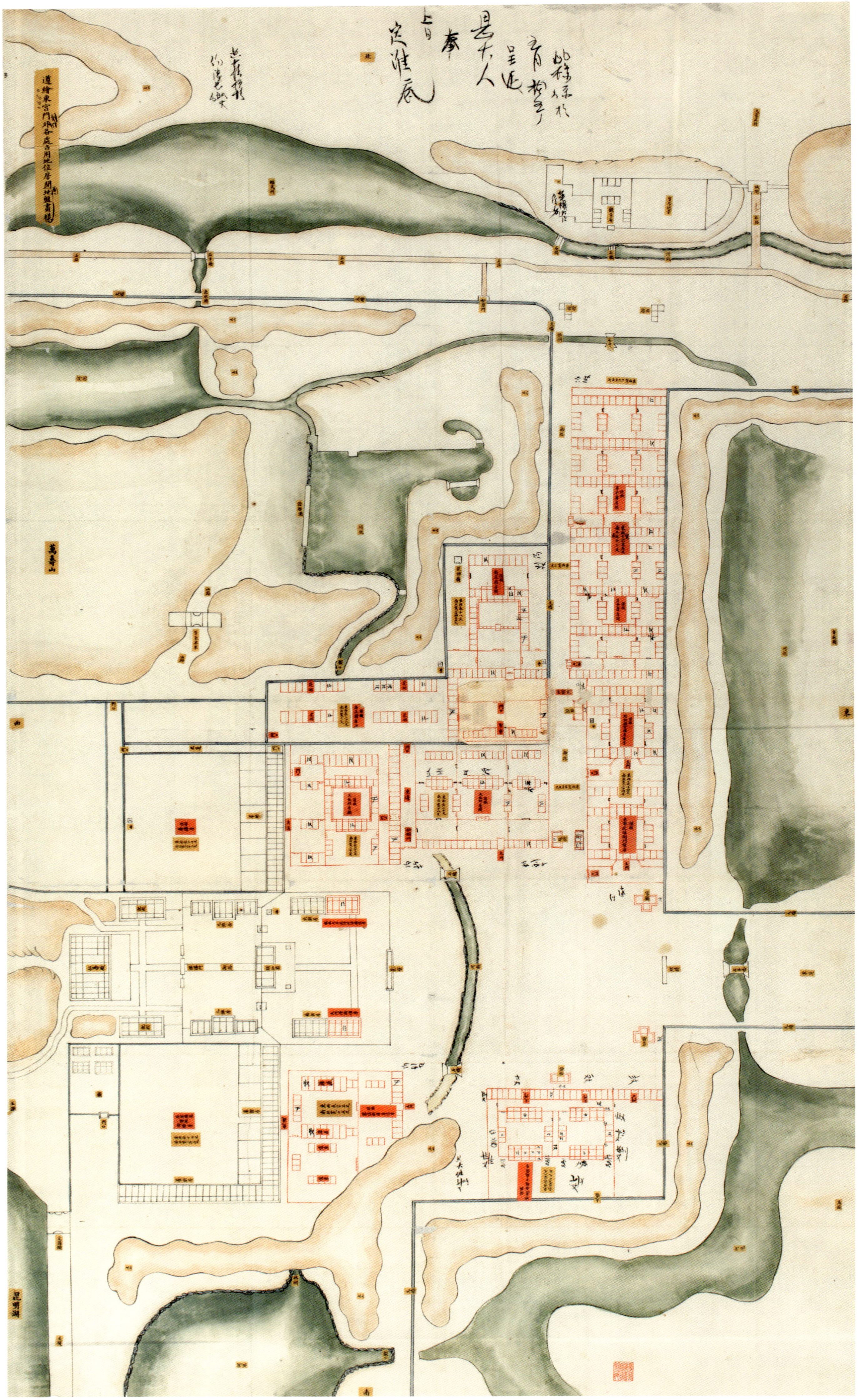

117

东宫门外各处占用地位房间地盘画样准底

Site Plan of Rooms outside the East Palace Gate

清（1644~1911 年）

纵 115、横 68.2 厘米

国家图书馆藏

此图为样式房绘制墨红线彩色东宫门外各处房间地盘画样准底图。图中墨线贴黄签的房屋代表已有建筑，包括仁寿殿、九卿房、东宫门、群朝房、南北朝房等。红线贴红签的房屋为后添设的设计图样，东宫门外新添建筑有散佚大臣乾清门侍卫值房、大门侍卫值房、銮仪卫库房值房、大他坦、南花园、步军统领衙门值房、堂档房值房、升平署以及外边各项下处值房等建筑，各房屋、院落长宽尺寸以墨笔黄签和苏州码子标出具体数值信息。

118

建修万寿山前山中路全图地盘画样

Site Plan of Hill Roads before the Construction of the Longevity Hill

清（1644~1911年）

纵77.5、横59.2厘米

国家图书馆藏

此图详细绘制了万寿山前山排云殿建筑群的格局，图中用黄签标明了建筑名称，并详细列出拟建房屋的大致尺寸和所用斗栱的形式等信息，应为排云殿建筑群拟建设计方案之一。根据排云殿的供梁时间，推断其绘制年代为光绪十三年（1887年）十二月前。

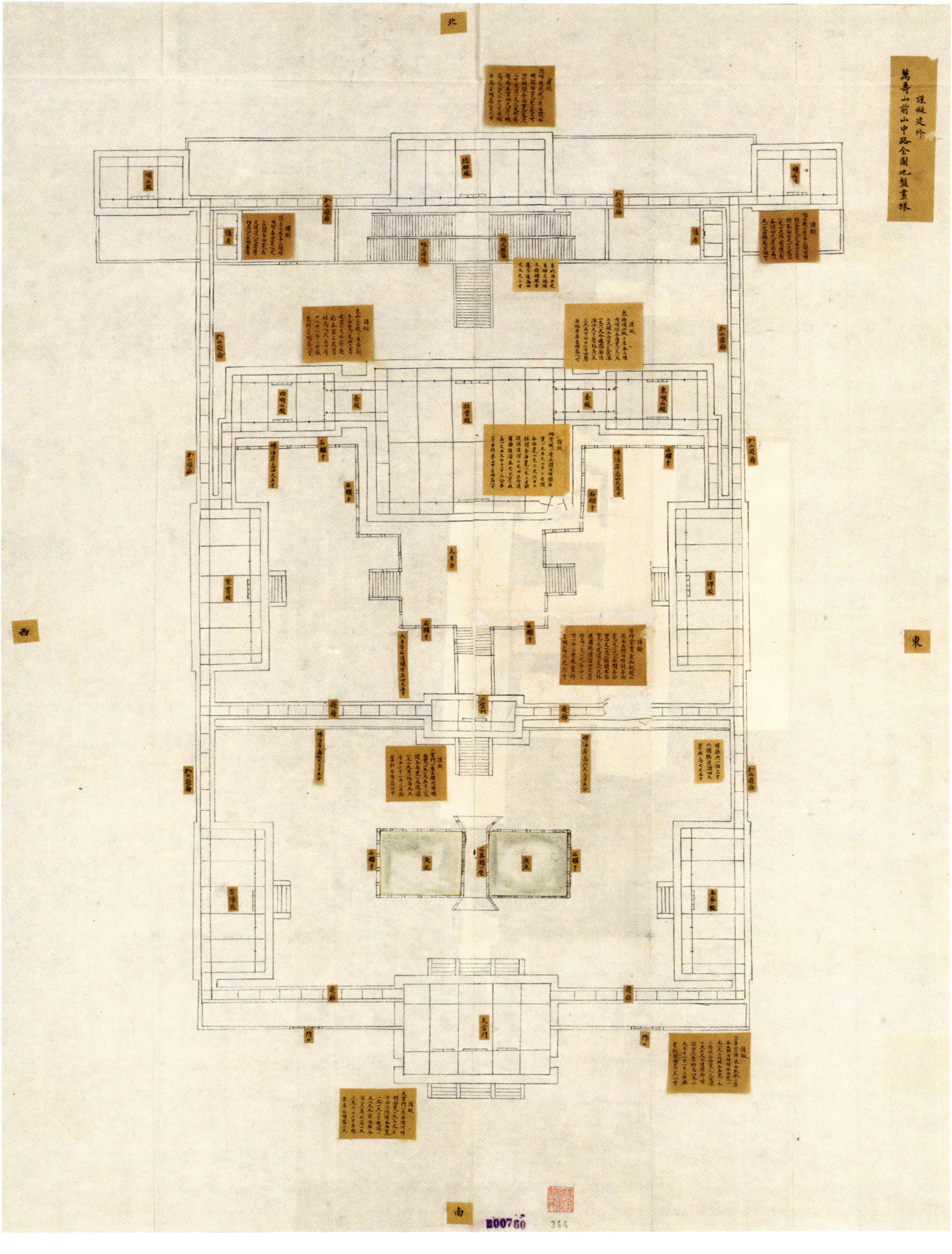

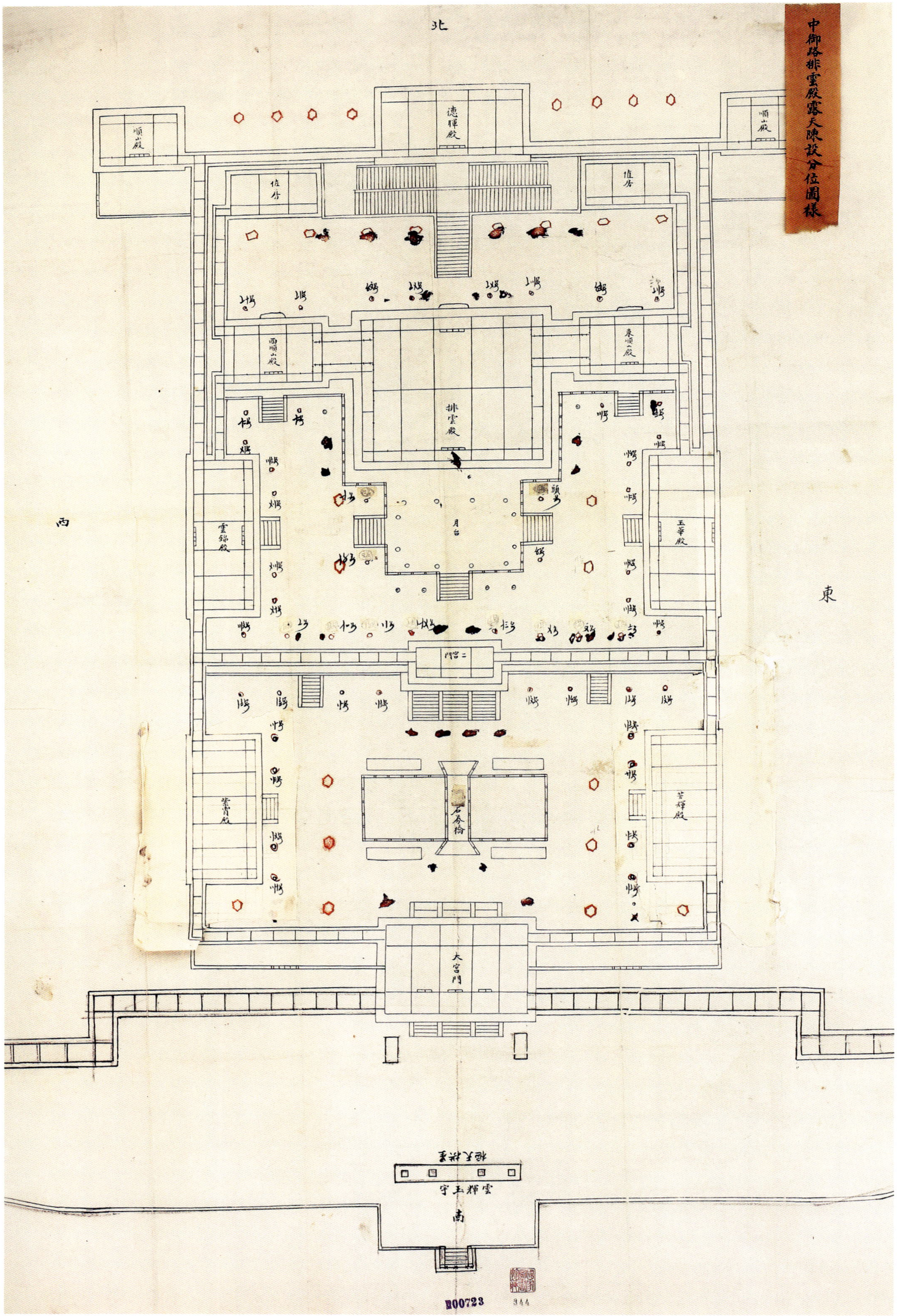

119

中御路排云殿露天陈设分位图样

Site Plan of Outdoor Furniture of the Hall of Dispelling Clouds in Zhongyu Road

清（1644~1911年）

纵84.6、横56厘米

国家图书馆藏

此图描绘了中御路排云殿建筑群的平面格局及露天陈设位置，图中陈设石座的编号具有连续性，部分露天陈设用红笔标注，推测为新添修陈设。根据底图建筑格局的特征、慈禧太后开始园居的时间，推断其绘制时间为光绪十五年至十七年（1889～1891年）。

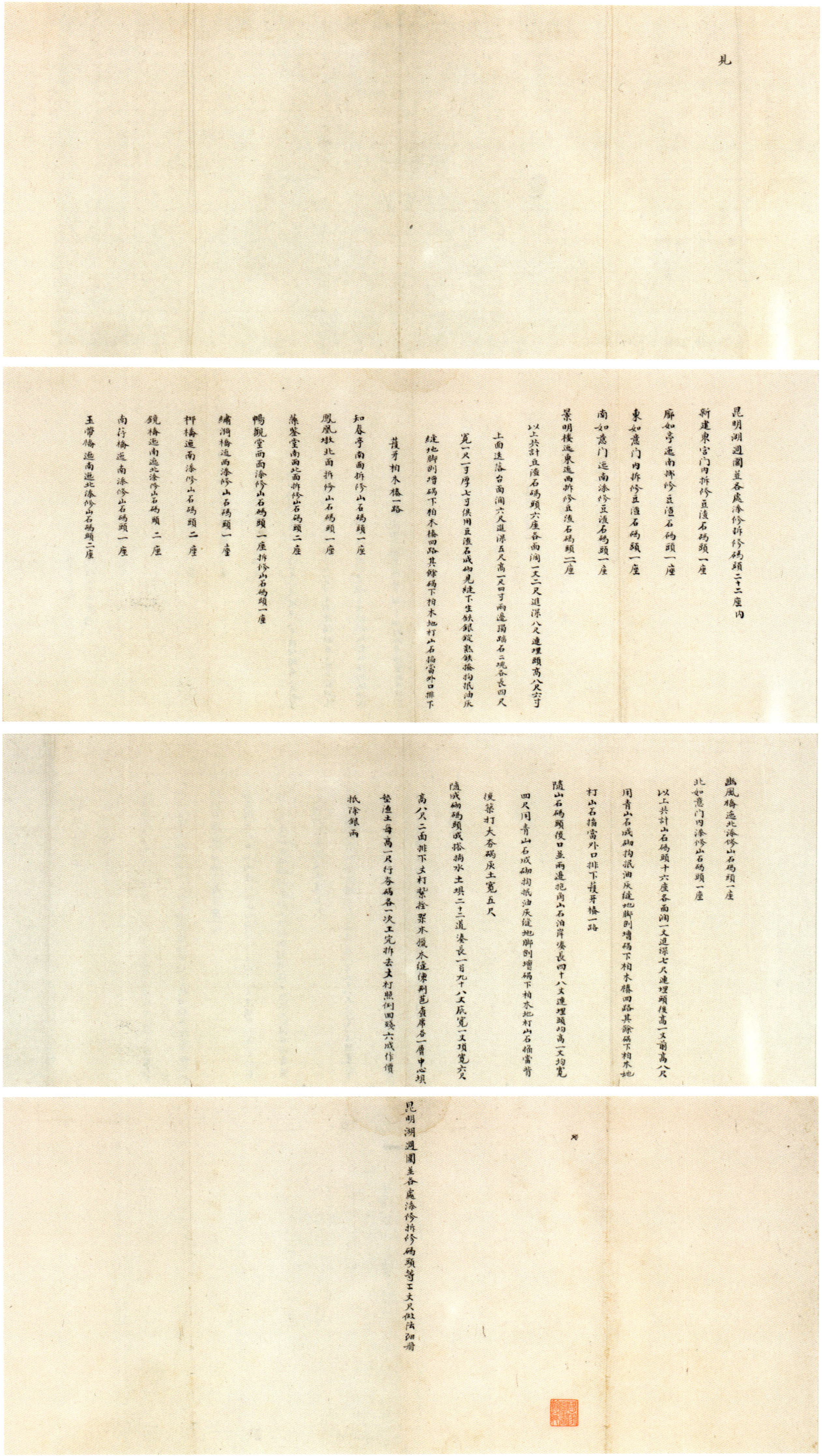
見

昆明湖週圍並各處添修拆修碼頭二十二座內
新建東宮门內拆修豆渣石碼頭一座
廓如亭迤南拆修豆渣石碼頭一座
東如意门內拆修豆渣石碼頭一座
南如意门迤南添修豆渣石碼頭一座
景明樓迤東迤西拆修豆渣石碼頭二座
以上共計豆渣石碼頭六座各面濶一丈二尺進深八尺連埋頭高八尺六寸
上面迭落台面濶六尺進深五尺高一尺四寸兩邊獨踹石二塊各長四尺
寬一尺一寸厚七寸俱用豆渣石成砌見縫下生鉄銀錠熟鉄扒拘抿油灰
縫地脚刨槽碼下柏木樁四路其餘碼下柏木地釘山石掐當外口排下
護牙柏木樁一路
知春亭南面拆修山石碼頭一座
鳳凰墩北面拆修山石碼頭一座
藻鑒堂南面北面拆修山石碼頭二座
暢觀堂西面添修山石碼頭一座拆修山石碼頭一座
繡漪橋迤西添修山石碼頭一座
柳橋迤南添修山石碼頭二座
鏡橋迤南迤北添修山石碼頭二座
南行橋迤南添修山石碼頭一座
玉帶橋迤南迤北添修山石碼頭二座

豳風橋迤北添修山石碼頭一座
北如意门內添修山石碼頭一座
以上共計山石碼頭十六座各面濶一丈進深七尺連埋頭後高一丈前高八尺
用青山石成砌拘抿油灰縫地脚刨槽碼下柏木樁四路其餘碼下柏木地
釘山石掐當外口排下護牙樁一路
隨山石碼頭後口並兩邊抱角山石泊岸湊長四十八丈連埋頭均高一丈均寬
四尺用青山石成砌拘抿油灰縫地脚刨槽碼下柏木地釘山石掐當背
後築打大夯碼灰土寬五尺
隨成砌碼頭戗搭搞水土壩二十二道湊長一百九十八丈底寬一丈頂寬六尺
高八尺二面排下丈杉槊揹架木攔木縫練剌芭蓆席各一層中心垻
墊渣土每高一尺行夯碼各一次工完拆去丈杉照例回殘六成作價
抵除銀兩

昆明湖週圍並各處添修拆修碼頭等工丈尺做法細冊

120

昆明湖周围并各处添修拆修码头等工丈尺做法细册

Architectural Scale Guide for Adding and Repairing Docks around Kunming Lake

清（1644~1911 年）

折装：纵 23、横 24.1 厘米

国家图书馆藏

此档案详细记录了颐和园重修工程中，昆明湖周边添修、拆修码头的数量、位置、材质等信息。据光绪十七年十一月《工程清单》关于拆修相关码头的记载，推测其绘制于光绪十七年（1891年）。

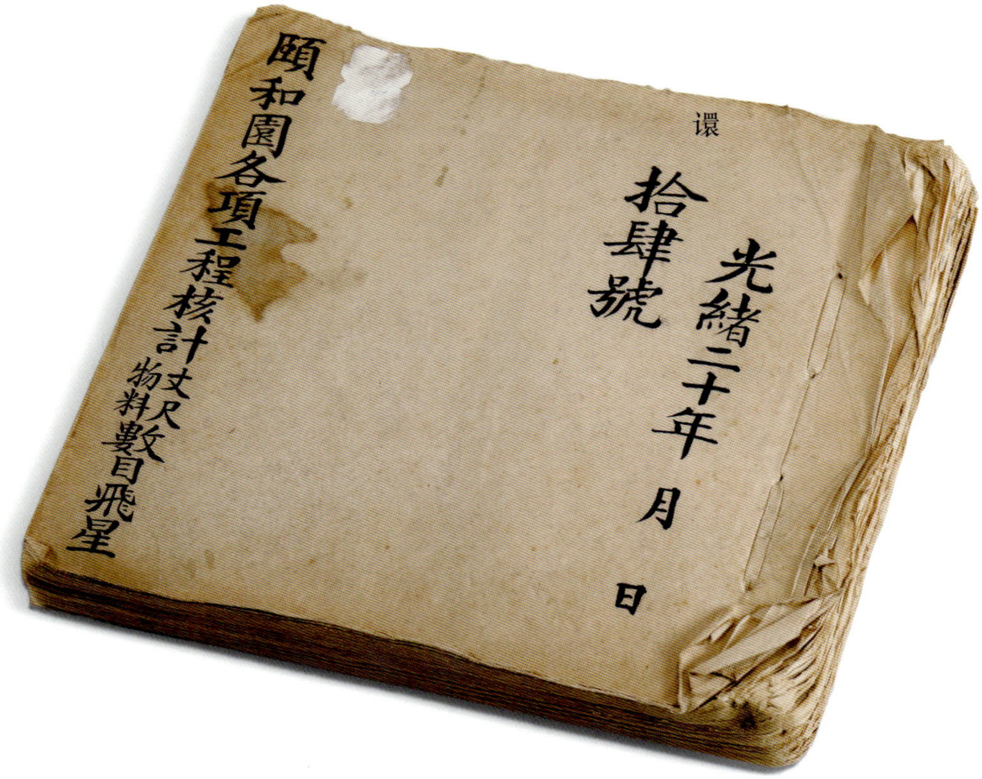

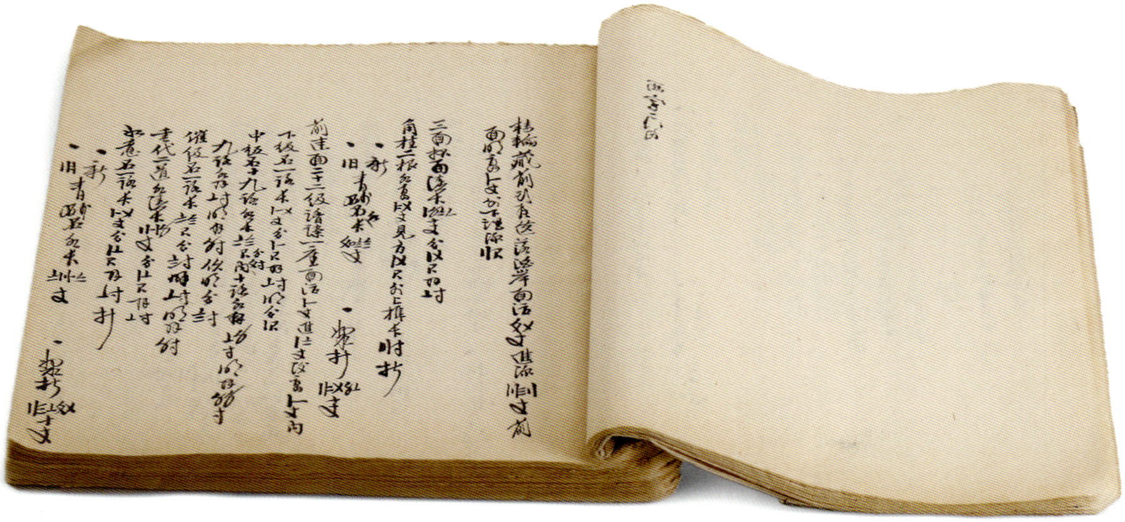

121

《颐和园各项工程核计丈尺物料数目飞星》

Account Book of the Measurement and Quantity of Materials for the Summer Palace Project

清光绪二十年（1894年）

长24.5、宽23、厚3.6厘米

颐和园藏

此账册记录了光绪二十年（1894年），颐和园内各处修整工程施工过程中产生的丈尺和物料数目。内容包括了工程添改位置、类别、数量、所用材料、尺寸等信息。数字部分用苏州码子书写，条目清晰，记录翔实，有助于了解修缮颐和园过程中施工用料、款项工程造价、施工管理等情况。

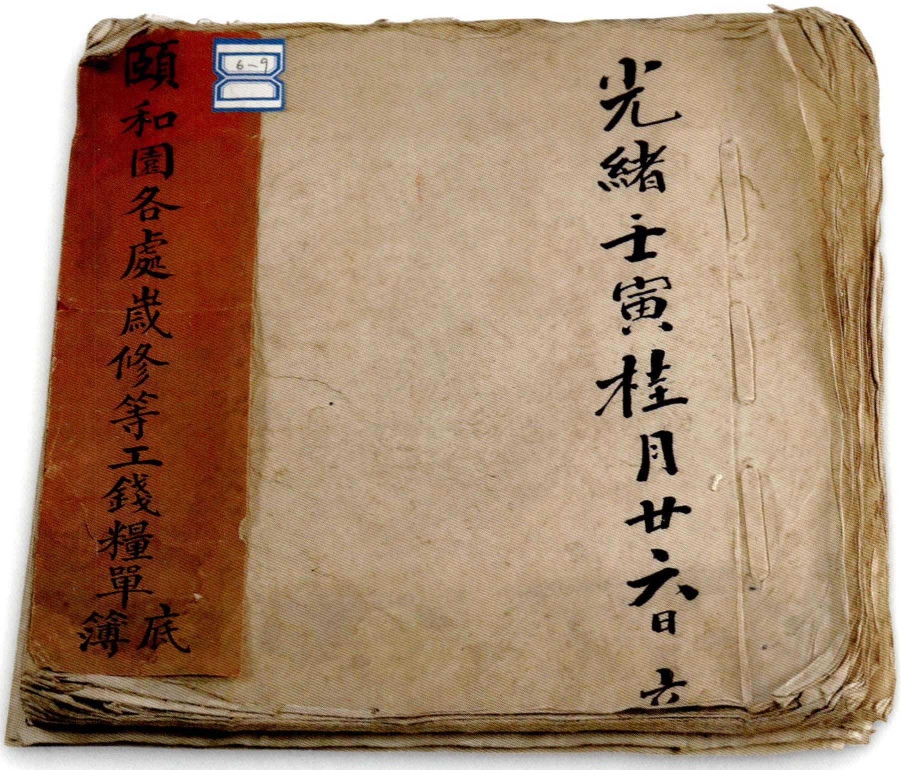

122

《颐和园各处岁修等工钱粮单底簿》

Archive for Yearly Maintenance at the Summer Palace

清光绪二十八年（1902年）

长30、宽25.8、厚1.5厘米

颐和园藏

此账册为光绪二十八年（1902年）农历八月二十六日拟定的颐和园内各处建筑养护、整修工程需要钱粮清册底本。记录了工程位置、现状、整修内容、数量、需要钱粮等信息，是了解当时建筑规格、内外檐装修、建筑维修保养的原始资料。

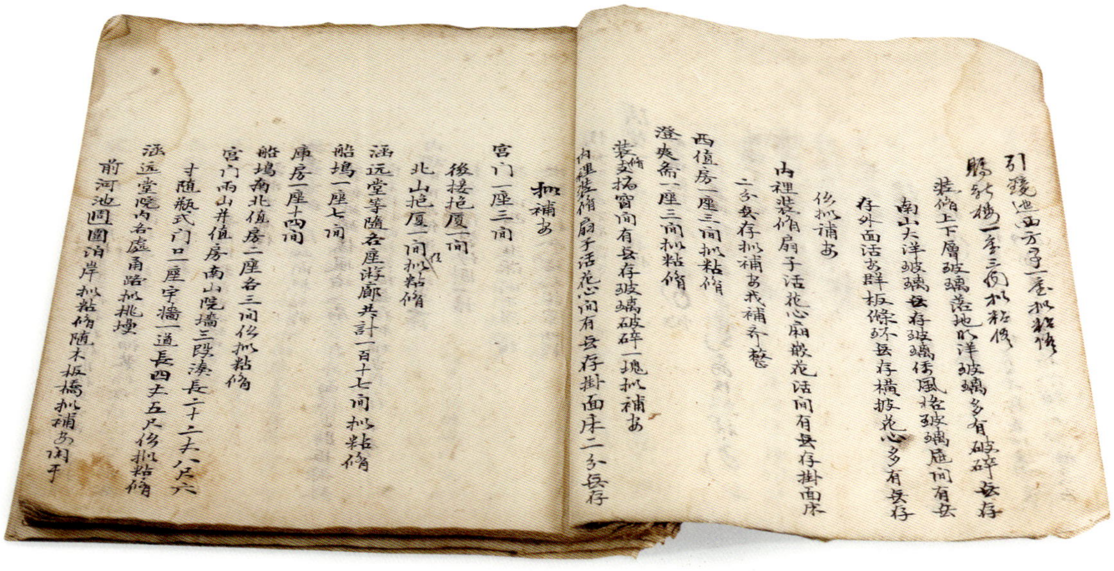

123

《颐和园钱粮杂记》

Logistic Records of the Summer Palace

清光绪十五年（1889年）

长 29.5、宽 25.4、厚 2.7 厘米

颐和园藏

此账册为光绪十五年（1889年），颐和园内各处房屋修缮、改建、新建施工过程中，对应需物料工价和拟定丈尺逐例、逐款核实估算情况的钱粮清单。内容包括了工程位置、名称、进深面阔、需要钱粮款项等信息。可见当时的修建工程规模大、消耗资源多、管理细致全面。

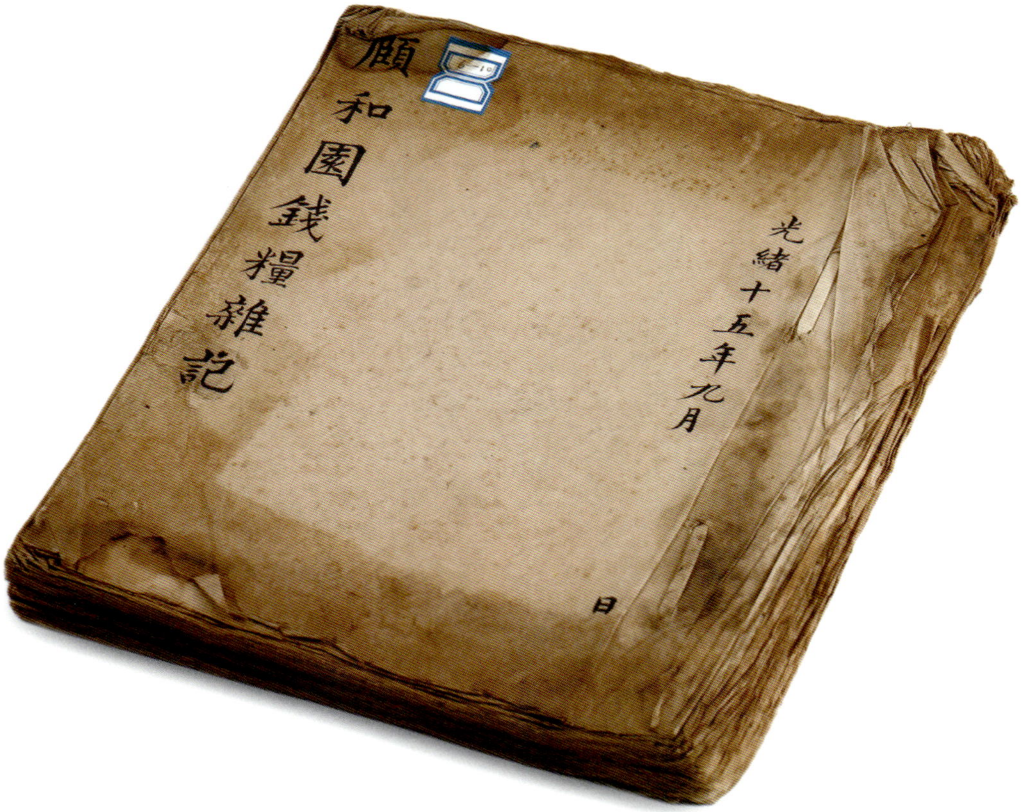

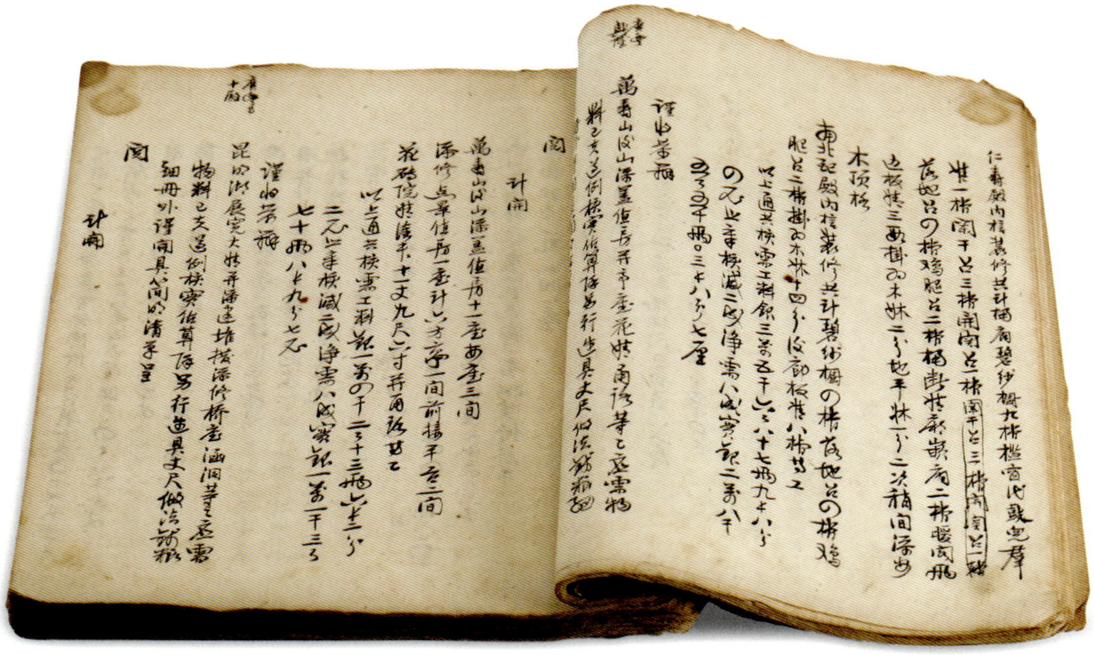

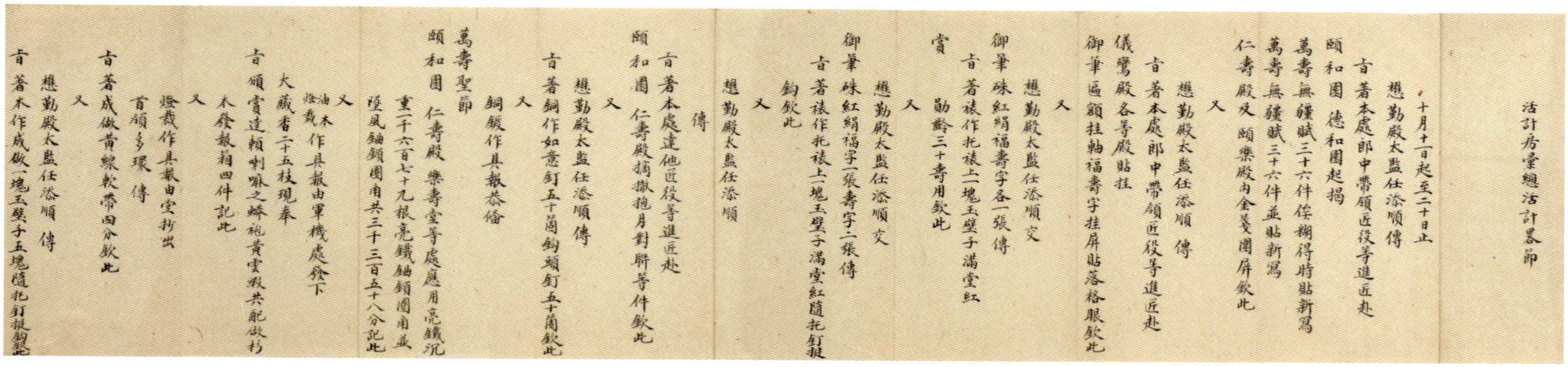

活計房彙總活計畧節
十月十一日起至二十日止
懋勤殿太監任添順傳
旨著本處郎中帶領匠役等進匠赴
頤和園 德和園起揭
萬壽無疆賦三十六件俟糊得時貼新寫
萬壽無疆賦三十六件並貼新寫
仁壽殿及 頤樂殿內金蔓圍屏欽此
又
懋勤殿太監任添順 傳
旨著本處郎中帶領匠役等進匠赴
儀鸞殿各等殿貼挂
御筆匾額挂軸福壽字挂屏貼落格眼欽此
又
懋勤殿太監任添順交
御筆硃紅絹福壽字各一張傳
旨著裱作托裱上一塊玉壁子滿堂紅
賞 勤齡三十壽用欽此
又
懋勤殿太監任添順交
御筆硃紅絹福字一張壽字二張傳
旨著裱作托裱上一塊玉壁子滿堂紅隨托釘挺
鉤欽此
又
懋勤殿太監任添順
傳
旨著本處達他匠役等進匠赴
頤和園 仁壽殿摘撤抱月對聯等件欽此
又
懋勤殿太監任添順 傳
旨著銅作如意釘五十箇銅頭釘五十箇欽此
又
銅鍍作具報恭備
萬壽聖節
頤和園 仁壽殿 樂壽堂等處應用亮鐵泥
重一千六百七十九根亮鐵釉頭圈甬並
墻風釉頭圈甬共三千三百五十八分記此
又
油木燈裁作具報由軍機處發下
大藏香二十五枝現奉
旨頒賞達賴喇嘛之蟒袍黃雲緞共配做杉
木發報箱四件記此
又
燈裁作具報由空抄出
首領乡環 傳
旨著成做黃線軟帶四分欽此
又
懋勤殿太監任添順 傳
旨著木作成做一塊玉壁子五塊隨托釘挺鉤欽此

124

活计房颐和园工程略节

The Palace Workshops' Records on the Summer Palace Project

清光绪三十年（1904年）

折装：纵15，横7.5厘米

颐和园藏

此为清光绪三十年（1904年）十月十一日至二十日期间，活计房汇总活计略节。活计房属宫中造办处下属机构，除参与宫中制造、修缮收藏御用品外，还参与装修陈设、贡品收发等事宜。从此略节可看到活计房匠人奉旨到颐和园内德和园、仁寿殿、颐乐殿、乐寿堂等处参与装修陈设工作，为研究这一时期颐和园宫廷陈设、内檐装修提供了史料依据。

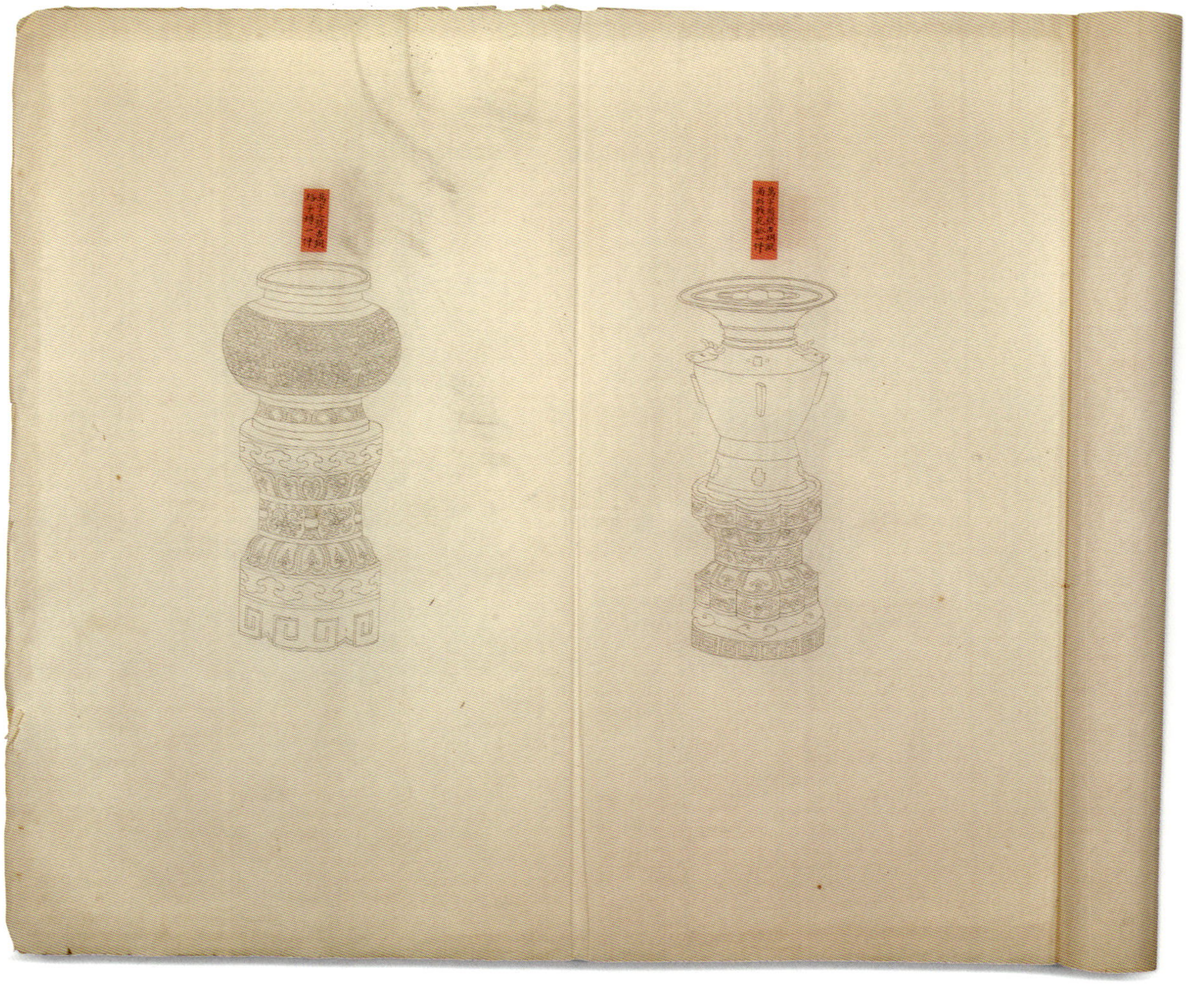

125

《颐和园万寿山内露天陈设添安石座图样》

Drawings Stone Pedestals of the Longevity Hill

清（1644~1911年）

长38.5，宽32.5厘米

中国科学院文献情报中心藏

此图册对颐和园各主要院落的露天陈设进行了详细的图示记载，绘制的每一件青铜器均贴签标注名称，按序列编排“万字”号，并与露陈石座相配套，推测这些露天陈设石座图样专门为慈禧太后举行万寿庆典而设计。

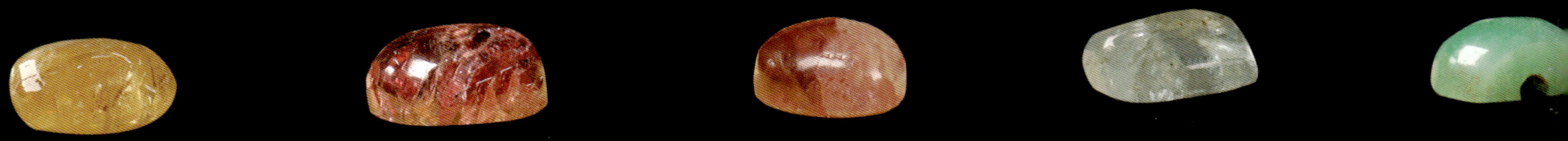

126

玉华殿镇物

Artifacts in Yuhua Hall

清（1644~1911年）

彩石：长1.3~1.7、宽0.8~1.5、高0.5~0.6厘米

钱币：直径2.5~3.5厘米

元宝：长2.5~2.8、宽1.5、高1.3~1.8厘米

如意：长4.2~4.4、宽1.5~1.7、高0.8~0.9厘米

颐和园藏

这些镇物原位于颐和园玉华殿屋脊处，在2005年大修时被发现，包括各色彩石5颗、钱币5枚，小元宝2锭、小如意2柄。

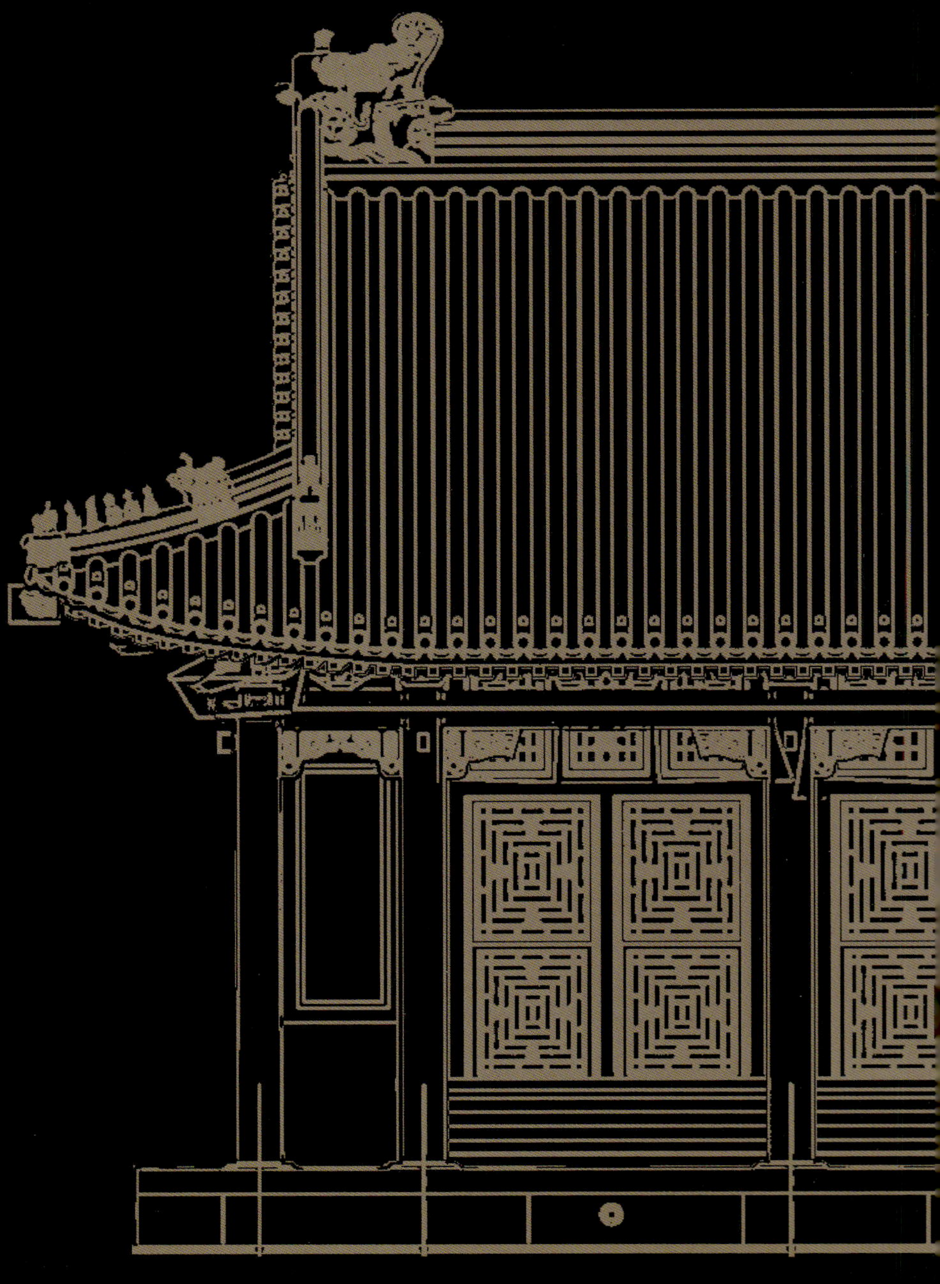

127

《万寿联语》

Couplets for Celebrating Empress Dowager Cixi's 60th Birthday

清光绪（1875~1908年）

单本：长28.5、宽22.5、厚0.5厘米

整函：长28.5、宽22.5、厚7.5厘米

颐和园藏

联语是指对联、楹联。此书以墨笔书写，分册记录不同区域慈禧万寿庆典时各处殿宇纸质类外檐装饰如门对、童子、门神等的张贴位置、尺寸、数量、文字内容等详细信息。范围涉及故宫、西苑（今中南海）、颐和园等处。

128

雕福寿三多岫玉如意（九柄）

Nine Serpentine Jade *Ruyi* Scepters

清光绪（1875~1908年）

最大一柄：长30.2、宽6、高4.5厘米

颐和园藏

这组如意一套九柄，均为岫玉质，玉质温润。头部作灵芝形，其上雕刻缠枝寿桃，顶上浮雕一蝙蝠，曲柄，弧背处琢委角方形，其内减地刻佛手纹。柄尾上于委角方形内减地琢刻石榴纹。所雕刻蝙蝠、寿桃、佛手、石榴纹饰，为传统福寿三多纹饰。

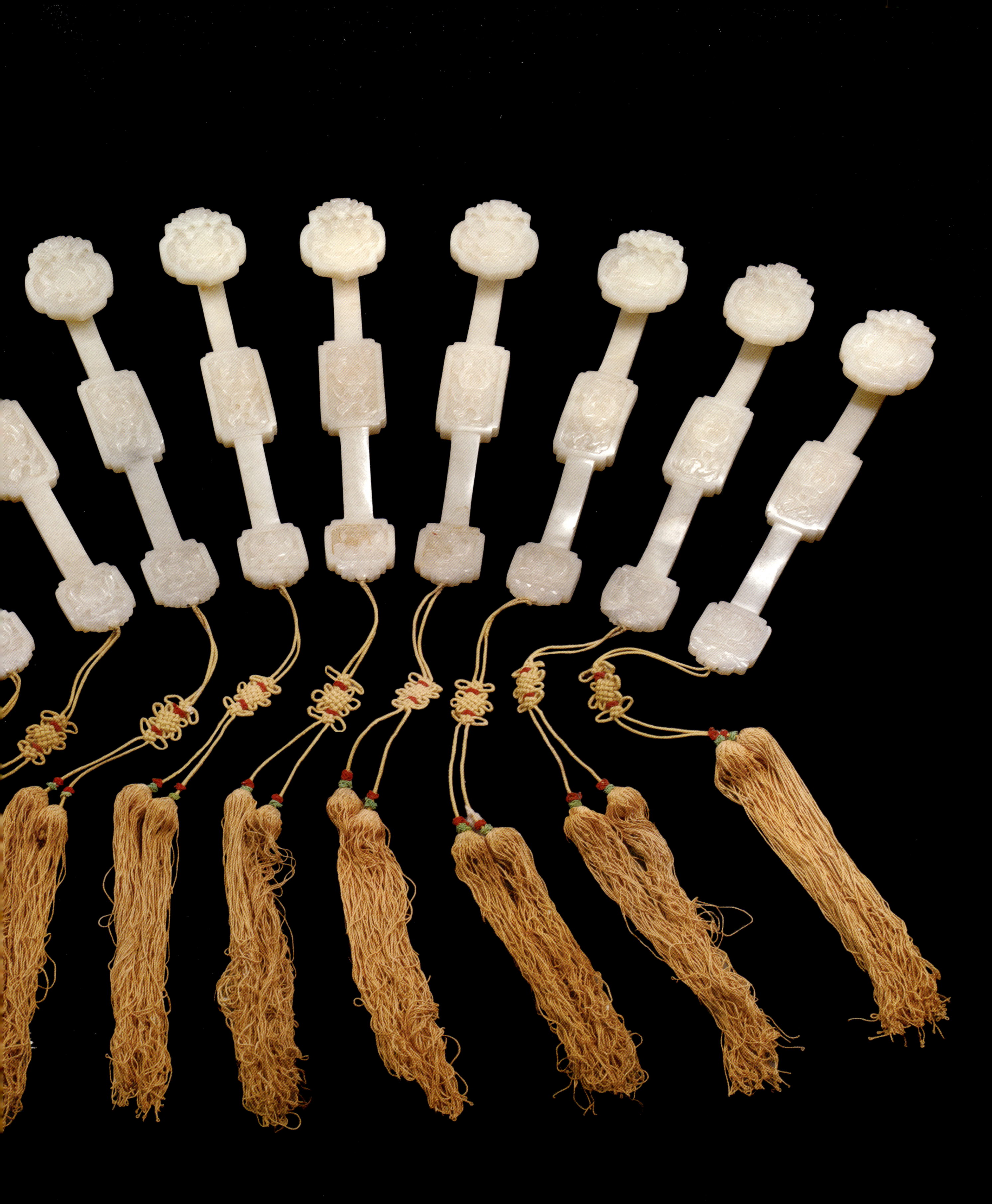

129

粉彩碧桃石榴纹膳食器（一组）

Famille-Rose Tableware Set Decorated with Peaches and Pomegranates

清光绪（1875~1908年）

盖碗：口径11、底径4、高8.6厘米

瓷壶：口径7.8、底径13、高12.2厘米

瓷盘（七寸）：口径21.5、底径13、高4.7厘米

瓷盘（五寸）：口径15.3、底径9.2、高3.5厘米

瓷盅：口径5.8、底径2.5、高4.9厘米

颐和园藏

该组瓷器胎体轻薄，胎质洁白细腻，釉面光亮匀净。器身绘粉白二色碧桃及红石榴花，点缀深浅绿叶，留白处画一蝙蝠衔万字绶带纹样；口沿垂如意云头与底衬仰莲相呼应。底红彩楷书“大清光绪年制”款。此纹样取石榴“多子”、福寿万代之意，深受清皇室喜爱，并令御窑厂成套制作，目前仅颐和园所藏中可见壶、盖碗、小碗、盅、盘、碟。

壽
萬

130

黄地粉彩描金『万寿无疆』花蝶纹膳食器（一组）

Famille-Rose "Birthday" Tableware on a Yellow Ground with Gilt-Decorated Butterflies and Flowers (One Set)

清光绪（1875~1908 年）

盖碗：口径 11、底径 4.3、高 7 厘米

瓷碗：口径 10.6、底径 4.5、高 5.9 厘米

瓷盘：口径 28.1、底径 17.2、高 5.9 厘米

瓷盅：口径 6.5、底径 2.7、高 3.5 厘米

颐和园藏

此器成套制作，由盅、小碗、盖碗、盘等组成。该组器物胎体轻薄，胎质洁白细腻；釉面光亮匀净。内里满绘花蝶整齐排列，纹样华丽繁复；外壁通体施黄彩，四面圆形开光内红彩描“万”“寿”“无”“疆”字样，并以红蝠、仙桃、盘肠、绶带相间隔、回纹作边饰。口沿及主体纹样描金，配以明黄色地。底、盖红彩楷书“大清光绪年制”款。

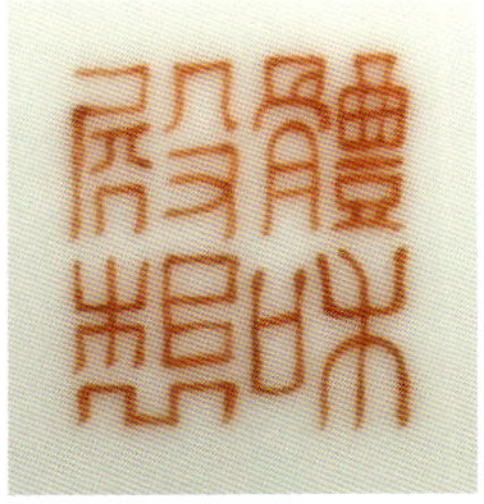

『体和殿制』款黄地粉彩『玉堂富贵』寿字圆盒

Yellow Ground Famille-Rose Box with *Shou* Character and an Inscription "Made by the Tihe Hall"

清光绪（1875~1908年）

口径24.7、底径15.5、高15.3厘米

颐和园藏

盒由盖、盒两部分组成，瓷质洁白细腻，胎体较厚重。盒外壁通体施淡黄彩，顶部团寿字及边沿装饰带用蓝料彩绘制，主体图案为玉兰、海棠、牡丹，取“玉堂富贵”之意。底款为红彩篆书“体和殿制”。

132

『大雅斋』款绿地粉彩藤萝花鸟圆盒

Dayazhai Famille-Rose Turquoise-Ground Box with Birds, Flowers, and Vines

清光绪（1875~1908年）

口径29.5、底径20.5、高11厘米

颐和园藏

盒为上下子母口套合，圈足。胎体厚，胎质洁白坚细；内施白釉，釉面光亮。盒外壁衬松石绿釉，绘紫藤、月季、画眉鸟等通景过墙纹样，乃大雅斋瓷器典型装饰图案。盒面红彩楷书“大雅斋”款，其右有朱文篆书“天地一家春”图章款；盒底红彩楷书“永庆长春”吉语款。

大雅齋

133

铜胎掐丝珐琅九桃天球瓶

Cloisonné Enamel Globular Vase with Nine Peaches

清光绪（1875~1908年）

口径11、腹径36、高60厘米

颐和园藏

瓶体较大，圆口，直径，口与径大小相近，腹部浑圆，肩与底相近，俗称“天球瓶”。通体绘桃树一枝，枝干茁壮，向外伸展，共结仙桃九个。

134

铜胎掐丝珐琅携鹿麻姑

Cloisonné Enamel Sculpture of Magu and Deer

清（1644~1911年）

长33、宽23、高61.5厘米

颐和园藏

此摆件麻姑发髻高挽，面向丰腴。一手持药锄，锄柄搭在肩上，末端挑一花篮，篮中装有花束；一手抚鹿，灵鹿口衔灵芝，背环仙草。

135

沉香木雕群仙祝寿纹寿字插屏

Agilawood Table Screen with a *Shou* Character and Immortals

清（1644~1911年）

长59、宽17、高98厘米

颐和园藏

此插屏分为两部分：上部为“寿”字形，雕各路仙人，如吕洞宾、曹国舅、韩湘子、铁拐李等，寓意“群仙祝寿”。此外还雕有蝙蝠、仙鹿、松树、竹子，取长寿之意。下部底座雕刻单膝跪地侍者，以双手抬起寿字，十分恭敬。

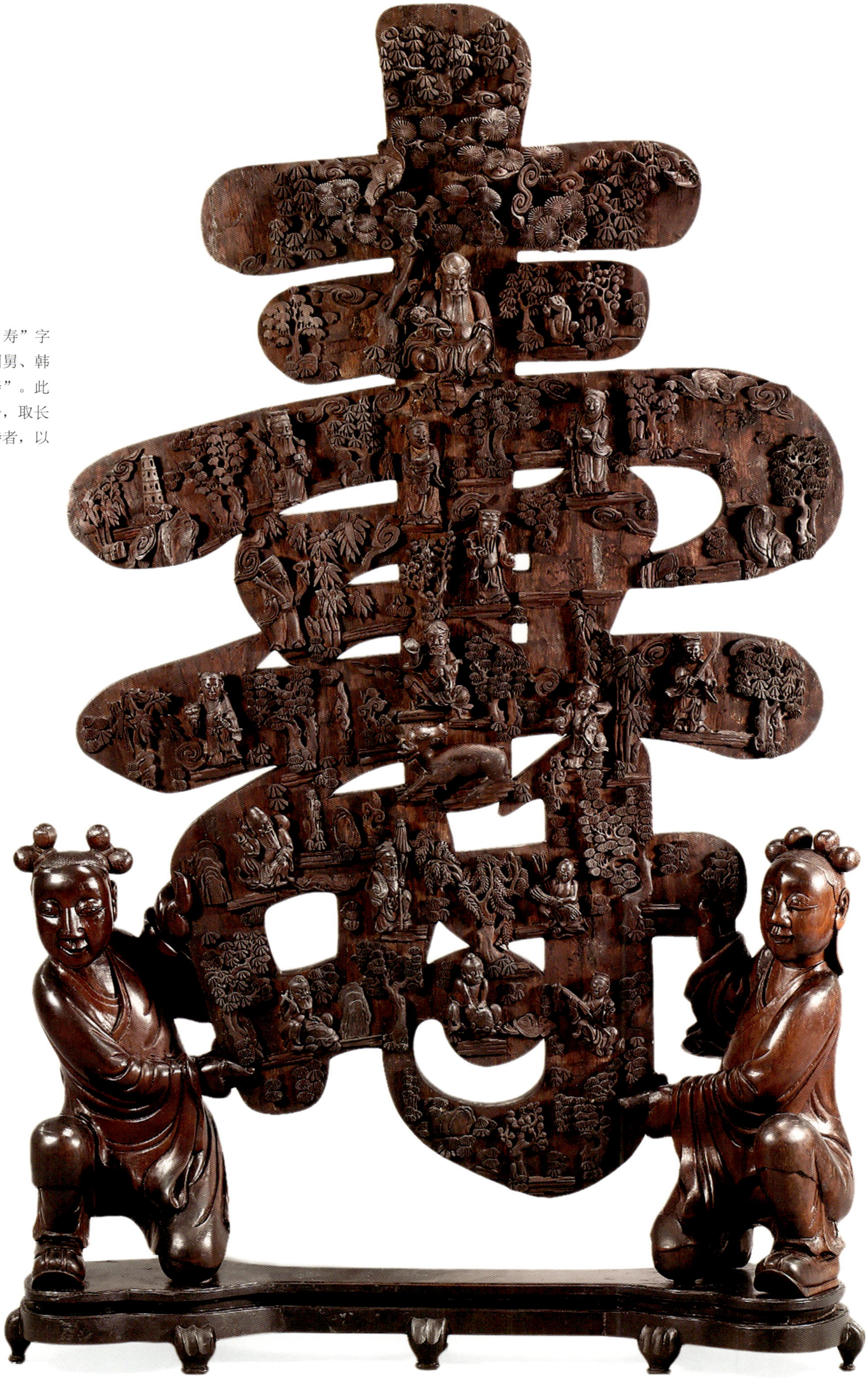

竹根雕八仙庆寿（一组）

Bamboo Root Carving of The Eight Immortals and the God of Longevity (One Set)

清（1644~1911年）

长6.3~7.3、宽5.2~6.4厘米

高15.8~18.6厘米

颐和园藏

竹根质。雕像立式，一组共九座，立像为八仙与寿星。仙人手持各自的法器，形态各异，雕刻精巧。

137

慈禧御笔『福』字轴

Hanging Scroll of "Happiness" by Empress Dowager Cixi

清光绪（1875~1908年）

画心：纵175、横85厘米

全幅：纵382.5、横103.5厘米

颐和园藏

洒金蜡笺纸上墨笔行书“福”字，上方正中钤篆书“慈禧皇太后御笔之宝”朱文方印。所书“福”字，用墨饱满，笔墨丰润。

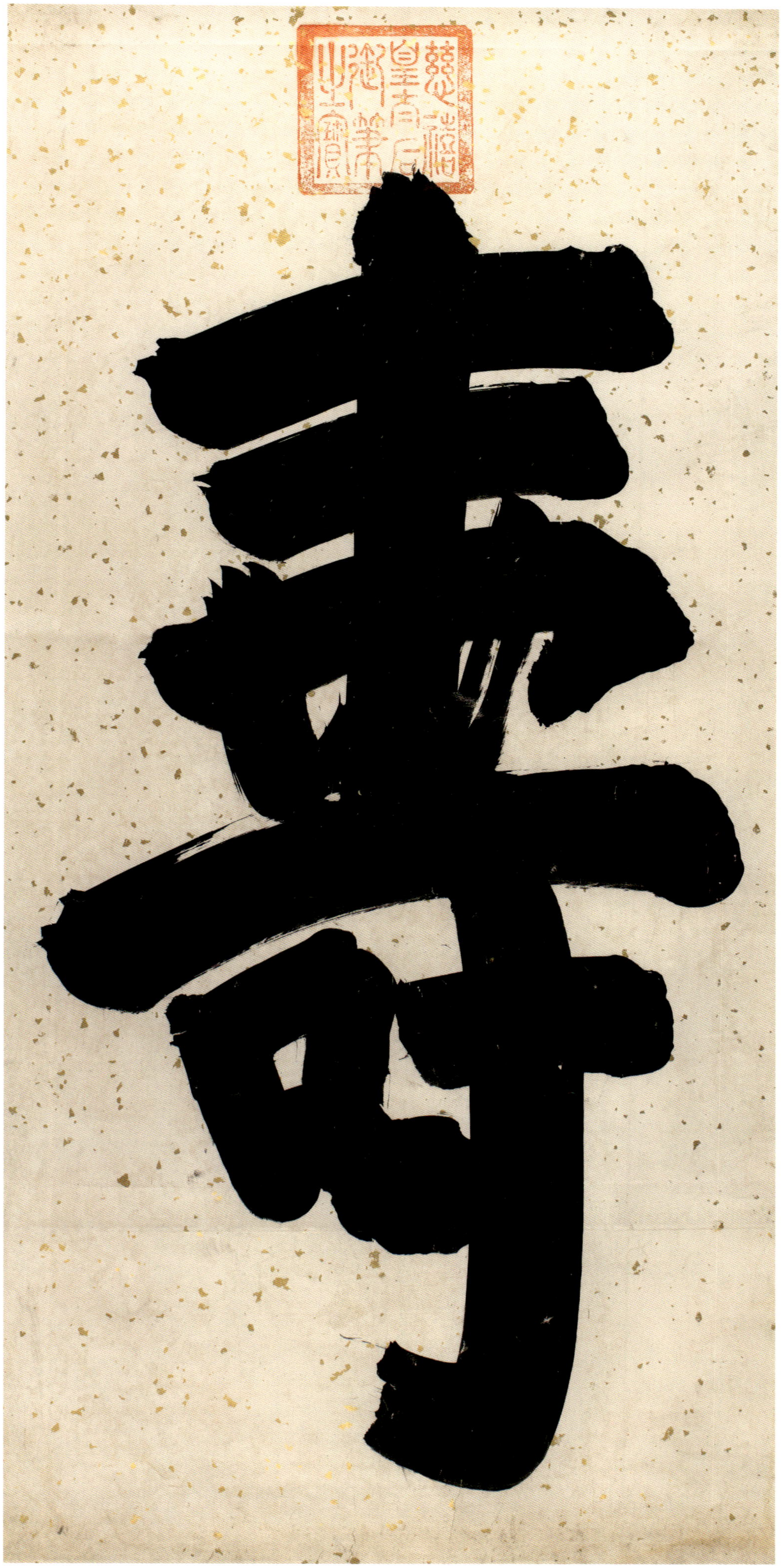

138

慈禧御笔『寿』字轴

Hanging Scroll of "Longevity" by Empress Dowager Cixi

清光绪（1875~1908年）

画心：纵175，横85厘米

全幅：纵382.5，横103.5厘米

颐和园藏

洒金蜡笺纸上墨笔行书"寿"字，上方正中钤篆书"慈禧皇太后御笔之宝"朱文方印。所书"寿"字，用墨饱满，结字工整浑厚。

139

红色呢绣百蝶纹氅衣

Red Tweed Overcoat with Hundreds of Butterflies

清（1644~1911年）

身长139、通袖180、袖口35、下摆111.5厘米

颐和园藏

此衣圆领、大襟右衽、平袖、左右开裾、直身式袍。缀铜鎏金錾花扣，月白色素纺丝绸里，红色素呢面。氅衣绣成对彩色蝴蝶，图案对称、构图疏朗。绣工细腻，配色丰富，采用传统套针、平针、缠针等针法。“蝶”与“耋”谐音，百蝶有“寿至耄耋”之意，祝福长寿。领、袖口与下摆处从内到外分别镶蓝色水仙纹绦边，玄色绣折枝梅花蝴蝶纹缎边，与氅衣面料图案呼应。袖里白色，另绣团鹤花卉纹。

140

黄色云纹缎犬衣

Yellow Satin Dog Coat with Cloud Pattern

清光绪（1875~1908年）

长51、宽29厘米

颐和园藏

慈禧爱犬专用。选用黄色如意云纹缎制成，边缘有绳带，用于拴系，内里填充棉花，质地柔软。

141

绿色缎绣蝴蝶纹马蹄底鞋

Green Satin Embroidered "Horse-Hoof" Shoes with Butterflies

清光绪（1875~1908 年）

长 21.3、宽 10.5、高 14.3 厘米

颐和园藏

清代后妃用鞋，鞋面为绿色缎，鞋头和鞋跟绣团寿纹象征蝴蝶的身体，鞋面用丝线勾勒出蝴蝶翅膀，从前看或后看，皆组成一只完整的蝴蝶纹样。图案采用网绣、辫绣等刺绣技法，线条、配色简练，不落俗套，造型准确抓住蝴蝶之精髓。鞋底以木材为料，外裱一层白布，再髹白漆。四周钉缀彩色料石作花蝶纹与鞋面纹饰遥相呼应。

142

黄色缎绣福寿万代纹马蹄底鞋

Yellow Satin Embroidered "Horse-Hoof" Shoes with Happiness and Bat Patterns

清光绪（1875~1908 年）

长 22、宽 10.5、高 20 厘米

颐和园藏

清代后妃用鞋。鞋面为黄色缎，鞋口处镶两条以金线盘成的曲水纹绦边，并镶花朵和叶子状的料石为装饰。图案是用各色丝线绣出蝙蝠、团“寿”字、“卍”字、飘带等纹样，寓意“福寿万代”。鞋底以木材为料，外裱一层白布。四周钉缀彩色料石作“福在眼前”“福寿双至”等纹样，即增添了工艺的繁复性，又更进一步表达了吉祥祝寿之意。

143

粉色缎钉料珠花蝶纹马蹄底鞋

Pink Satin "Horse-Hoof" Shoes with Glass Beads, Flower, and butterflies Pattern

清光绪（1875~1908年）

长21.5、宽11、高18厘米

颐和园藏

清代后妃用鞋，此为马蹄底鞋。民国时期徐珂编撰的清代掌故汇编《清稗类钞》服饰类记载："八旗妇女皆天足，鞋底以木为之。其法于木底之中部（即足之重心处），凿其两端，为马蹄形，故称曰马蹄底。"清楚讲明此鞋用木料作底，上窄下宽，故而得名。鞋帮由两块鞋料缝制而成，鞋面上端为黑色素缎，钉缀各式彩色料石组成的蝴蝶、折枝花卉等图案。下面为粉色素缎，交替钉缀黄、绿、蓝三色料石。在金线编织的曲水状绦带映衬下，如同彩色的飘带。鞋跟四面钉料石作蝴蝶花篮纹样，使得此鞋整体和谐统一，耀眼夺目。

144

蓝色缎绣荷包牡丹纹马蹄底鞋

Blue Satin Embroidered "Horse-Hoof" Shoes with Dicentra Pattern

清光绪（1875~1908年）

长21、宽11、高18.5厘米

颐和园藏

清代后妃用鞋，鞋面为蓝色缎，鞋口处镶以金线盘成的曲水纹绦边和彩色料石装饰。鞋样是各色丝线以缠针、套针技法绣出荷包牡丹纹样。花苞配色和谐，枝蔓线条舒展，图案逼真。牡丹被誉为"百花之王"，历来受人喜爱。其品种繁多，既有花型硕大、颜色艳丽的，又有花型小巧、清新精致的，荷包牡丹就属后者，其形似腰间系挂的荷包得名。鞋底以木材为料，外裱一层白布，再糅白漆。四周钉缀各式彩色料石作蝙蝠、铜钱等纹样，寓意"福在眼前"。此鞋做工精巧，富丽鲜艳。

149

湖色缎绣花蝶纹元宝底鞋

Light Blue Satin Embroidered Shoes with Ingot-Shaped Soles and Flower and Butterfly Pattern

清光绪（1875~1908年）

长21、宽7.5、高11.5厘米

颐和园藏

清代后妃用鞋，鞋面为湖色缎和黑色素缎拼接而成。鞋头单独绣蝴蝶一只，侧面绣海棠和蝴蝶图案，采用套针、平针、缠枝等技法。配色清新、自然。鞋底上宽下窄呈倒梯形，称元宝底。以木头制成，外裱一层白布，髹白漆。下边缝百纳布底。

150

黄色钉绫绣笔锭如意纹高底鞋

Yellow Stilt Shoes with Brush Pen, Ingot, and *Ruyi* Pattern

清光绪（1875~1908年）

长21.5、宽11、高21厘米

颐和园藏

清代后妃用鞋，鞋面为明黄色素缎，鞋口镶石青万字织金缎边。主体图案是用剪裁好的各色形状布钉缀而成的一柄被飘带环绕的如意。如意上再钉绫绣万字纹和银锭、毛笔纹样。取其组合谐音"万代如意""必定如意"之吉祥寓意。鞋底木底外包白布，并刷白粉一层。

151

湖色缎绣凤戏牡丹纹高底鞋

Blue Satin Embroidered Stilt Shoes with Phoenix amid Peonies

清光绪（1875~1908 年）

长 21.5、宽 11.5、高 22 厘米

颐和园藏

清代后妃用鞋，此鞋应为清宫内务府造办处制作。鞋面为湖色缎，拼接冰梅纹织金缎边，并镶饰粉色蓝花绦带。鞋样以凤凰、牡丹为主体，用五彩丝线绣各式花卉，绿色枝叶茎干分明。花丛中两只凤凰遥相呼应，毛羽通过针法的变化有很强的层次感。鞋底为高底，由木头制成，外裱一层白布，上罩白色涂料。此鞋题材新颖，针法娴熟，颜色鲜艳，秀丽华美。

152

粉色缎绣万字曲水纹元宝底鞋

Pink Satin Embroidered Shoes with Ingot-Shaped Soles

清光绪（1875~1908 年）

长 21.6、宽 8、高 13.1 厘米

颐和园藏

清代后妃用鞋，鞋面为粉色缎，用黑色丝线绣出万字曲水纹饰。两色对比鲜明，纹样简洁。万字图案随佛教传入我国，在明清两朝被广泛地运用在各类器物及服饰上。鞋底为木制，外裱一层白布，再髹白漆。四周钉缀彩色料石，巧妙运用拼凑组合成蝴蝶、铜钱等，为整体增添了色彩和活力。

153

黄色缎钉绫绣万事如意纹元宝底鞋

Yellow Satin Shoes with Ingot-Shaped Soles

清光绪（1875~1908年）

长23.8、宽7、高15厘米

颐和园藏

清代后妃用鞋，鞋面为明黄色素缎，鞋口镶石青万字织金缎边。主体图案以堆绫手法拼接出蝙蝠、柿子、“卍”字、如意纹饰。布片晕染过渡自然，具有“万事如意”的吉祥寓意。堆绫是按照预先设计的花样剪裁出各式各样的形状，再用针线将其钉缀在绣底上的一种织绣工艺，使得图案具有极强的层次感和立体感。鞋底上宽下窄呈倒梯形，称元宝底。以木头制成，外裱一层白布，髹白漆。下边缝百纳布底。

154

蓝色缎绣花蝶纹元宝底鞋

Blue Satin Embroidered Shoes with Ingot-Shaped Soles and Flower and Butterfly Pattern

清光绪（1875~1908年）

长22、宽7.8、高14厘米

颐和园藏

清代后妃用鞋，鞋面为蓝色缎，装饰金线盘成的曲水纹绦边，左右对称绣出姿态各异的蝴蝶八只，飞舞于花瓣之间。鞋头装饰有红、黄二色线织绣的“寿”字，“蝶”与“耋”谐音，取“寿至耄耋”，长寿之意。鞋底上宽下窄呈倒梯形，称元宝底。以木头制成，外裱一层白布，用线纳出云纹，髹白漆。下边缝百纳布底，用针法缝出铜钱、如意等凹凸起伏的立体花纹，粗中带细，别具匠心。

155

雪灰色缎平金绣团寿蝴蝶纹高底鞋

Violet Satin Embroidered Stilt Shoes with *Shou* characters and Butterflies

清光绪（1875~1908年）

长21.5、宽10.8、高13.7厘米

颐和园藏

清代后妃用鞋，鞋面为雪灰色缎，鞋头贴补剪裁出形似蝴蝶身子的紫色缎，上面用金银线盘绣出蝙蝠、团寿图案，象征福寿双全。两侧绣蝴蝶翅膀，形成一整只蝴蝶纹饰。另绣柿子、如意、团寿字、寿桃等组合在一起的纹样于侧面，将事事如意、福寿如意暗含其中。主题鲜明，配色淡雅，针法细密平齐。整体在金银线的衬托下，熠熠生辉。鞋底为木制，外裱一层白布，再髹白漆。

156

黄色钉绫绣竹纹高底鞋

Yellow Twill Damask Stilt Shoes with Bamboo Pattern

清光绪（1875~1908年）

长21.5、宽11、高18厘米

颐和园藏

清代后妃用鞋，鞋口为黑色素缎，鞋面为明黄色素缎，上面以钉绫绣工艺绣竹纹装饰。竹纹运用了多种深浅变化的绿色织片叠加拼凑，表现出竹竿、竹枝、竹叶，以及它们之间的前后层次的变化。藕荷色表达竹节。这种设计使纹样更加立体形象，层次更加丰富清晰。鞋底以木头制成，外裱一层白布，髹白漆，下边缝百纳布底。

157

蓝色缎绣五毒纹虎头马蹄底鞋

Blue Satin Embroidered "Horse-Hoof" Shoes with Five Poisonous Creatures and Tiger Head

清光绪（1875~1908年）

长21.2、宽9.7、高12.2厘米

颐和园藏

清代后妃用鞋，马蹄底。鞋口用石青色素缎，上面绣蝎子、蟾蜍、蛇、蜈蚣、壁虎，俗称“五毒”。鞋面以蓝色缎为底，另搭配剪裁造型过的黄色缎补绣在鞋头、鞋帮处，通过绣线的装饰变化，形成一只斑纹老虎。鞋底为木制，外裱一层白布，再髹白漆。虎自古被视作威猛强健的代表，端午节时有“虎镇五毒”或“虎驱五毒”的习俗，以示驱邪降福，祛病祈福，护佑平安。推测此鞋特意为端午节而作。

158

湖色缎绣花蝶纹高底鞋

Light Blue Satin Embroidered Stilt Shoes with Flowers and Butterflies

清光绪（1875~1908年）

长22、宽11、高19.5厘米

颐和园藏

清代后妃用鞋，鞋面为湖色缎，用丝线绣蝴蝶、桂花纹，鞋头补以石青色缎绣秋海棠和菊花纹。菊花、桂花、秋海棠即是秋季的象征，又巧妙利用它们的谐音和隐喻组成“贵寿满堂”的吉祥纹饰，针法以缠针为主。另在鞋头接缝丝线流苏作为装饰。鞋底由木料制成，外包白布，另缝百纳布底。

▲ 德和园大戏楼

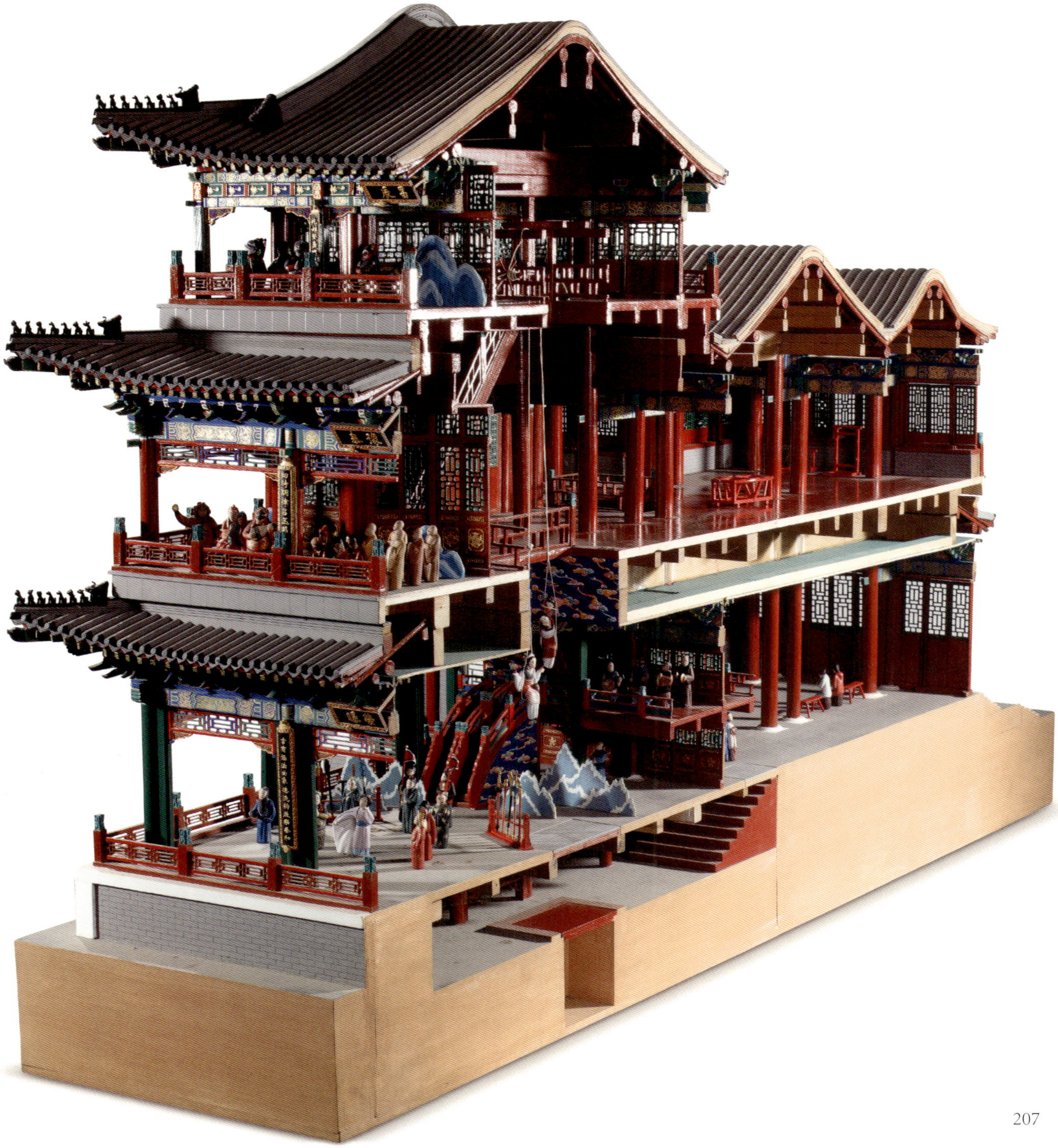

159

德和园戏楼模型

Model of the Theatrical Stage in Dehe Garden

现代

长 140.5、宽 51、高 91.5 厘米

颐和园藏

160

『安澜艋』木匾

Tablet Inscribed with Anlan Fu

清（1644~1911年）

长109、宽58、厚13厘米

颐和园藏

匾身呈椭圆形，匾框周边饰福寿番莲纹寿字描金边，匾心刻有墨书楷体“安澜艋”匾文及朱漆篆书“慈禧皇太后御笔之宝”印文额章。意为祈求安定波澜，平安无事。

161

安澜艋洋船图样

Painting of Anlanfu Boat

清（1644~1911年）

纵37.5、横51厘米

中国科学院文献情报中心藏

样式雷彩绘御船图样之一，此图用黄绫包边，右上角贴黄签，标明所绘船名。“安澜 艋 ”御船，亦称洋船，船头和船尾各安插一面龙旗，显示其皇家身份。船上木制匾额雕刻精细，为慈禧太后御书。

162

银镀金战船模型

Gilt Silver Warship Model

19 世纪末至 20 世纪初

长 79、宽 18、高 63 厘米

颐和园藏

银质船身，双桅杆结构，甲板前方设三层驾驶室，后方为船舱和观景台。桅杆、船尾装饰龙纹旗帜。部分管道、设备镀金。

163

内务府太监何庆辉启奏关于接待慈禧太后入园的奏折

Memorial on the Reception of Empress Dowager Cixi into the Garden

清光绪（1871~1908年）

纵21.2、横20.6厘米

颐和园藏

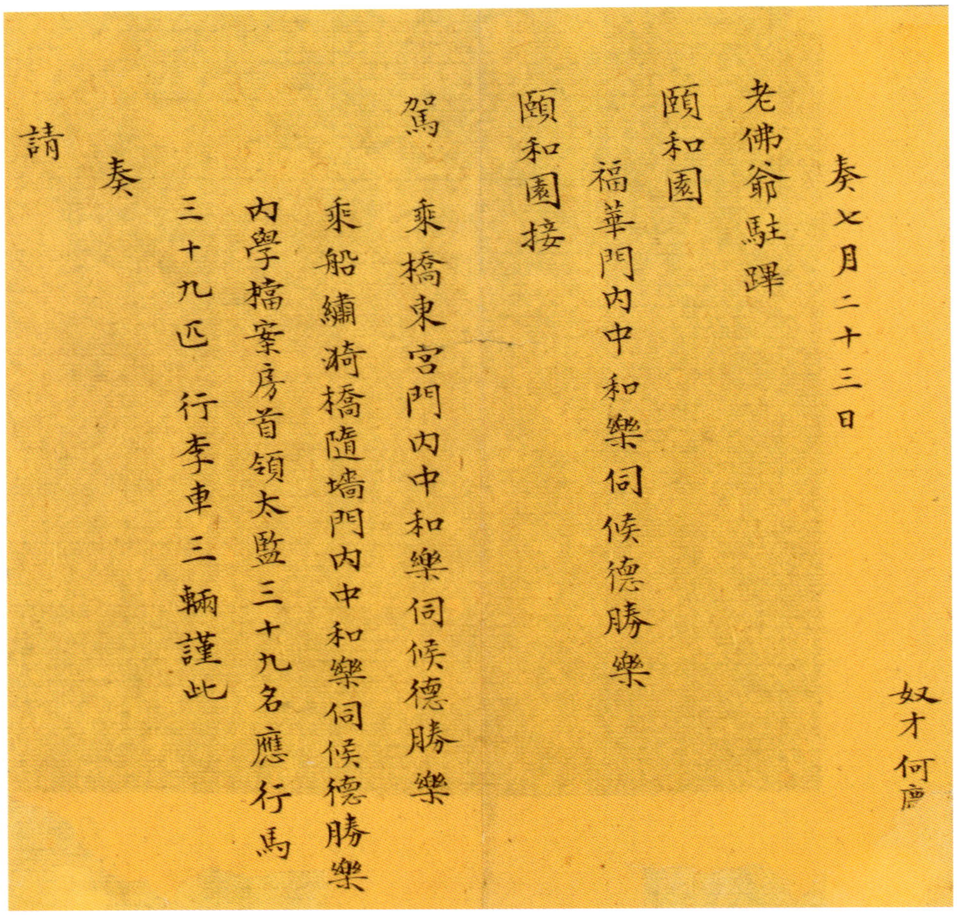

奴才何慶
奏七月二十三日
老佛爺駐蹕
頤和園
福華門內中和樂伺候德勝樂
頤和園接
駕 乘橋東宮門內中和樂伺候德勝樂
乘船繡漪橋隨墻門內中和樂伺候德勝樂
內學擋案房首領太監三十九名應行馬
三十九匹 行李車三輛謹此
奏
請

164

肩舆

Palanquin

清（1644~1911年）

长317.2、宽68.3、高103.8厘米

颐和园藏

此肩舆左右两长竿，中间置座椅，椅子下方装有木板，周围无其他遮挡。根据乘坐人等级的不同，抬肩舆的人数也不同，此肩舆为八抬。

▲ 慈禧在颐和园德和园乘舆照

165

便具（一组）

Toilet Stool (One Set)

清（1644~1911年）

长49、宽46、高48厘米

颐和园藏

166

果绿色蒲子织画五彩花凉席

Summer Mat Woven with Cattail

清光绪（1875~1908年）

长182、宽92厘米

颐和园藏

此席以蒲草染色编织而成，四周包布边。颜色由红、绿、蓝、黄、褐五色组成，色彩明快。席面光滑，可折叠、可卷起。清光绪三十一年（1905年）光绪帝万寿庆典贡品清单中曾记录有袁世凯进“蒲子织画五彩花凉席50块”，推测此席可能为袁世凯进贡。

167

浅红色蒲子织画五彩花凉席

Summer Mat Woven with Cattail

清光绪（1875~1908年）

长171.5、宽91厘米

颐和园藏

此席以蒲草染色编织而成，四周包布边。席面光滑，可折叠、可卷起。正面图案应为印制，采用对称式构图，纹饰新颖。边框由连续几何图形构成。内里图案主次分明，中间为一个变形的菱形，左右装饰各式多边形。整体风格华丽、充满异域风情。清光绪三十一年（1905年）光绪帝万寿庆典贡品清单中曾记录有袁世凯进“蒲子织画五彩花凉席50块”，推测此席可能为袁世凯进贡。

168

英国驻扎颐和园带兵官告示

Announcement Made by the British Officer Stationed at the Summer Palace

1900年

纵 57.5′ 横 46 厘米

颐和园藏

此档案反映了当时西郊一带各国设置安民公所及其管理职能的情况，是了解庚子年西郊地区各国安民公所管辖范围、工作内容的重要档案。

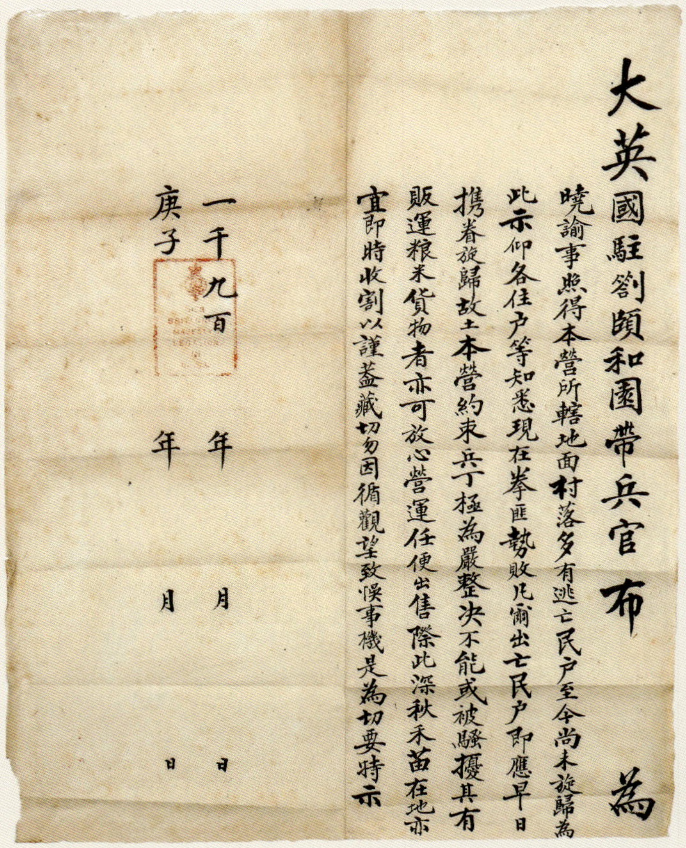

大英國駐劄頤和園帶兵官布 為

曉諭事照得本營所轄地面村落多有逃亡民户至今尚未旋歸為此示仰各住户等知悉現在拳匪勢敗凡爾出亡民户即應早日攜眷旋歸故土本營約束兵丁極為嚴整決不能或被騷擾其有販運粮米貨物者亦可放心營運任便出售際此深秋禾苗在地亦宜即時收割以謹蓋藏切勿因循觀望致悞事機是為切要特示

一千九百 年 月 日

庚子 年 月 日

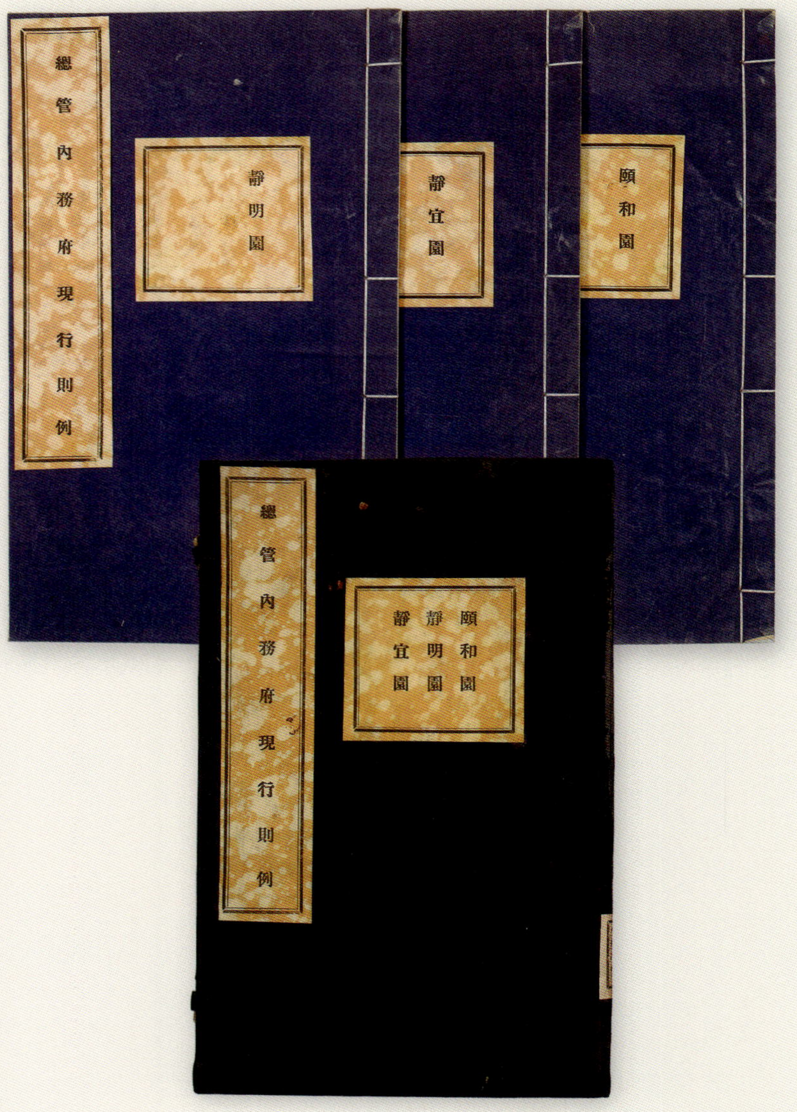

169

《总管内务府现行则例》

Current Regulations of Managing the Imperial Household Department

清（1644~1911年）

长 29.1′ 宽 17.3 厘米

中国科学院文献情报中心藏

三卷，不著撰人名氏。亦无编纂年月。据书内容，推测约为宣统二年（1910年）修。共三册，详细记载了颐和园、静明园、静宜园三处的各项事宜，包括亭台、林麓、池沼、苑囿的规制和管理。

八国联军在颐和园的老照片

Eight-Nation Alliance in the Summer Palace

清末民初

尺寸不一

颐和园藏

1. Pechino - Ufficiali del comando ed i notabili della Colonia italiana.
2. Il ponte gobbo sull'emissario del palazzo imperiale d'estate presso Pechino.
3. Palazzo imperiale d'estate - Il comandante italiano in una pagoda sul ponte del palazzo detto.

Peking
Sommerpalast – Summer Palace

171

铜镀金蝴蝶摆鸟音钟

Gilt Bronze Clock with Butterfly-Shaped Pendulum and Chirping Bird

19 世纪

长 24.8、宽 16、高 40.8 厘米

颐和园藏

平顶，整体呈方形亭式，四柱及底座装饰有西洋卷草纹，钟内背景为森林图案，其内装饰有蓝色雀鸟立于花木之上。形象生动，色彩鲜明。上弦启动后，先打乐，乐声之后鸟鸣，同时张嘴、摆头、摇尾，栩栩如生。

172

塔式座钟

Tower Clock

19 世纪

腹径 29、高 92 厘米

颐和园藏

此座钟外形仿照水塔制作，分为三个部分。上部上层为圆亭式，里面红蓝玻璃部分可转动，下层圆形表盘为风雨寒暑表，右侧可见温湿度水银表；中部塔身为两针钟表，用罗马数字进行标识；下部门打开后可上发条，其余窗户皆为装饰，不能打开。

173

铜镀金转花大象钟

Elephant-Shaped Gilt Bronze Clock

18世纪

长76、宽50、高140厘米

颐和园藏

此钟共分三层，顶部装饰花插，嵌各式彩色水钻的带状铜饰塑造成瓶子的造型，中间嵌二针表盘，以罗马数字及阿拉伯数字进行标注；中部为铜镀金大象，装饰华丽，一印度人单膝跪于大象头顶，四周用水钻装饰有菠萝及旋转风车；底座以一圈红白水钻形成开光，内有自开门绘有百姓生活的场景，从画中的缝隙中可看出门后藏有另一幅画；底座四角各有一少年，以四只铜镀金雄狮为底足，装饰华丽充满异域风情。此钟可奏乐，同时象眼、耳、鼻、尾均可活动，象身周围装饰亦可旋转。

水晶质，带红木座。晶体整体通透，局部有杂质，可反射出晶莹的光束。水晶随形打磨出棱面，各面刻隶书《后赤壁赋》全文，标题“后赤壁赋”四字采用减地浮雕的方式进行雕琢。其中一面有明治二十八年（1895年）落款，推测为日本人献给慈禧太后的礼物。

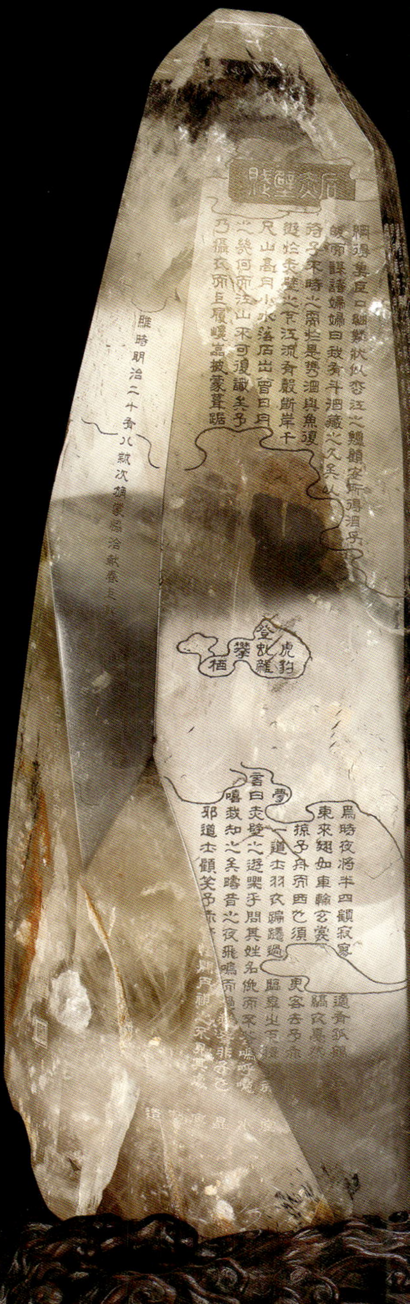

175

八音匣

Music Box

19 世纪末 20 世纪初

长 79.2、宽 41.3、高 33.3 厘米

颐和园藏

此八音盒为木质髹漆外壳，匣内有扳手作为上弦使用，盒内可见机械八音装置，钟碗处敲击的小锤设计为蝴蝶形，配合小鼓、滚筒共同奏出旋律。

176

钢琴

Piano

19世纪末至20世纪初

长132、宽49、高116.5厘米

颐和园藏

此钢琴风格较为简朴，上门以对称式花纹作为装饰，键盘盖为金属合页设计，装饰上下对称的图形；下门素面，琴腿为带基座圆柱形，双踏板。

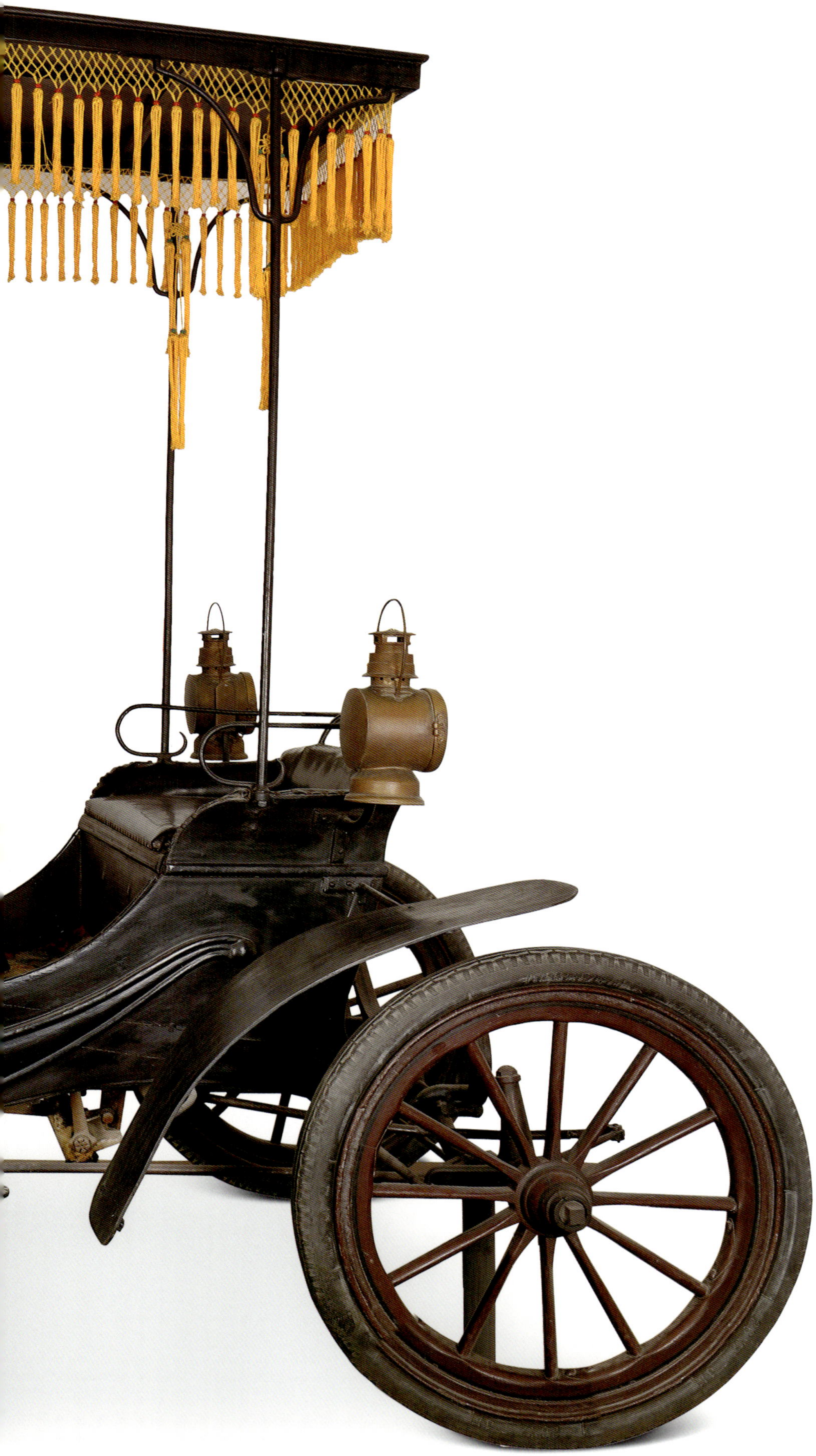

177

汽车

Car

19世纪末至20世纪初

长303.5、宽161.4、高224.9厘米

颐和园藏

此车是中国宫廷使用的第一辆汽车，也是中国保存完好的最古老的汽车之一。

敞开式黑色木质车厢，两轴四轮，车轮车辐条均为木质，实心轮胎，铜车灯，车厢上方有立柱支起的车篷，有三排座位。横置式气缸，发动机巧妙地置于坐席之下，其驱动原理、发动机、转向系统已与今日汽车接近。

178

银镀金卷草纹圆形手刷

Gilt Silver Handled Brush Decorated with Swirling Grass

19 世纪末至 20 世纪初

长 26、宽 11、高 6 厘米

颐和园藏

手刷椭圆形，背部及手柄银制镀金，饰莨菪叶纹。

179

银镀金卷草纹手刷

Gilt Silver Handled Brush Decorated with Swirling Grass

19 世纪末至 20 世纪初

长 17.5、宽 4.5、高 4 厘米

颐和园藏

手刷近长方形，背部银制镀金，饰莨菪叶纹。

180

银镀金卷草纹手镜

Gilt Silver Handled Mirror Decorated with Swirling Grass

19 世纪末至 20 世纪初

长 27、宽 11.5、高 2.1 厘米

颐和园藏

镜面呈椭圆形。镜框与手柄一体银制镀金，双面饰莨菪叶纹。

181

法国玻璃香水瓶

French Glass Perfume Bottle

19 世纪末至 20 世纪初

长 3.5、宽 3.5、高 11 厘米

颐和园藏

此香水为两瓶装，玻璃质四方瓶体，肩部近乎坦直，带盖，产于法国巴黎，瓶身标签带有“PARIS”字样，附长方形原装纸盒，盒身有“ESSENCE VIOLETTE AMBREE”字样，为西方国家使节送给清宫的礼品。

182

铜胎珐琅蓝地彩绘圆盒

Cloisonné Enamel Round Box with a Blue Ground

19 世纪末至 20 世纪初

直径 10、高 3.5 厘米

颐和园藏

此盒通体蓝色饰描金花卉，蓝底之下有隐约可见的波浪纹，色泽艳丽，颜色明快，造型简约大方。

183

镀金餐具

Gilt Tableware

19世纪末至20世纪初

双耳银杯：长20、宽16、高17厘米

银盘：直径17.5、高3厘米

银勺：长18.6、宽3.7、高1.5厘米

银叉：长18.5、宽2.5、高1.5厘米

钢刀：长21、宽2厘米

颐和园藏

银制餐具一套，银杯、银盘、银勺、银叉、银柄钢刀共五件，银制部分镀金。银杯、银盘饰一周翻卷的波浪纹。刀、叉、勺柄部圆滑，饰莨苕叶纹。

184

德国镀金餐具

German Gilt Tableware

19世纪末至20世纪初

银勺：长18.5、宽3.8厘米

银杯：口径10.1、高8厘米

银盘：直径16.3、高2.5厘米

颐和园藏

此套银制茶具通体镀金，分盘、杯、勺三件，饰花卉纹、卷草纹。银杯敞口、有盖，单侧饰卷草形执柄，底座与盘式杯托内圈相合。三件有星、月、皇冠、800银标，说明原产地在德国。

185

英国镀金餐具

British Gilt Tableware

19 世纪末至 20 世纪初

镀金铜剪刀：长 18、宽 6、高 1.5 厘米

镀金银铲：长 34、宽 8、高 3 厘米

铜制胡桃夹子：长 15、宽 5.5、高 2 厘米

银夹子：长 13.5、宽 7、高 1.5 厘米

颐和园藏

此套餐具皆用镀金装饰，辅以雕花，展现出奢华、精致、优雅的宫廷贵族风格。

186

紫地洋彩开光人物饮具（一组）

Yangcai Dish with Panels of Figures on a Purple Ground (One Set)

19世纪末至20世纪初

小盘：直径13.2、高2厘米

杯：长10、口径7.9、高5.6厘米

壶：长17.5、宽11.1、通高18.5厘米

糖罐：长13.5、宽10.1、通高11.8厘米

奶罐：长12.5、宽9、高11.4厘米

托盘：直径33.5~34.5、高2厘米

颐和园藏

此套器具包含壶、奶罐、糖罐、托盘各一件，杯碟三组，皆以红、黄、绿三色搭配构成，绘有多种西洋花卉纹饰，并用描金将各部分主题隔开，开光内绘有西洋故事题材。

187

黄白地凸花圆罐

Yellow-and-White Ground Round Jar with Bas-Relief Flowers

19 世纪末至 20 世纪初

口径 11、腹径 37、高 35 厘米

颐和园藏

此罐侈口，颈部微敛，鼓腹，腹下渐收，圈足。底部有红色标记，上部为花冠写有“TURN”字样，下面为盾牌形状，写有“EW”及“VIENNA”字样，底部残留“MADE IN ”痕迹，模糊部分应为“Austria”，以此判断此罐产自奥地利。

188

彩釉天使凸花罐

Jar with Angels and Bas-Relief Flowers

19世纪末至20世纪初

长29.5、宽24、高24厘米

颐和园藏

此罐造型独特，呈蛋形，通体施白釉，干净明快。其上贴塑月季花卉；三脚塑成小天使造型作为支撑，俏皮可爱。体现了西洋雕塑与瓷器制作技术的结合。

189

凸花草莓纹花插

Vase with Bas-Relief Flowers and Strawberries

19 世纪末至 20 世纪初

长 38、宽 38、高 50 厘米

颐和园藏

此花插三瓣口，装饰有草莓粉红色花朵，与底足造型相同，通体以草莓花、果、叶为饰，缠枝交错，相互呼应，富有奇特的美感。

190

凸花鱼纹盆

Porcelain Jardinière with Bas-Relief Flowers and Fish

19 世纪末至 20 世纪初

口径 21.5、高 11.5 厘米

颐和园藏

此盆凸花三鱼色彩写实，栩栩如生，三条鱼尾部呈三足支撑，设计巧妙。

191

凸花葡萄纹瓶

Porcelain Vase with Bas-Relief Flowers and Grapes

19 世纪末至 20 世纪初

口径 10.8、直径 14、高 27.5 厘米

颐和园藏

此瓶花口，口部往下渐收至底部，底足外撇。整体呈筒形，瓶身凸起处用描金凸出叶形花纹，上饰堆花叶片、葡萄，形态自然。

192

描金洋彩人物玻璃瓶

Yangcai Glass Vase with Gilt-Decorated Figures

19 世纪末至 20 世纪初

口径 11.4、腹径 16.3、高 28.6 厘米

颐和园藏

撇口，细颈，丰肩，肩下渐收，底部微撇。整体以暗绿色为地，渐变为白色，上部绘有银色花卉纹，下部印有白色花卉纹，颈部及底部有描金双弦纹，腹部开光内绘有一对年轻情侣漫步林间。

193

花口彩绘花卉纹玻璃花插

Glass Vase with Flower-Shaped Mouth and Floral Design

19 世纪末至 20 世纪初

口径 13.5、腹径 9、高 30 厘米

颐和园藏

花口，收颈，腹微鼓，平底。通体玻璃质，由口沿向瓶底，从黄绿色渐变为无色透明。口沿描金，呈波浪形褶皱，形似花瓣，瓶身装饰有描金花卉图案，图中鸢尾花朵呈紫色，再用白色点染烘托出光影效果，根茎则以绿色填充，用深绿色表明明暗关系，花卉整体以金线描绘轮廓，立体感强烈。

194

铜胎珐琅瓶式多头蜡灯

Cloisonné Enamel Vase-Shaped Candelabra

19 世纪末至 20 世纪

直径 66.2、高 130.3 厘米

颐和园藏

此蜡灯烛盏呈花形，顶部以茛苕叶为装饰将各个独立的烛盏连接在一起，紧凑且充满层次感。台架为花瓶样式，以珐琅工艺制作而成，有玻璃质感。

195

嵌彩石螺钿面国际象棋桌

Chess Table with Mother of Pearl Inlaid Top

19世纪末至20世纪初

长43.7、宽43.7、高66.2厘米

颐和园藏

此件桌面由大理石制成，四角、四边共八朵花向同一方向环绕整个桌面，花朵用螺钿镶嵌而成，中心有由64格组成的国际象棋棋盘，由彩石镶嵌而成。桌架为木质，腿部呈弧弯式，描有金漆。

▲ 慈禧

196

铜架嵌大理石花几

Marble Table with Bronze Frame

19 世纪末至 20 世纪初

直径 37.5、足径 44.8、高 107.9 厘米

颐和园藏

此件桌面及锥形柱身为大理石材质。围绕柱身的铁艺具有典型的西式风格，与柱身相连部分及腿部皆为莨菪叶纹饰，三面有环形装饰。底座铜架用花纹做装饰，嵌大理石板，下有三足。

197

德国风景水彩画

German Watercolor Scenery of Forest and River

1906年

纵21.7、横39厘米

颐和园藏

此图描绘平静的溪水，两旁树木林立，左侧岸边一条小径穿过密林从远处延伸而来。树木枝叶繁茂，黄绿交织一片静谧、祥和的初秋景象。右下角署有作者签名“柏拉”（音译）。作者笔触巧妙、明暗交织，层次丰富，近景远景虚实结合。色彩上黄绿色调为主，巧妙地设计了光线从右上角射入水面，利用白色的颜料表达被照亮的水面，使色彩斑驳，水面更加生动细腻、逼真写实。

198

德国风景水彩画

German Watercolor Scenery of Forest and River

1891年

纵27.5、横37.5厘米

颐和园藏

此水彩画描绘出一幅野外溪水缓缓流淌过一片树木的自然风景，氛围安静、平和。右下角署有作者签名“西士纳”（音译）。画面简洁大方，作者将近处的溪流通过色彩变化和笔触的运用，表现出水的质感和树的倒影。中、远景的草地树木，色彩层次鲜明、虚实有度。

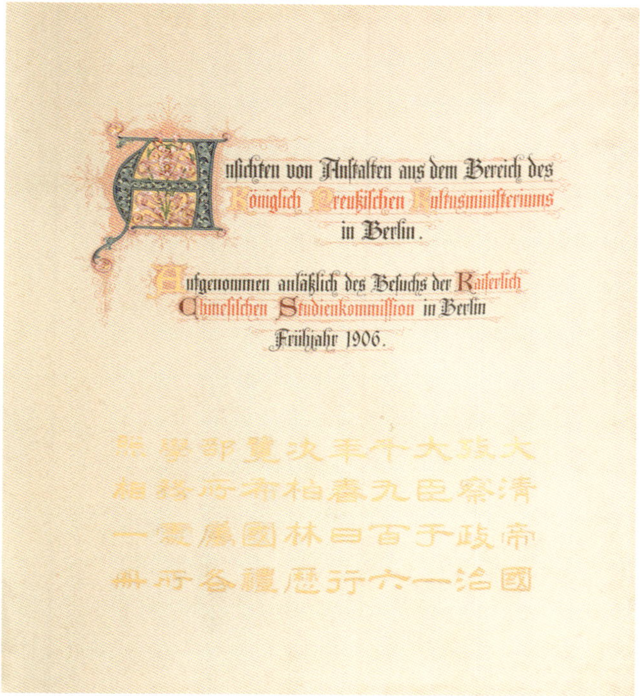

199

清大臣考察德国各学务处所相册

Album of the Ministers' Visit to the German School Offices

清（1644~1911年）

长74.5、宽63、厚8.5厘米

颐和园藏

此相册所收录的照片为1906年清朝派遣使臣到德国考察时，关于学校、博物馆、医院这三类场所外观及内部结构、设施、陈设等相关内容。

200

清大臣考察日本川崎造船所相册

Album of Investigation on Kawasaki Shipyard & Machinery Works

清（1644~1911年）

长37、宽29、厚6厘米

颐和园藏

此相册由日本川崎造船所赠，是当时日本造船行业中首屈一指的造船厂。这本相册中包含了如“楚泰号”“江元号”“楚谦号”“江亨号”等几艘炮舰在制造及试水时的照片；川崎造船厂厂内设置以及日本风景、画作等。颐和园现存的“永和轮”照片也在其中。

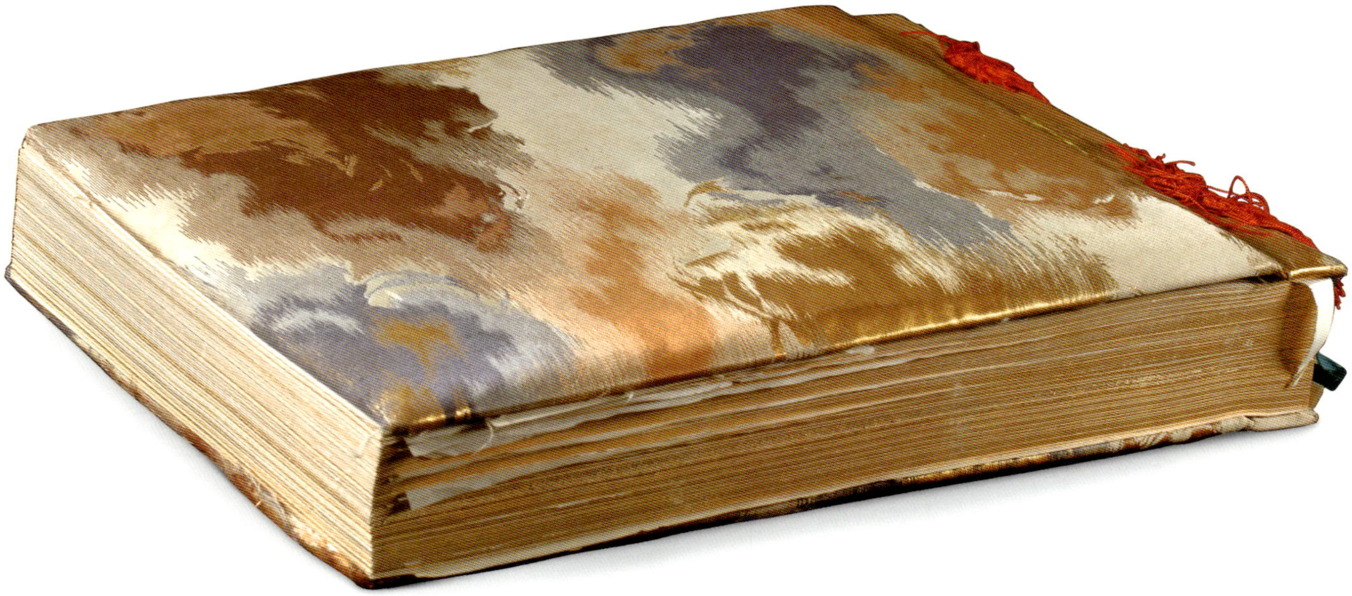

201

德国接待考察大臣所历各处全图

Complete Map of the Places Where the Ministers of Foreign Affairs were Received in Germany

清（1644~1911年）

长50、宽31.5厘米

颐和园藏

此相册所收录的照片为晚清时期德国接待清政府考察大臣考察德国各处的照片。与《清大臣考察德国各学务处所像册》的不同在于，这本相册中使用的是德文，除记录建筑风景之外，也有荫昌、端方、戴鸿慈等人与德、日军政官员合影，以及德皇威廉二世与妻子奥古斯塔皇后的相片。

202

《輶轩语》

Words of Youxuan

清光绪（1875~1908年）

单本：长34、宽21、厚1.2厘米

整函：长34、宽21、厚1.7厘米

颐和园藏

清张之洞撰写，清光绪二十一年（1895年），湖北官书局重刻本。半页10行，行24字，白口，左右双边，上鱼尾，1册1函。

此书为张之洞作于清光绪元年（1875年），时任四川学政，兴教育建尊经书院，并为求学者编撰《輶轩语》，以“行赏罚，申以董戒”“深者为高材生劝勉，浅者为学僮告诫”。本书分上篇“语行”、中篇“语学”、下篇“语文”三部分。先行后文，重在讲读书治学之法，其书名之所以叫“輶轩语”，是取扬子云书“輶轩使者绝代语释”之意。此书集中体现了张之洞早期德育为体、育智为用，全面发展的人才的教育理念，是研究张之洞早期政治思想、学术理念的重要参考。

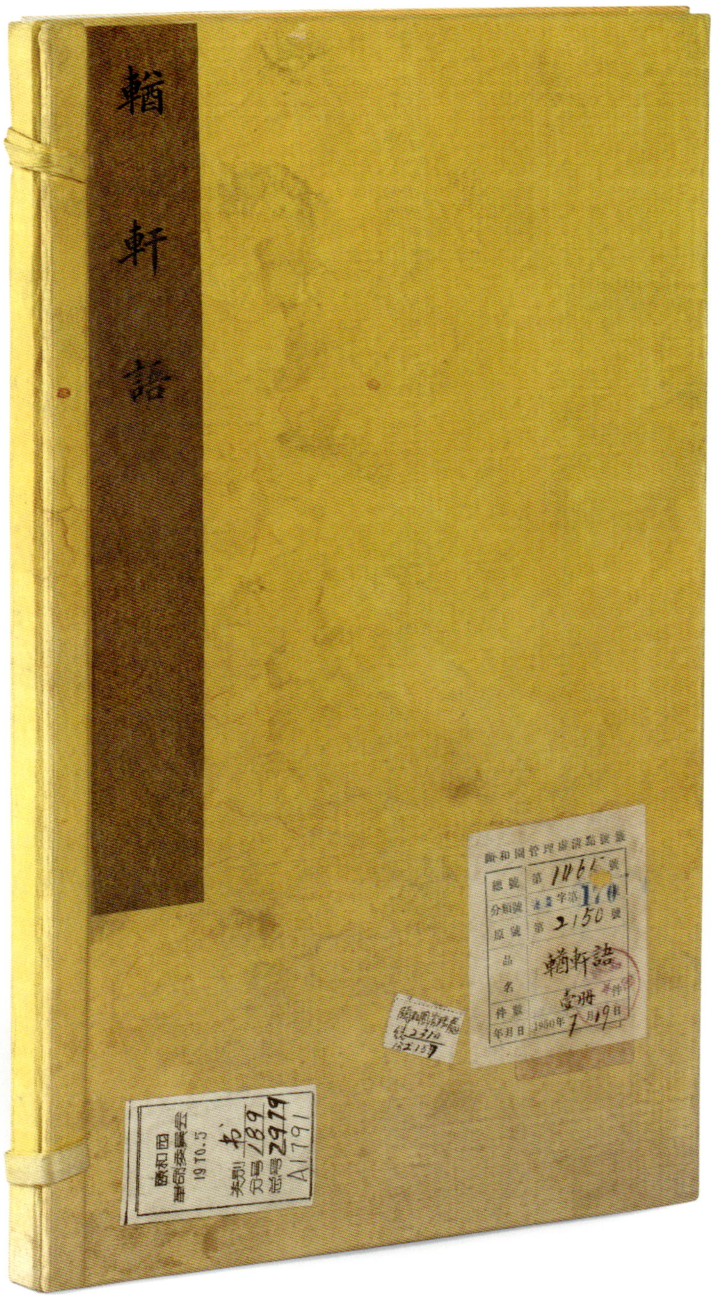

203

《江楚会奏变法折稿》

Manuscript of Memorial on Reform from Jiang and Chu

清光绪（1875~1908年）

单本：长34、宽21、厚2厘米

整函：长34、宽21、厚2.5厘米

颐和园藏

刘坤一、张之洞撰，清光绪二十七年（1901年），两湖书院刊刻本。半页10行，行23字，白口，左右双边，上鱼尾，1册1函。

1901年初，清政府发布“变法”上谕，要求中外大员就变法事宜提出建议，两江总督刘坤一、湖广总督张之洞应改革上谕，分次上陈的《变通政治人才为遵旨筹议折》《谨拟整顿中法十二条折》《谨拟采用西法十一条折》《请筹巨款举行要政片》三折一片，即《江楚会奏变法三折》。系统地提出一套较完整的变革方案，内容包括兴学育才、整顿朝政、兼采西法等改革措施，成为清政府实施新政的思想基础，是清末新政的重要文件。

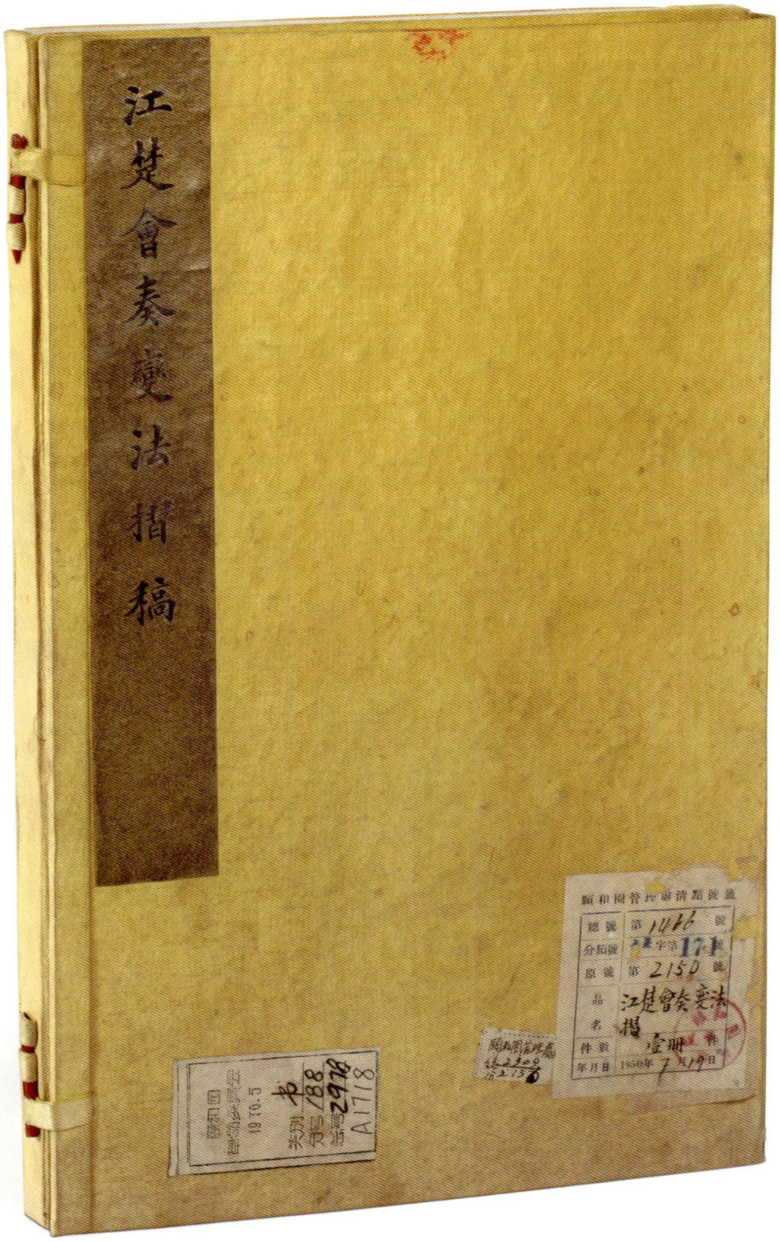

204

《算学启蒙述义》

Introduction to Mathematical Science

清光绪（1875~1908年）

单本：长29.3、宽17.3、厚1.3厘米

整函：长29.3、宽17.3、厚4.4厘米

颐和园藏

清光绪十年（1884年），刊本，三卷。

清代王鉴撰，是元代数学家朱世杰《算学启蒙》的注释本。内容由浅入深，从整数的四则运算至开高次方、天元术等，包括了当时已有的数学各方面内容，可用作教材，是一部较好的启蒙数学读本。

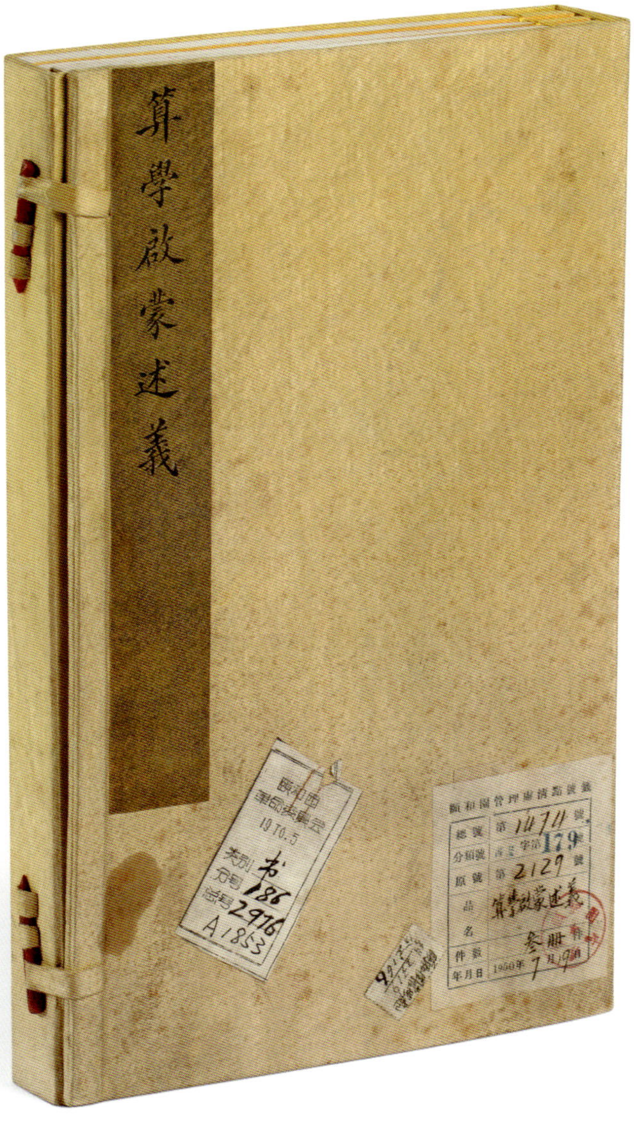

205

《历象考成》

Thorough Investigation of Calendrical Astronomy

清光绪（1875~1908年）

单本：长29.2、宽17.2、厚0.8厘米（厚度不一）

整函：长29.2、宽17.2、厚12.5厘米

颐和园藏

清光绪二十一年（1895年），湖北官书局本。上编十六卷，下编十卷。是清代的一部论述历法推算的著作。上编卷名“揆天察纪”，阐明理论；下编名“明时正度”，讲计算方法。

206

《初等心理学》

Primary Psychology

清光绪（1875~1908年）

单本：长25.5、宽15、厚1厘米

整函：长25.5、宽15、厚1.5厘米

颐和园藏

清光绪二十八年（1902年），刊本。日本广岛秀太郎撰，清末田吴炤译。

此书是修习心理学或教育学的参考资料。分为总论、智力、感情、意志等，语言简单易懂，便于学习理解。

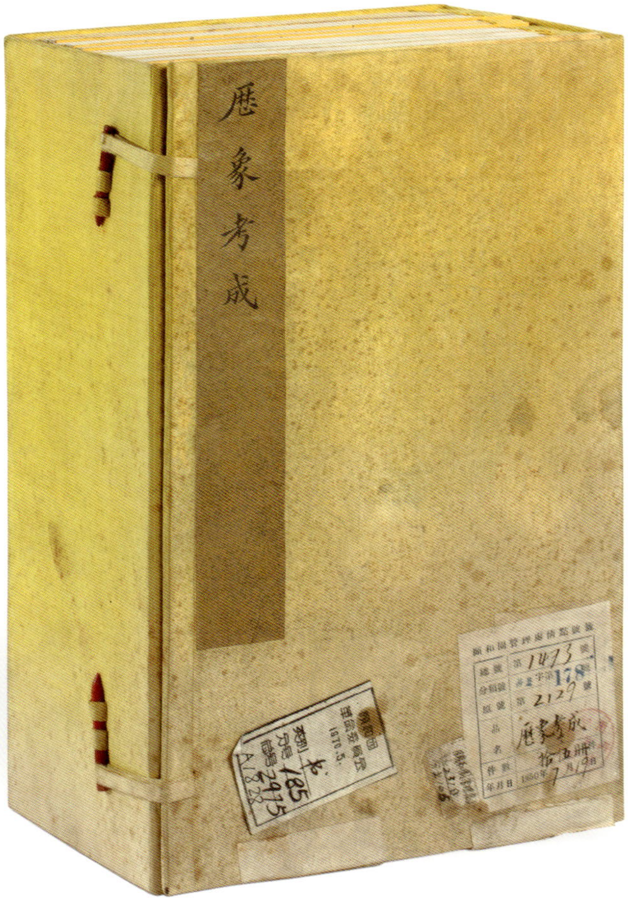

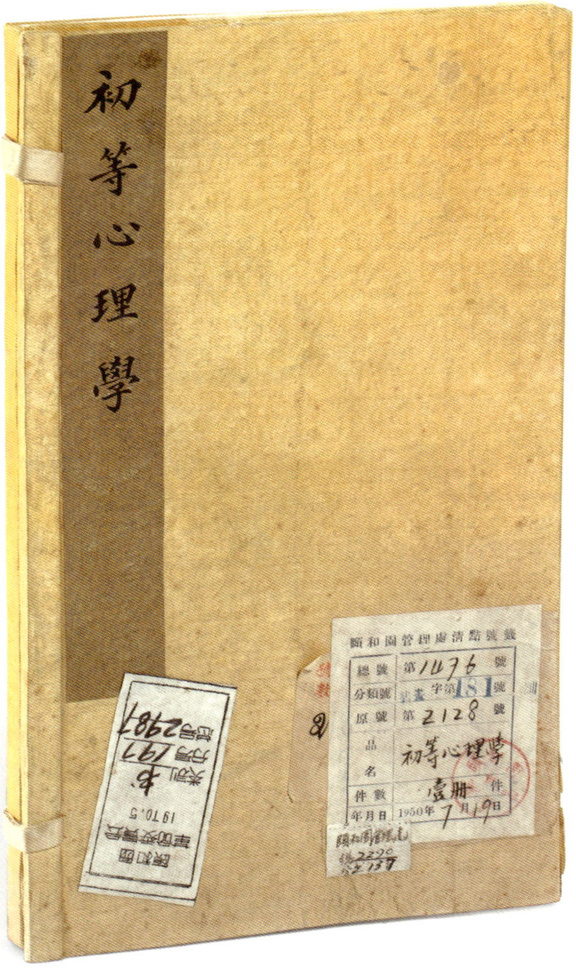

207

黑漆雕花边嵌牙蚌凤凰挂屏

Black-Lacquered Hanging Screen with Phoenix

清光绪（1875~1908 年）

长 46、宽 2.5、高 137 厘米

颐和园藏

此挂屏为木制，屏芯髹黑漆底，两只凤凰一只立于梧桐树上回首仰望，一只飞于空中，似在对望，图案用骨、石镶嵌而成。硬木边框髹漆底部为红色，雕刻树叶为黑色。左下纸签记有“前出使韩国大臣 臣许台身跪进”。

208

黑漆雕花边嵌牙蚌公鸡挂屏

Black-Lacquered Hanging Screen with Roosters

清光绪（1875~1908 年）

长 46、宽 2.5、高 137 厘米

颐和园藏

此挂屏为木制，屏芯髹黑漆底，三只公鸡立在枝头，有“位列三公，官运亨通”之意，也称三公图。图案用骨、石镶嵌而成。硬木边框髹漆底部为红色，雕刻树叶为黑色。左下纸签记有“前出使韩国大臣 臣许台身跪进”。

莫道昆明池水浅，
观鱼胜过富春江。

毛泽东《七律·和柳亚子先生》

第四单元
SECTION FOUR

观鱼胜过富春江
A NEW PAGE IN HISTORY

1914年，尚为逊清私产的颐和园对公众售券开放；1927年后收归国有，园林管理渐趋条理。历经民国前期的政治动荡、日寇的入侵、战乱的频仍，1949年3月25日北平和平解放前夜，颐和园迎来了毛泽东率领的进京“赶考”的中共中央，历史翻开了新的一页。新中国成立后的七十年中，颐和园真正成为人民的公园，在首都北京的文物保护、文化传承、游览服务、文化中心建设工作中发挥着重要作用。

As a private property of the abdicated Qing government, the Summer Palace was opened to the public for ticket sales in 1914. After 1927, it was nationalized and the garden management became more organized. After the political turmoil of the early Republic of China, the Japanese invasion, and frequent wars, the Summer Palace ushered in the Central Committee of the Communist Party of China led by Mao Zedong on March 25, 1949, the eve of the peaceful liberation of Beiping. A new page in history was turned. In the seventy years since the founding of New China, the Summer Palace has truly become a people's park, playing an important role in the conservation of cultural heritage, cultural inheritance, sightseeing, and the construction of cultural center in the capital city of Beijing.

1914年，尚为逊清私产的颐和园对公众售券开放；1928年后收归国有，园林管理逐渐走向正轨，各项制度逐步健全。历经民国时期的政局动荡、日寇入侵、经济凋敝，1949年3月25日，毛泽东率领中共中央进京“赶考”，来到颐和园，历史翻开了新的一页。新中国成立后的七十年中，颐和园真正成为人民的公园，在首都北京的文物保护、文化传承、游览服务、文化中心建设工作中发挥着重要作用。

禁苑初开。清室退位后，社会各界要求游览颐和园的呼声日益高涨。民国政府规定参观者须经外交部审批，发给门照，并通知清室内务府，之后改为外国人参观由外交部审批，国人参观由内务府或步军统领衙门办理。1913年4月24日，步军统领衙门制定《瞻仰颐和园简章》，规定：

一、参观时间：每月以三次为限，以阴历逢六日为参观之期，其余日期概不发照。参观时间，上午九时至下午六时，逾时不得在园内逗留。

二、参观办法：各政党及军学界人等欲入园参观者，政党由本党部长，军界由本管统制，学界由教育部，前三日将姓名、岁数函致步军统领衙门，以便填发执照。仍先期知照内务府以便放行。每次参观各界以十人为限，概不多发，并规定女界一概不发执照。

三、注意事项：每届参观时，由中营将官饬派妥慎官兵，在园门外验照入园，出园时将照收回缴销。园内各处陈设物品，参观者不得任意抚弄。园外秩序由步军统领衙门官兵维持，园内由内务府稽查导引。

后又修改增加两条：

一、如有特别人员，不能拘定原章日期者，均由各本部先期知照步军统领衙门，以资商办。

二、各党部官眷及女校学生，由本衙门发给特别执照，于阴历每月六日参观。

1914年，尚为逊清私产的颐和园正式对社会售券开放。1928年，民国政府成立内政部颐和园管理事务所，不久，移交北平市政府管理，成立北平市政府管理颐和园事务所，为市政府直属机构。民国时期，随着管理机构的成立，规章制度逐步健全，颐和园在文物管理、建筑修缮、花木养护、经营服务等方面取得了一定成果，成为故都游览胜地。

新的一天。1949年3月25日，中共中央在毛泽东主席的带领下抵达北平，当天上午即抵达颐和园小憩。期间，毛主席与颐和园负责人柳林溪进行交谈，提出了新中国公园管理的方向。《柳林溪回忆录》中记载当时毛泽东说道：“过去我们在山沟里打游击有经验，进了大城市搞公园就不行了。没有经验，要学会管理公园。不会，要向老工人学习嘛，从没有经验到有经验，先把原有的公园管好。过去的公园是地主资产阶级悠闲人士逛的，劳动人民一没有钱，二没有时间逛公园。我们今后还要建设许多新公园，让劳动人民都能逛公园。在劳动之余，有时间在公园休息娱乐，消除疲劳，再回到工作岗位上，为国家做更多的工作。”当晚，毛主席等在颐和园益寿堂宴请了参加中国人民第一届政治协商会议的各民主党派负责人。此后柳亚子居住在颐和园中，他与毛泽东诗词唱和。柳亚子在《七律·感事呈毛主席》中写道“开天辟地君真健，说项依刘我大难。夺席谈经非五鹿，无车弹铗怨冯 驩。头颅早悔平生贱，肝胆宁忘一寸丹。安得南征驰捷报，分湖便是子陵滩”。毛泽东则在《七律·和柳亚子先生》中写道“牢骚太盛防肠断，风物长宜放眼量。莫道昆明池水浅，观鱼胜过富春江”。

人民公园。新中国成立后，颐和园的管理以为人民服务为宗旨，步入新的历史时期，文物的保护修缮和园林绿化美化工作得到了政府的高度重视，颐和园的管理体制日益完善，卫生、服务、绿化、文物保护等工作走在全国同行业前列，成为北京旅游服务、国事活动、市民游憩、传统文化体验的重要场所。

世界遗产。改革开放后，在各级政府和相关部门的大力指导和支持下，颐和园逐步收回历史景区和建筑，持续加强古建筑保护修缮。1998年9月颐和园在新建地下文物库房工程施工中发现元代耶律楚材次子耶律铸夫妇合葬墓，出土随葬器物多为元代文物精品，为颐和园增添了新的文化元素。同年12月，成功申报成为世界文化遗产。

《北京城市总体规划（2016～2035年）》中提出：“三山五园地区是传统历史文化与新兴文化交融的复合型地区，拥有以世界遗产颐和园为代表的古典皇家园林群，集聚一流的高等学校智力资源，具有优秀历史文化资源、优质人文底蕴和优美生态环境。应建设成为国家历史文化传承的典范地区，并使其成为国际交往活动的重要载体。”作为三山五园地区的景观核心，颐和园积极承担责任，发挥应有的作用。

党的十八大以来，颐和园不断加强园林文化研究和传播，积极践行让“文物活起来”的指示，文化影响力不断增强，服务社会的能力不断提升。

209

日本公使馆申请取得入园游览公文

Application from the Japanese Embassy for Admission to the Garden

1911 年

封面：长 30.8、宽 15.4 厘米

信纸：长 40、宽 28 厘米

颐和园藏

此为清宣统三年（1911年）日本外交官为瞻仰颐和园向外务部递交的申请入园门照公文，印有日本国驻清公使馆签章。

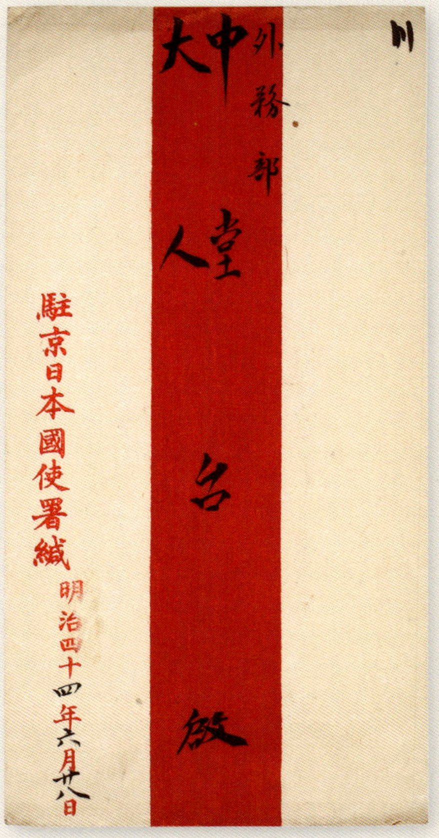
外務部
中堂
大人
台啟
駐京日本國使署緘
明治四十四年六月廿八日

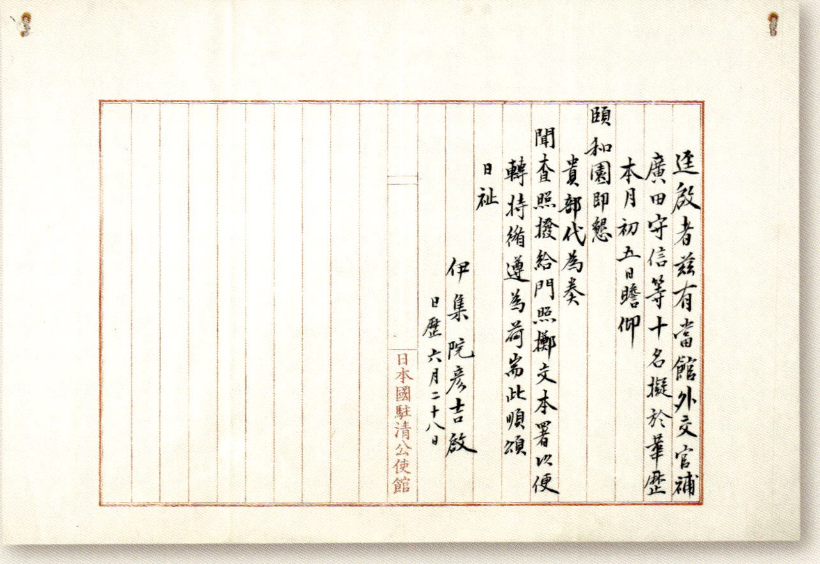
逕啟者茲有當館外交官補
廣田守信等十名擬於華歷
本月初五日瞻仰
頤和園即懇
貴部代為奏
聞查照撥給門照擲交本署以便
轉持循遵為荷耑此順頌
日祉
伊集院彥吉啟
日歷六月二十八日
日本國駐清公使館

210

颐和园试办游园售券章程

Summer Palace Trial Ticket Sales Regulations

1914 年

中国第二历史档案馆藏

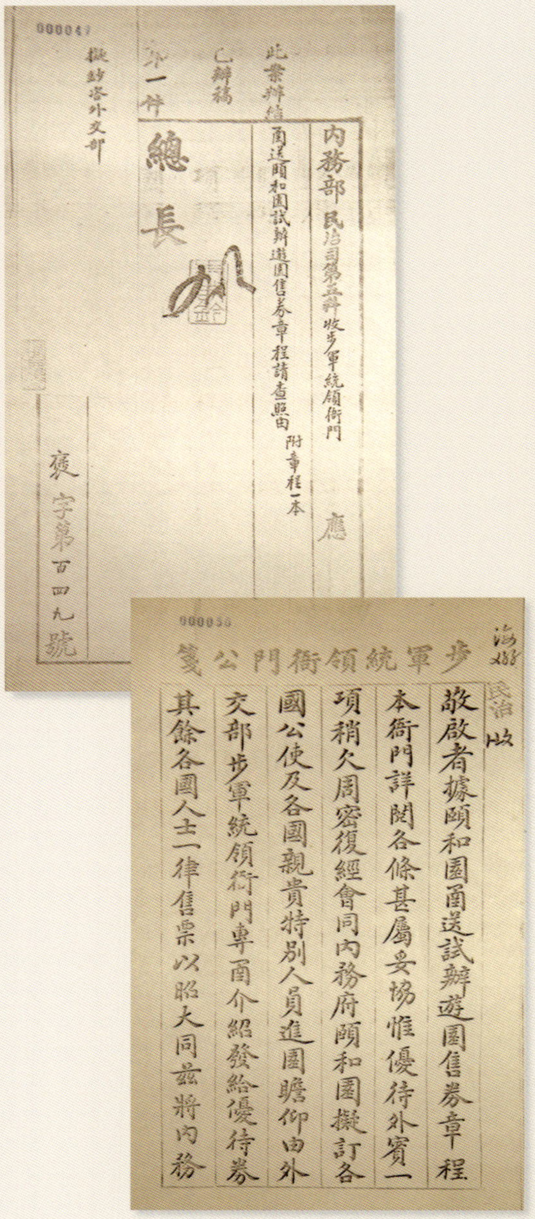
內務部民治司第五科收步軍統領衙門
函送頤和園試辦遊園售券章程請查照由 附章程一本
總長
擬諮容外交部
第一件
應
步軍統領衙門公箋
敬啟者據頤和園函送試辦遊園售券章程
本衙門詳閱各條甚屬妥協惟優待外賓一
項稍欠周密復經會同內務府頤和園擬訂各
國公使及各國親貴特別人員進園瞻仰由外
交部步軍統領衙門專函介紹發給優待券
其餘各國人士一律售票以昭大同並將內務

211

颐和园门照

Ticket for Americans to Enter the Summer Palace

1911年

长19、宽12.5厘米

颐和园藏

清宣统三年（1911年）外务部颁发给美国人入园参观的凭证。

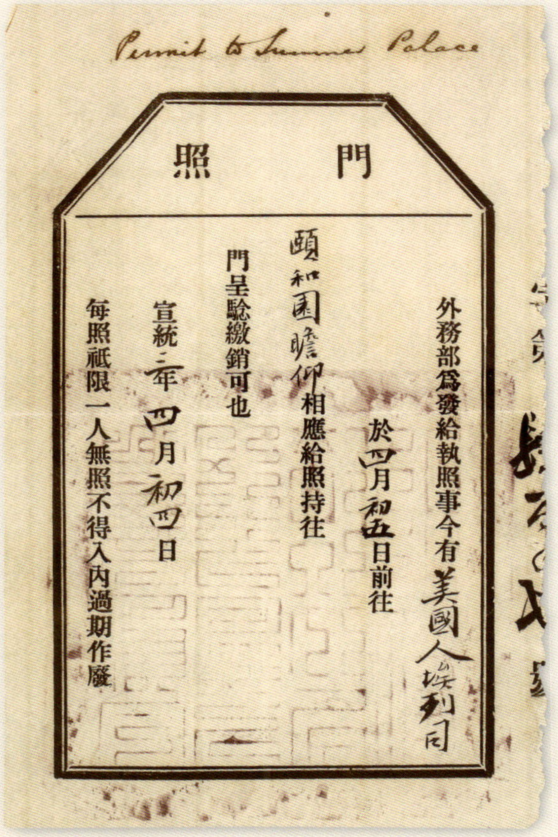

Permit to Summer Palace

門照

外務部為發給執照事今有美國人埃利司於四月初五日前往

頤和園瞻仰相應給照持往

門呈驗繳銷可也

宣統三年四月初四日

每照祇限一人無照不得入內過期作廢

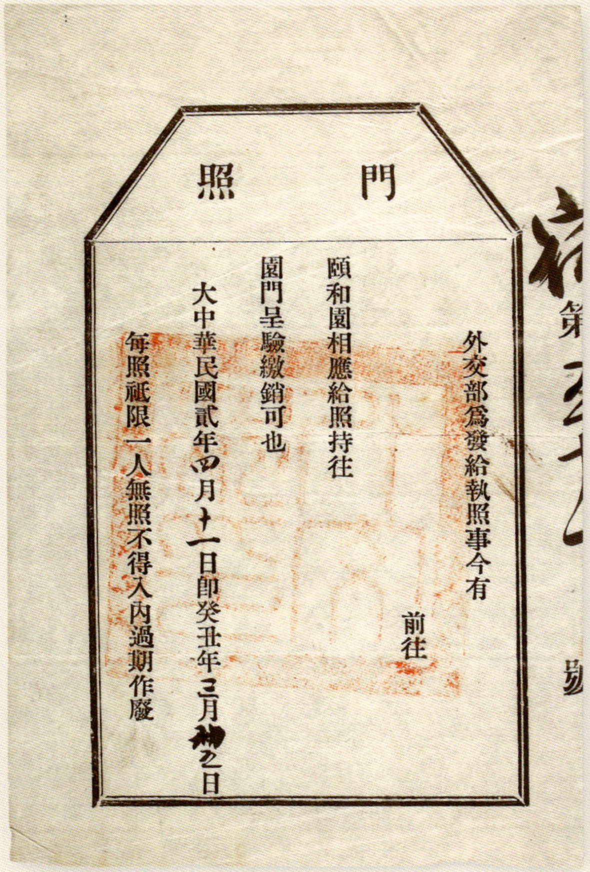

門照

外交部為發給執照事今有　前往

頤和園相應給照持往

園門呈驗繳銷可也

大中華民國貳年四月十一日即癸丑年三月初五日

每照祇限一人無照不得入內過期作廢

212

颐和园门照

Entrance Ticket to the Summer Palace

1913年

长19.7、宽12.9厘米

颐和园藏

此为民国二年（1913年）外交部颁发的入园参观门照。

213

万寿山导游图册

Tourist Map of the Longevity Hill

清末民初

长 21.9、宽 10.8 厘米

颐和园藏

图册封面正反面分别印有颐和园昆明湖石碑与其碑文拓片，为折页式。册页用图文并茂的方式介绍颐和园的游览指南和各处有代表性的景点。

214

消防头盔

Firefighting Helmet

清末民初

长 28.5、宽 22.3、高 24.5 厘米

颐和园藏

消防工具，正面徽章铸有“消防队”三字。

215

消防水枪

Firefighting Sprinklers

清末民初

长 123.7、直径 3.6 厘米

长 147.8、直径 7.5 厘米

颐和园藏

消防工具，枪身铸有“顺安号巧制灭火铜枪”“北京临记洋行定造”等字样。

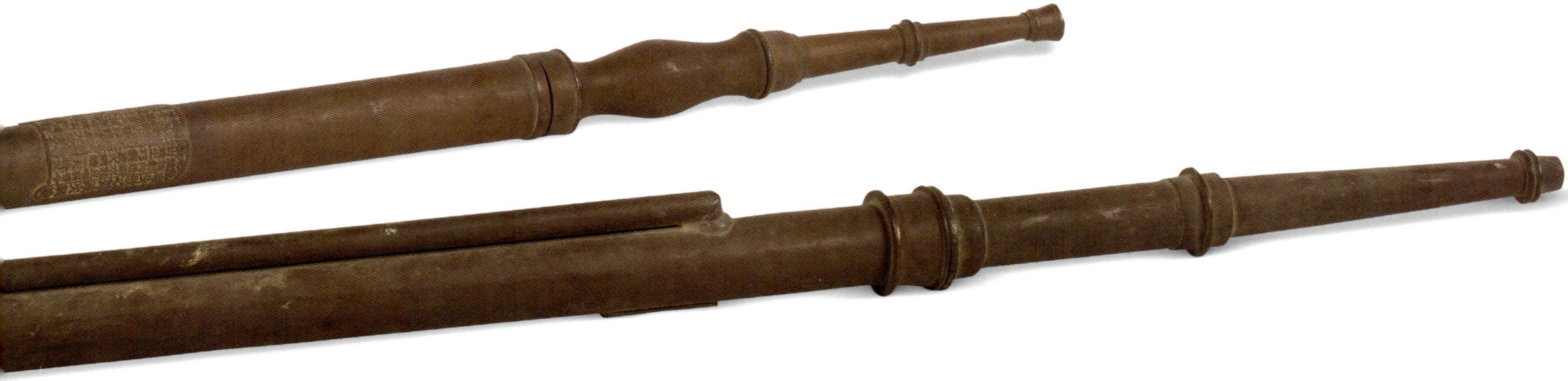

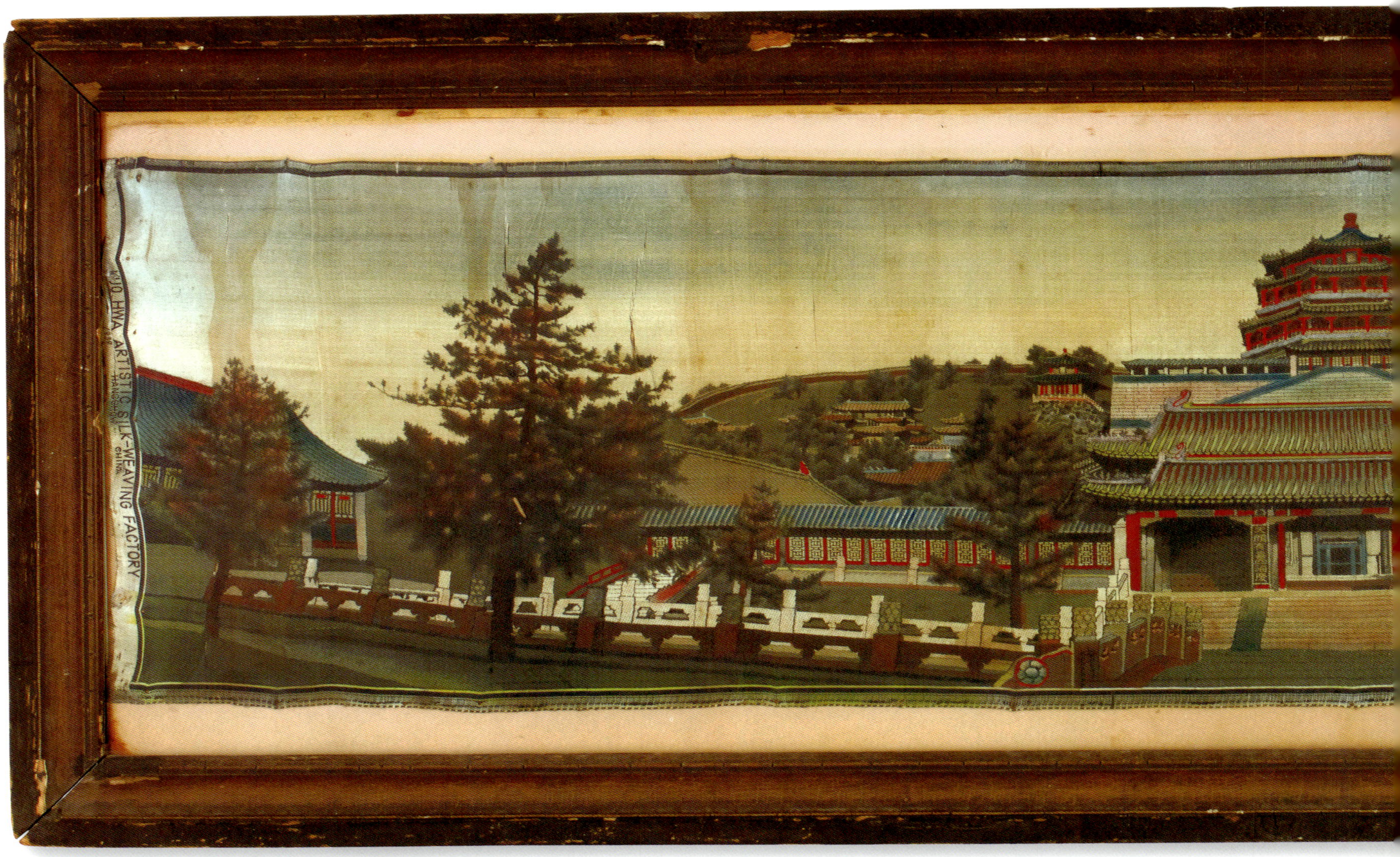

216

万寿山织品

The Longevity Hill (Textile)

清末民初

纵 41.5、横 135 厘米

颐和园藏

此织锦制作精美、装帧考究，完整地展现了排云殿院落及佛香阁为中轴线的前山建筑格局。

217

转轮藏织品

The Revolving Sutra Cabinet Building Complex (Textile)

清末民初

纵 73、横 116 厘米

颐和园藏

此织品完整地再现由北殿、东西转经亭、万寿山昆明湖石碑组成的一组佛教建筑群。从中可以清晰地看见原北殿上的琉璃福禄寿三星。

TRADE MARK
杭州
國華美術絲織廠監製

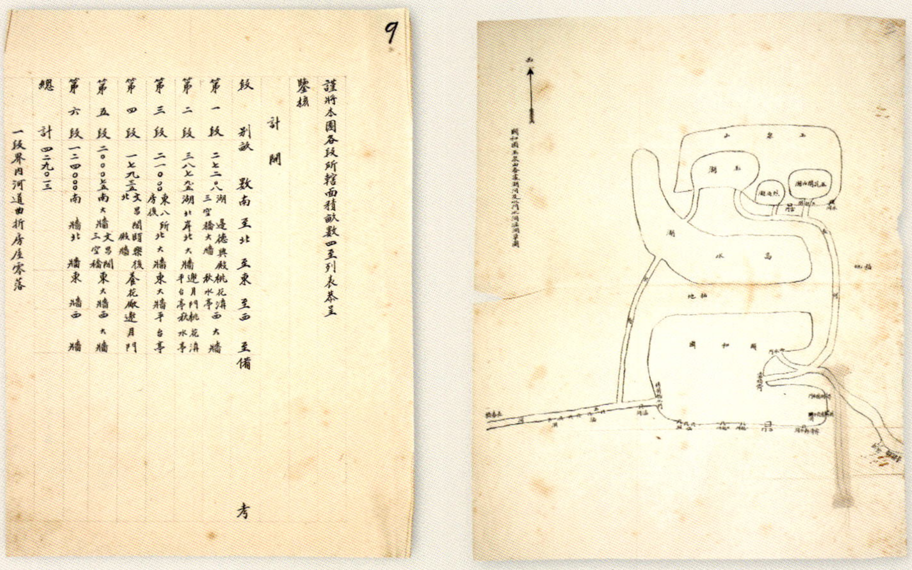

218

颐和园各段所辖亩数面积清册

Inventory of the Area of Each Section in the Summer Palace

民国（1912~1949年）

颐和园藏

219

北平市管理颐和园事务所卷宗

Archives of the Beiping Summer Palace Office

民国（1912~1949年）

颐和园藏

220

民国三十六年度、三十七年度颐和园概况

Overview of the Summer Palace in the 36th and 37th Years of the Republic of China

1947、1948年

长28、宽18厘米

颐和园藏

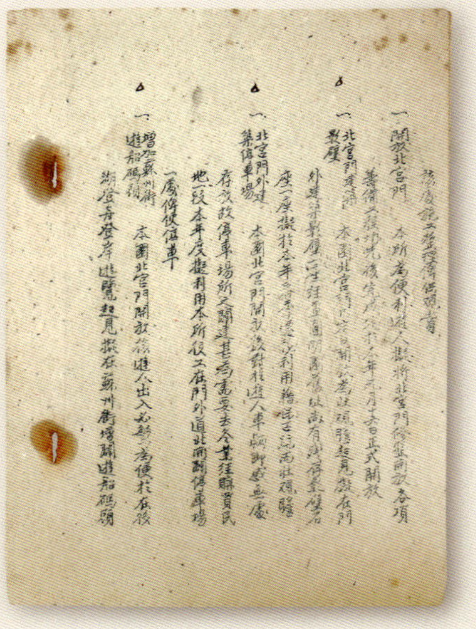

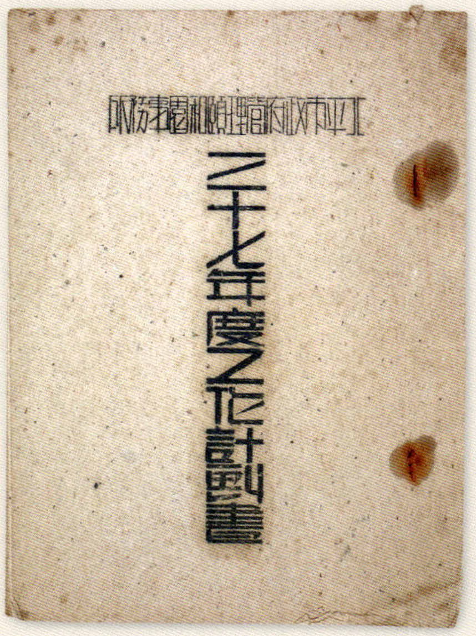

221

北平市政府管理颐和园事务所三十七年度工作计划书

Work Plan of the 37th Year of the Republic of China of the Beijing Summer Palace Office

1947年

长26、宽18厘米

颐和园藏

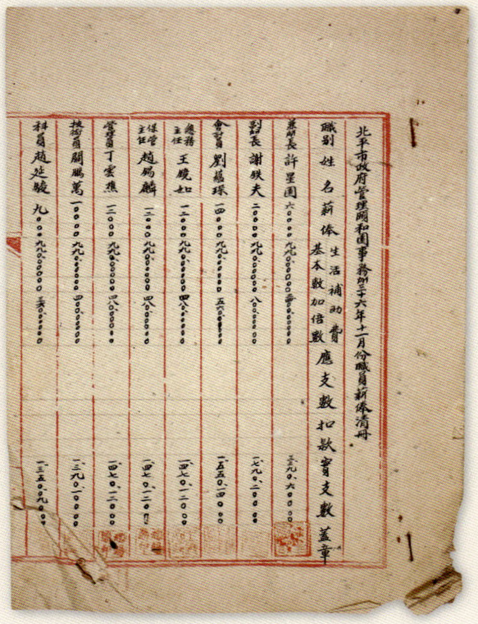

222

北平市政府管理颐和园事务所职员薪俸清册

Staff Salary Inventory of the Beijing Summer Palace Office

1947年

长27、宽20厘米

颐和园藏

223

北平市政府管理颐和园事务所职员现有人数清册

Employee Register of the Beijing Summer Palace Office

1947年

长25.5、宽19厘米

颐和园藏

此为1947年登记的北平市政府管理颐和园事务所职员现有人数清册。从上到下分别为职别、姓名、原管事务、兼管事务，从右到左按职级大小，一人一条逐一登记，字迹规整，条理清晰。对了解民国时期颐和园职工人事架构、管理职能有辅助作用。

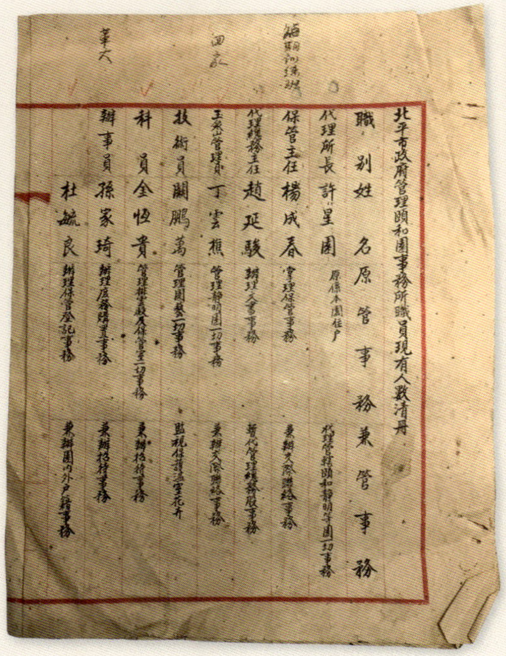

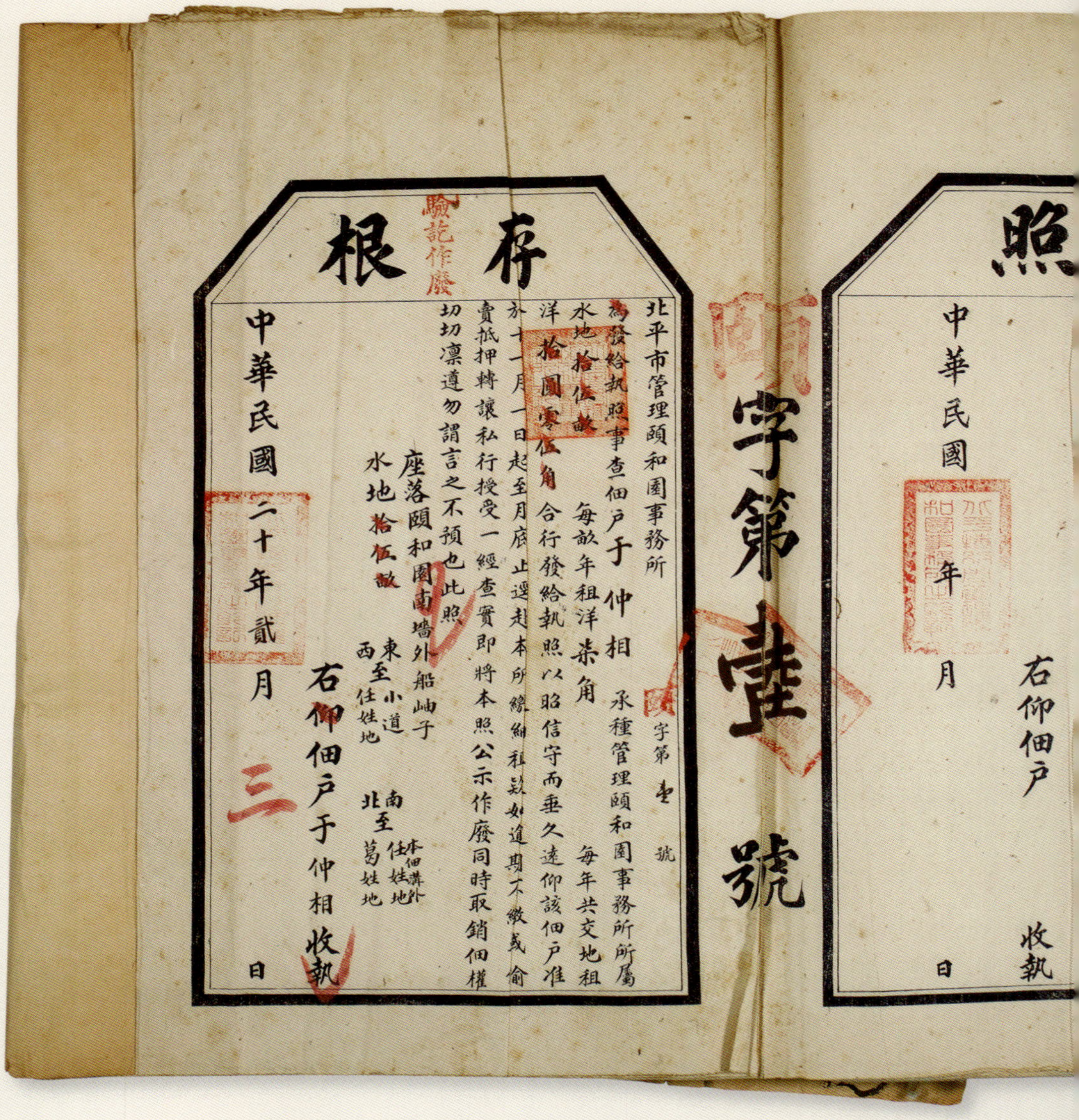

224

颐和园租户执照簿

Summer Palace Rental License

1931年

长73.2、宽51.5厘米

颐和园藏

此为民国二十年（1931年）留存的租户执照簿。由于当时颐和园周边大量的水旱田归属颐和园事务所管理，故此照为颁给佃户承租颐和园土地的许可证明。此账册左侧为存根，用于留存档案，右侧为租户的执照。内容详细登记承租亩数、价格、位置和注意事项等信息。此账册是了解民国时期颐和园事务所管理职权、范围的重要档案实物。

225

颐和园事务所管辖各处房地租簿

Rental Books of the Summer Palace Office

民国（1912~1949年）

长26.5、宽21厘米

颐和园藏

此为颐和园事务所保管股登记的颐和园内、外各处房地租簿，磁青色封皮，内里记录承租人姓名、租地种类数量、房屋间数、起租时间、租金总额、租地位置、交纳地租时间等信息。

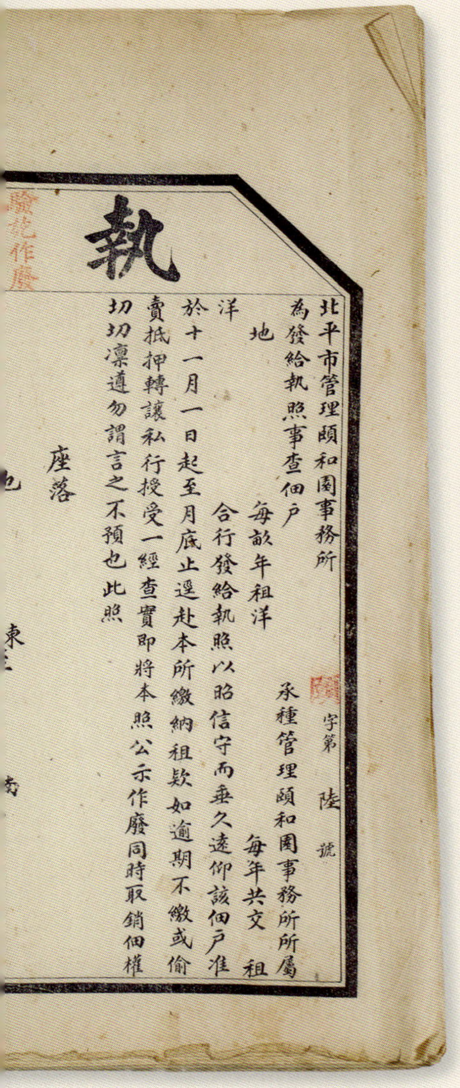

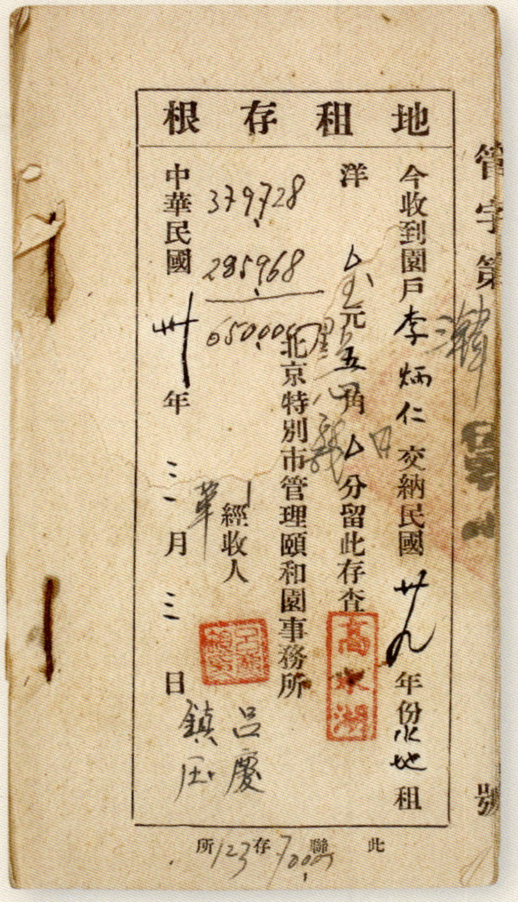

226

颐和园租户缴纳地租存根

Rent Receipt Stubs of the Summer Palace

1941年

长18、宽9.5厘米

颐和园藏

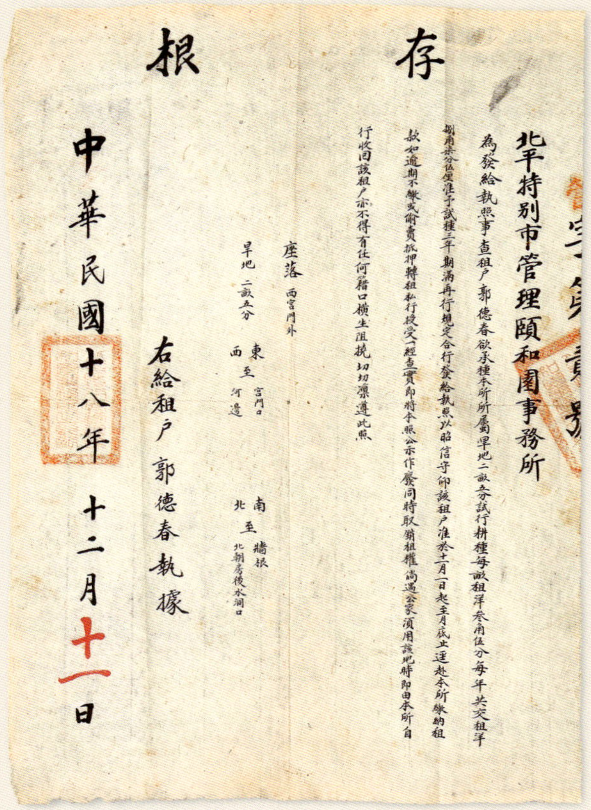

227

租据存根

Rental Receipt Stubs

1929年

长51.5、宽36.8厘米

颐和园藏

此为民国十八年（1929年）十二月，管理颐和园事务所颁发给租户郭德春的租据存根。记录了租种旱地位置、尺寸、价格、年限、注意事项等内容。

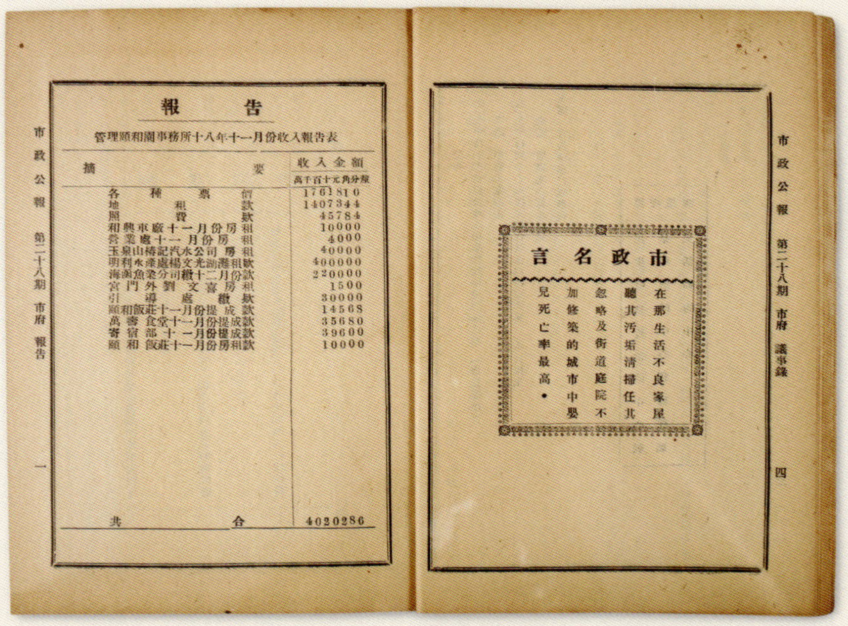

市政公報　第二十八期　市府　報告　一

報告

管理頤和園事務所十八年十一月份收入報告表

摘要	收入金額（萬千百十元角分釐）
各種票價	1761810
地租款	1407344
照費款	45784
和興車廠十一月份房租	10000
營業處十一月份房租	4000
玉泉山椿記汽水公司房租	40000
明利水產處楊文光湖灘租款	400000
海甸魚業分司繳十二月份款	220000
宮門外劉文喜房租	1500
引導處繳款	30000
頤和飯莊十一月份提成款	14568
萬壽食堂十一月份提成款	35680
寄宿部十一月份提成款	39600
頤和飯莊十一月份房租款	10000
合共	4020286

市政公報　第二十八期　市府　議事錄　四

市政名言

在那生活不良家屋聽其汚垢清掃任其忽略及街道庭院不加修築的城市中嬰兒死亡率最高。

228

颐和园事务所收入报告表

Income Report of the Summer Palace Office

1930 年

长 25.2、宽 17.6 厘米

颐和园藏

此件为第二十八期北平特别市市政公报，出版于民国十九年（1930年）。其中收录了颐和园管理事务所民国十八年十一月收入报告表。记录了各种票价、地租款、园内各式房租、宫门外刘文喜房租以及颐和饭庄、万寿食堂、寄宿部提成款，是不可多得的颐和园历史文档记录。

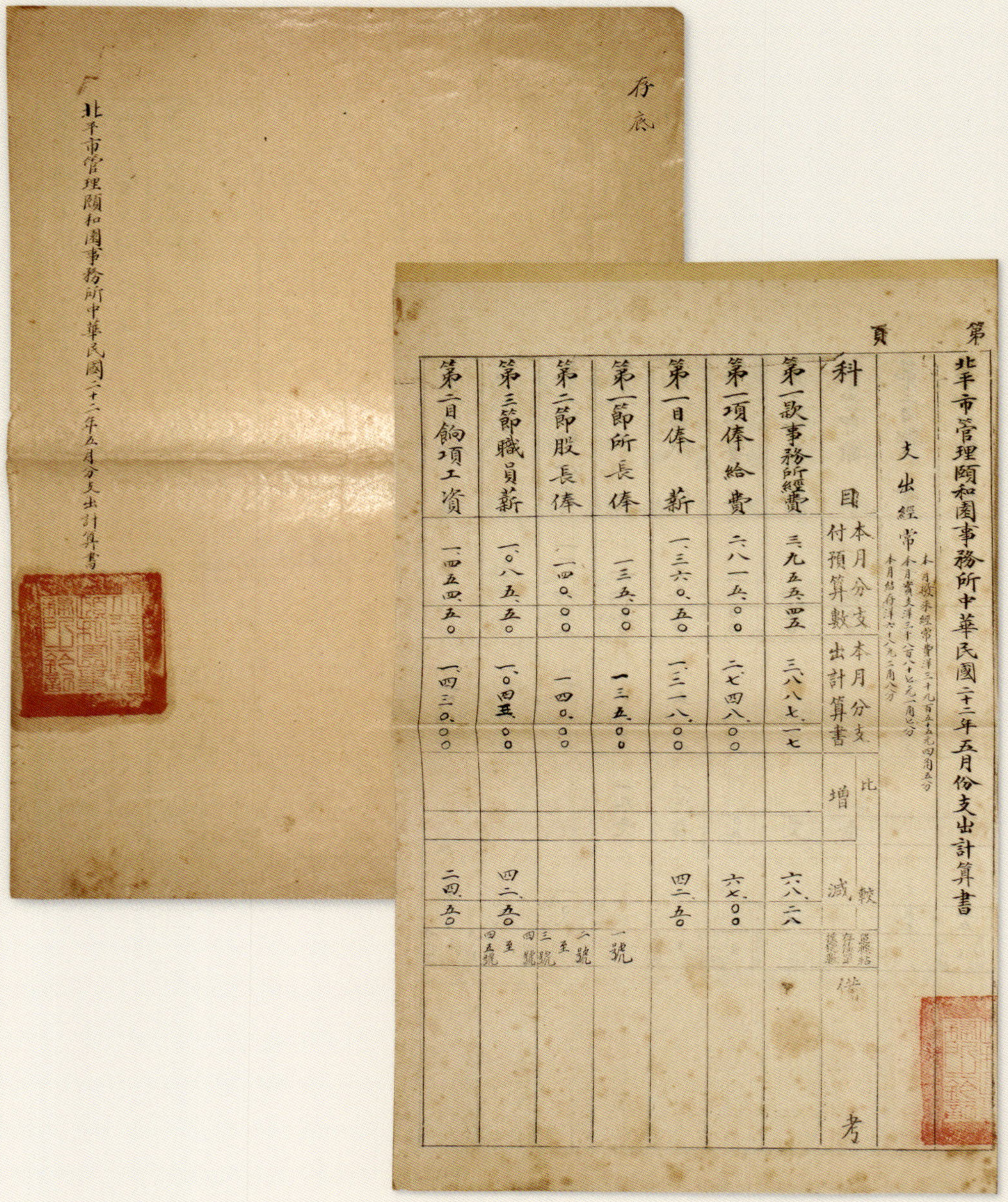

北平市管理頤和園事務所中華民國二十二年五月份支出計算書

存底

第　頁

北平市管理頤和園事務所中華民國二十二年五月份支出計算書

支出經常

本月領本經常費洋三千九百五十五元四角五分

本月實支洋三千八百八十七元一角七分

本月結存洋六十八元二角八分

科目	本月分支付預算數	本月分支出計算書	比較 增	比較 減	備考
第一款事務所經費	三、九五五、四五	三、八八七、一七		六八、二八	
第一項俸給費	二、八一五、〇〇	二、七四八、〇〇		六七、〇〇	
第一目俸薪	一、三六〇、五〇	一、三一八、〇〇		四二、五〇	
第一節所長俸	一三五、〇〇	一三五、〇〇			一號
第二節股長俸	一四〇、〇〇	一四〇、〇〇			二至三號
第三節職員薪	一、〇八五、五〇	一、〇四三、〇〇		四二、五〇	四至四五號
第二目餉項工資	一、四五四、五〇	一、四三〇、〇〇		二四、五〇	

229

颐和园事务所支出计算书

Expense Calculation Book of the Summer Palace Office

1933 年

长 35、宽 25 厘米

颐和园藏

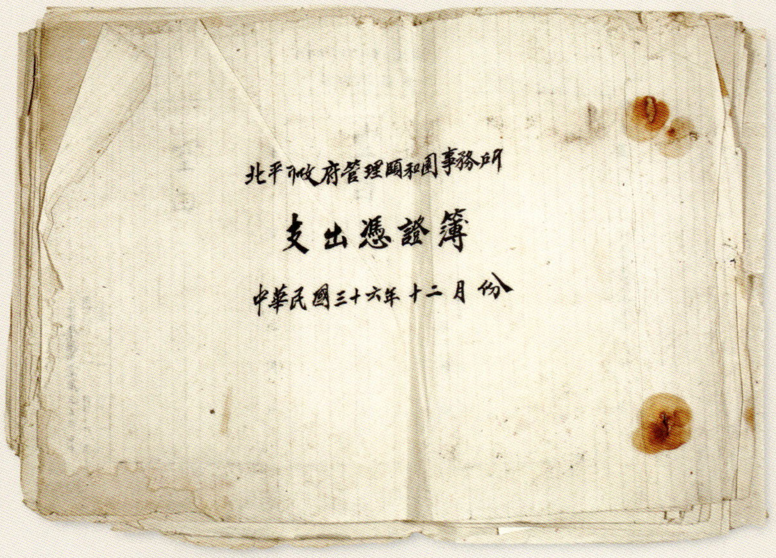

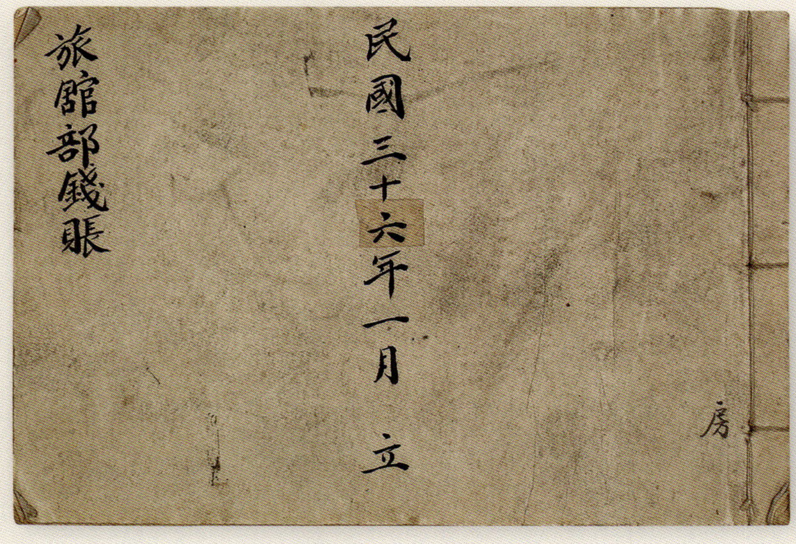

230

颐和园事务所支出凭证簿

Expense Voucher Book of the Summer Palace Office

1947 年

长 36.5、宽 26 厘米

颐和园藏

231

旅馆部钱账

Accounts of the Hotel Department

1947 年

长 18.5、宽 13 厘米

颐和园藏

232

永兴木厂油饰长廊修缮合同

Renovation Contract of the Yongxing Woodworking Factory Painting the Verandas

1931 年

宽 30 厘米，可折叠

颐和园藏

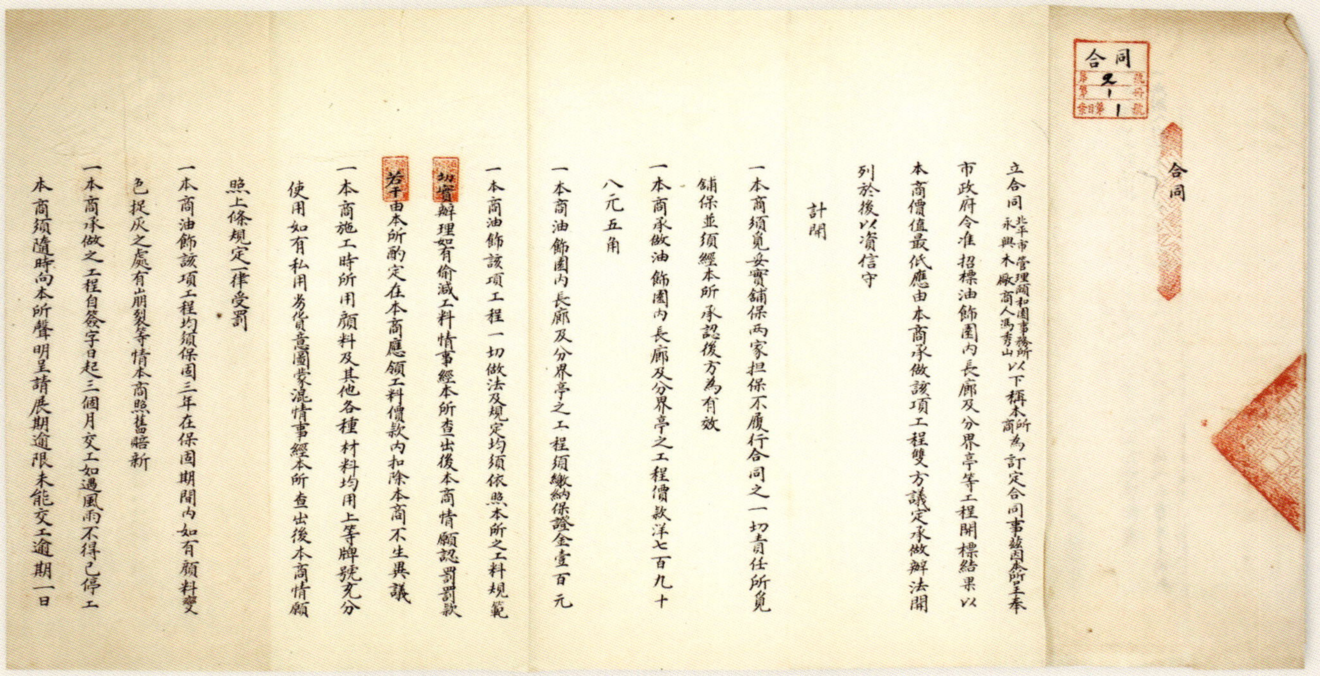
立合同北平市管理頤和園事務所永興木廠商人馮秀山以下稱本所本商為訂定合同事茲因本所呈奉
市政府令准招標油飾園內長廊及分界亭等工程開標結果以
本商價值最低應由本商承做該項工程雙方議定承做辦法開
列於後以資信守
計開
一本商須覓妥實鋪保兩家担保不履行合同之一切責任所覓
鋪保並須經本所承認後方為有效
一本商承做油飾園內長廊及分界亭之工程價款洋七百九十
八元五角
一本商油飾園內長廊及分界亭之工程須繳納保證金壹百元
一本商油飾該項工程一切做法及規定均須依照本所之工料規範
切實辦理如有偷減工料情事經本所查出後本商情願認罰罰款
若干由本所酌定在本商應領工料價款內扣除本商不生異議
一本商施工時所用顏料及其他各種材料均用上等牌號充分
使用如有私用劣貨意圖蒙混情事經本所查出後本商情願
照上條規定一律受罰
一本商油飾該項工程均須保固三年在保固期間內如有顏料變
色捉灰之處有崩裂等情本商照舊賠新
一本商承做之工程自簽字日起三個月交工如遇風雨不得已停工
本商須隨時向本所聲明呈請展期逾限未能交工逾期一日

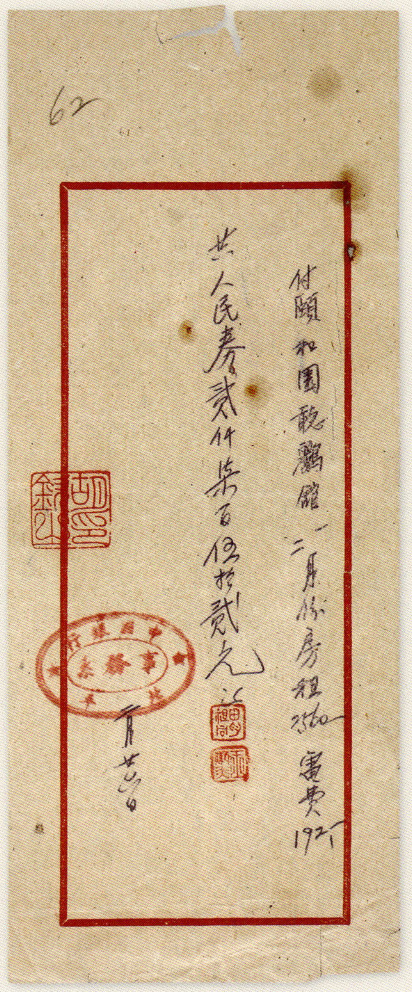
付頤和園聽鸝館二月份房租2540 電費1925
共人民券贰仟柒百伍拾贰元

233

听鹂馆收据

Receipt for Renting the Oriole-Listening Hall

民国（1912~1949年）

长24.1、宽9.4厘米

颐和园藏

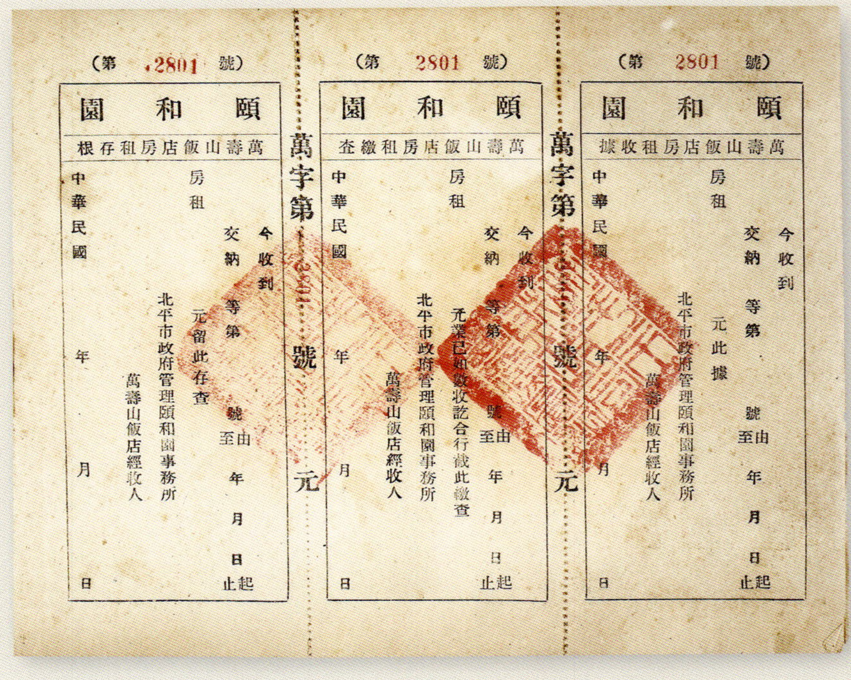
（第 2801 號）
頤和園
萬壽山飯店房租收據
今收到
交納 等第 號由 年 月 日起
至 年 月 日止
房租 元此據
北平市政府管理頤和園事務所
萬壽山飯店經收人
中華民國 年 月 日

萬字第 號 元

（第 2801 號）
頤和園
萬壽山飯店房租繳查
今收到
交納 等第 號由 年 月 日起
至 年 月 日止
房租 元業已如數收訖合行截此繳查
北平市政府管理頤和園事務所
萬壽山飯店經收人
中華民國 年 月 日

萬字第 號 元

（第 2801 號）
頤和園
萬壽山飯店房租存根
今收到
交納 等第 號由 年 月 日起
至 年 月 日止
房租 元留此存查
北平市政府管理頤和園事務所
萬壽山飯店經收人
中華民國 年 月 日

234

万寿山饭店房租收据

The Longevity Hill Restaurant Rental Receipts

民国（1912~1949年）

长25.4、宽19.3厘米

颐和园藏

此为民国时期颐和园内万寿山饭店印行的三联房租簿。三联单分别是房租收据单、房租缴查单和房租存根。万寿山饭店由刘毓嘉于民国二十五年（1936年）租用南湖岛开设，集客房、食堂、茶点、浴室、游泳等部。它的开设方便了来园者于园内寄宿休息等活动。

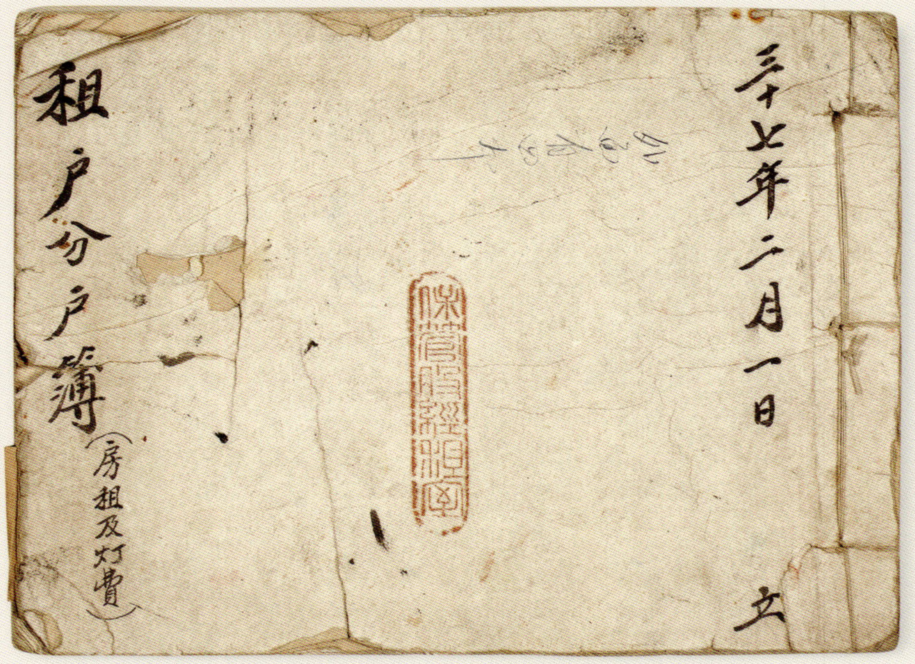
卅七年二月一日 立
租户分户簿（房租及灯費）

235

租户分户簿

Tenant Book

1948年

长25、宽20厘米

颐和园藏

236

马温如租约

Lease Agreement Signed by Tenant Ma Wenru

1931年

长25.8、宽15.5厘米

颐和园藏

此为民国二十年（1931年）七月，颐和园管理事务所留存的马连良（字温如）房屋租约。租约为模板印制，有立约人、租住位置、人数、租用时间、租金等，具体内容按照实际情况手写。落款有时间、立租人、保证人签字。

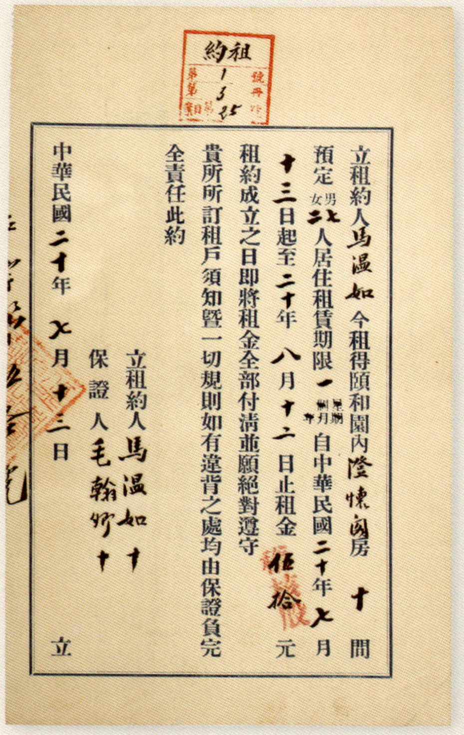

租約

立租約人馬溫如今租得頤和園內澄懷閣房十間

預定男女廿人居住租賃期限一月自中華民國二十年七月

十三日起至二十年八月十二日止租金伍拾元

租約成立之日即將租金全部付清並願絕對遵守

貴所所訂租戶須知暨一切規則如有違背之處均由保證負完

全責任此約

立租約人馬溫如 十

保證人毛翰卿 十

中華民國二十年七月十三日 立

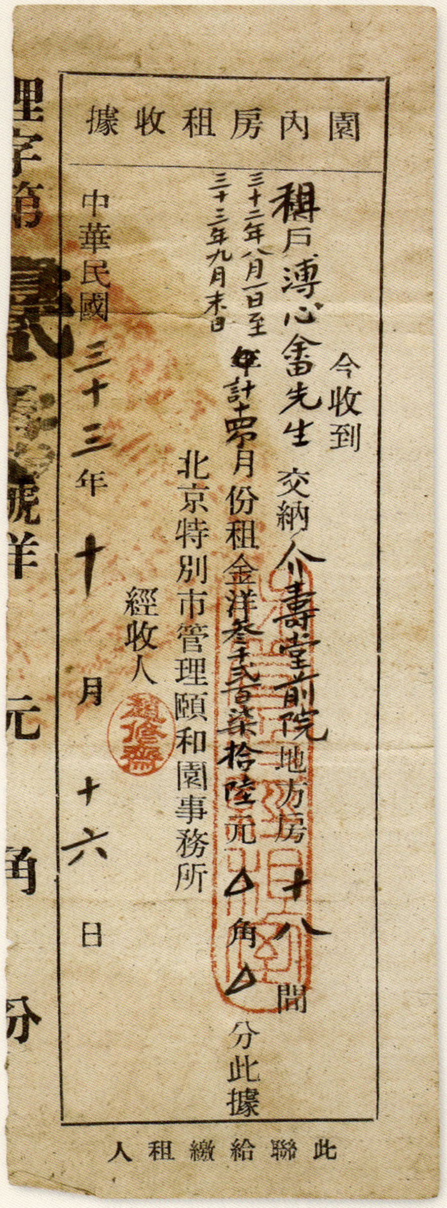

園內房租收據

今收到

租戶溥心畬先生 交納介壽堂前院地方房十八間

三十二年八月日至三十三年九月末日 計十四月份租金洋叁千貳百柒拾陸元〇角〇分此據

北京特別市管理頤和園事務所

經收人

中華民國三十三年十月十六日

此聯給繳租人

237

溥心畬房租收条

Rent Receipt Signed by Tenant Pu Xinshe

1944年

长16.7、宽5.8厘米

颐和园藏

园内房租收据，签发于民国三十三年（1944年）十月，是溥心畬缴纳民国三十二年八月至三十三年九月总计14个月租赁介寿堂前院十八间租金3276元的收据，经手人为赵修斋。

238

租户须知

Notes to Tenants

民国（1912~1949年）

长33.8、宽25.5厘米

颐和园藏

民国时期颐和园事务所颁布的园内租户须知，共计十八条。规定了租户在园内除要遵守本园一切章程以外还须遵守的额外条款，是租户在园内需严格执行的规章制度和行为准则。

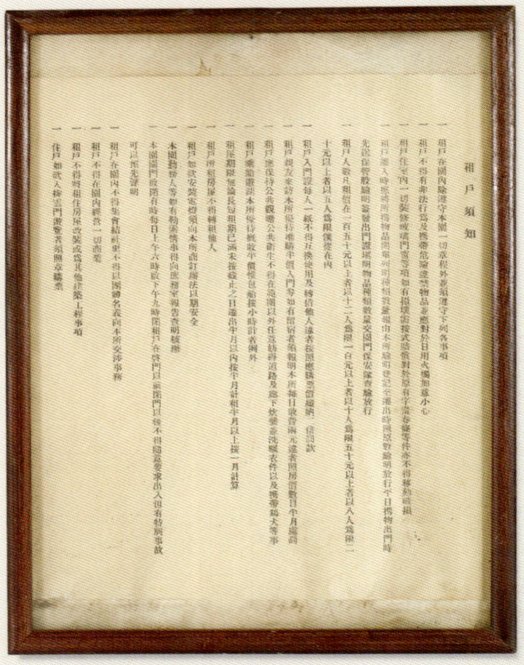

239

二十二年查点北平颐和园留平物品清册（共三册）

Inventory of the Items Left in Beiping in the 22nd Year of the Republic of China

1933年

长25.7、宽18.5厘米

颐和园藏

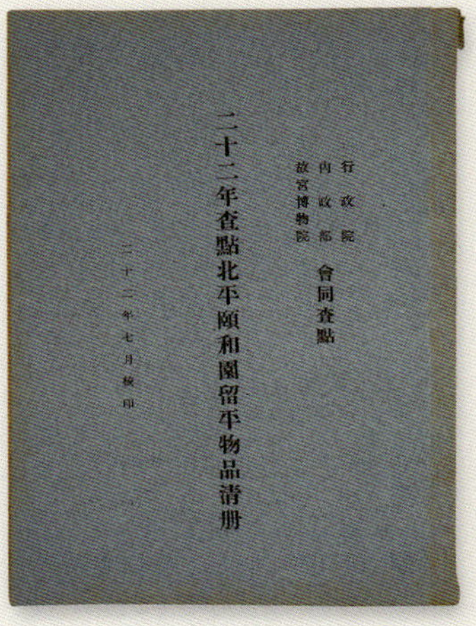

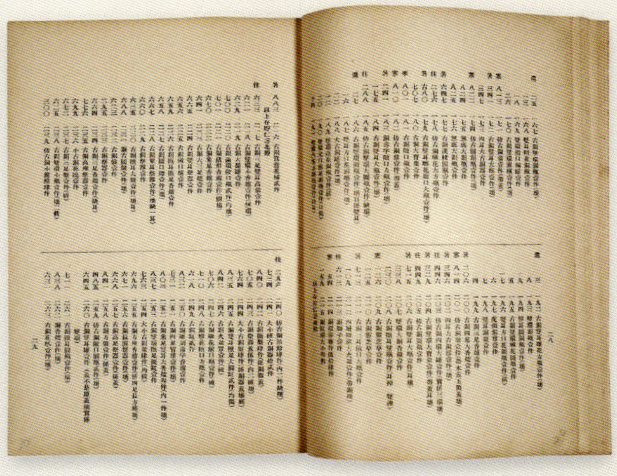

240

颐和园各类古物清册

Inventories of Antiquities in the Summer Palace

1936年

颐和园藏

241

颐和园陈列馆陈列物品影片粘存簿

Photo Book of Items on Display in the Summer Palace Exhibition Hall

民国（1912~1949年）

颐和园藏

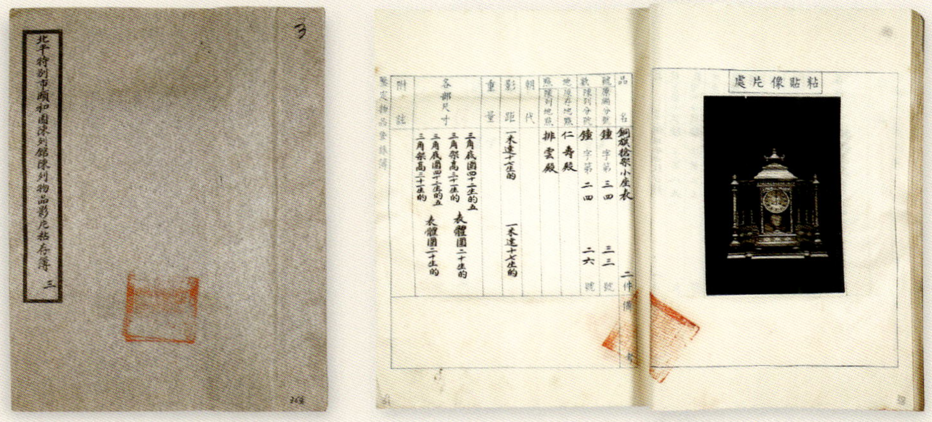

242

颐和园万寿山全景织品

Panorama View of the Longevity Hill (Textile)

民国（1912~1949年）

纵25.8、横97.4厘米

颐和园藏

此件为民国年间的织锦作品，从石舫的南侧钩织出荇桥、石舫以及万寿山的景致，较完整地再现了民国年间的建筑风貌。

243

颐和园上色风景长卷

Colored Photo of the Summer Palace

1920年

纵15、横142厘米

颐和园藏

此为民国照相馆摄影师拍摄、制作的颐和园上色风景长卷，拍摄者于知春亭附近自北向南拍摄了乐寿堂、对鸥舫、智慧海、佛香阁、排云殿、西堤六桥、南湖岛和十七孔桥等颐和园最有代表性的景观。手工上色精美，为民国手工上色风景长卷中的精品佳作，照片右侧题“永顺斋宝号乔迁志喜”。

244

『商办颐和园字画石刻写真售品处』横匾

Plaque of "The Summer Palace Calligraphy, Painting, and Stone Carving Photobook Sales Office"

1928年

长183、宽49、厚4.4厘米

颐和园藏

245

颐和园万寿山全景银版画

Silver Engraving of Panoramic View of the Longevity Hill

民国（1912~1949年）

纵16.5、横53、厚1.3厘米

颐和园藏

民國十七年
商辦頤和園字畫石刻寫真

北平萬壽山全景

246

《颐和园导游》册

The Summer Palace Guidebook

民国（1912~1949年）

长18.3、宽13厘米

颐和园藏

1947年版，作者为当时的颐和园负责人许星园。书后附有折叠的颐和园图和玉泉山图各一幅。图中不仅详细体现出了玉泉山静明园的水系以及各处古建位置，而且还对颐和园前山、后山、南湖、沿堤、各桥、各建筑等处的情况都有详细描绘。

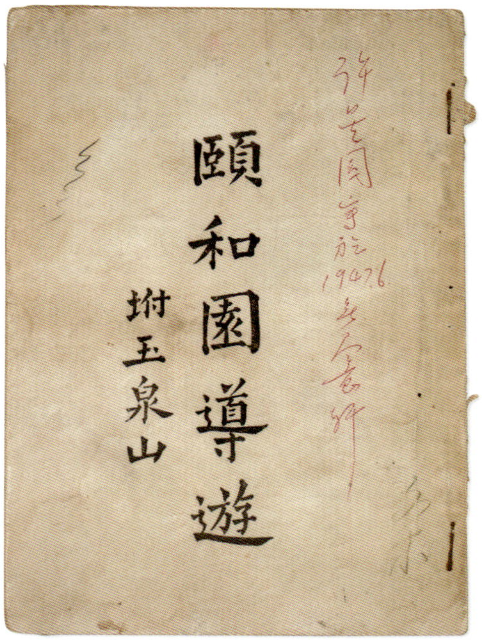

247

颐和园风景照明信片

Summer Palace Landscape Postcards

民国（1912~1949年）

长40、宽15厘米

颐和园藏

此相册收入共计百余幅民国年间的照片，拍摄了当时北京城的历史风貌。

248

颐和园游园会路线略图

The Summer Palace Sightseeing Map

民国（1912~1949年）

纵39.4、横54.8厘米

颐和园藏

此图为民国时期，由北平市政府制作的一张颐和园游园会路线略图。主要建筑有名称标示。在这张线路图中，湖面印刷成蓝色，游览线路印刷成红色、游客从东宫门进入园内，在仁寿殿北侧分为两路，一路往东经景福宫、谐趣园通往山后，一路往西过宜芸馆、乐寿堂，沿长廊走前山，最后在宿云檐处会合。通过左下角的标注，可知在游览各处设有茶点处供游客休息。

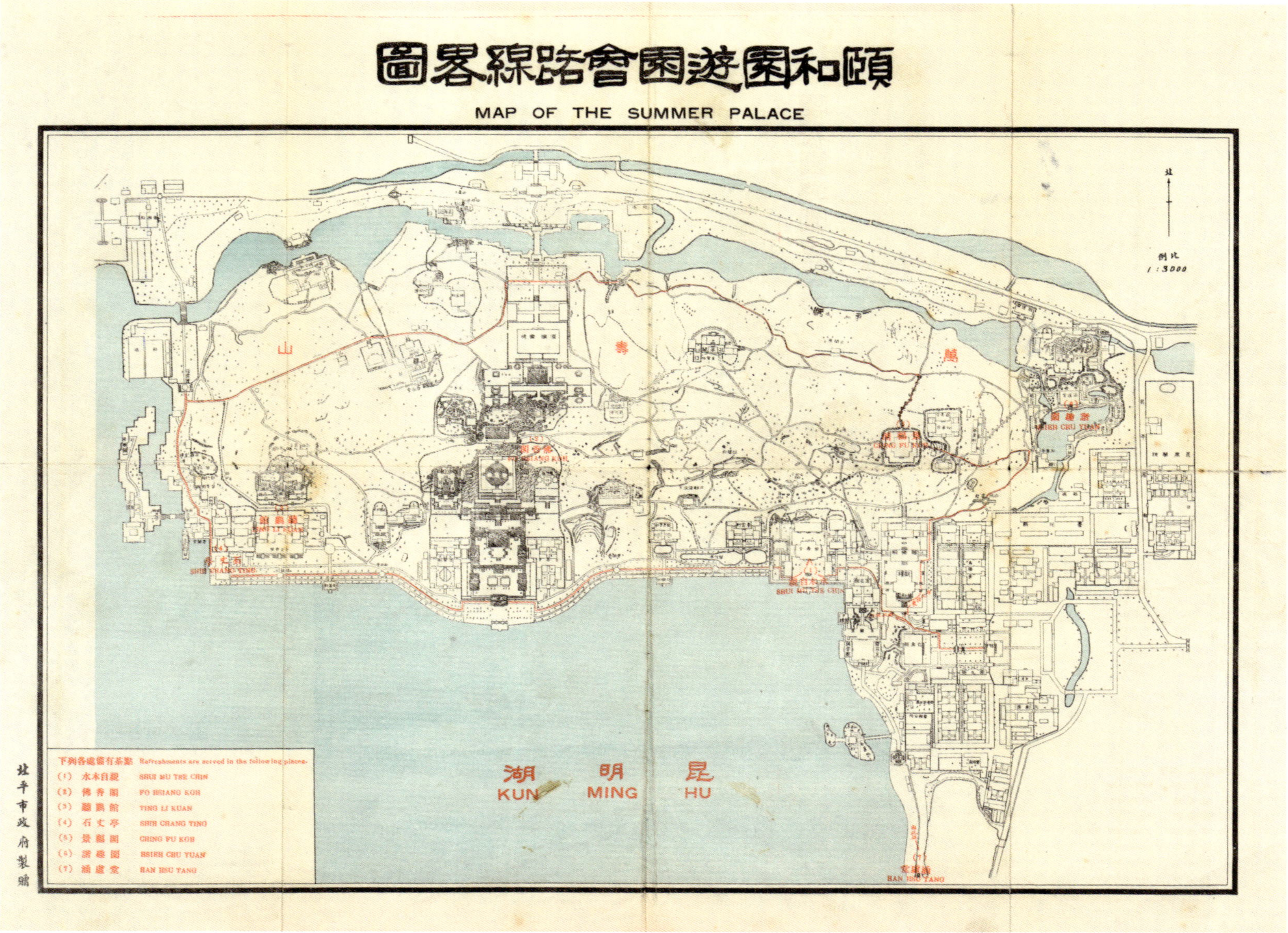

249

铜火炉

Copper Furnace

清（1844~1911年）

长47.3、宽46.1、高58厘米

颐和园藏

250

柚木花卉纹有束腰五腿拼桌

Teak Five-Feet Table with Carved Flowers

民国（1912~1949年）

长195.9、宽153.1、高79厘米

颐和园藏

柚木制。由两部分拼接而成，每部分桌面攒框装芯板，面下有束腰接莲瓣纹托腮。四足做三弯腿外翻马蹄，拼接处有木杆和活腿连接支撑，腿足与牙板均雕花卉纹。此桌纹饰繁缛，风格不同于中式家具，应为国外进口，曾作为国共双方代表使用的谈判桌，具有重要的历史价值。

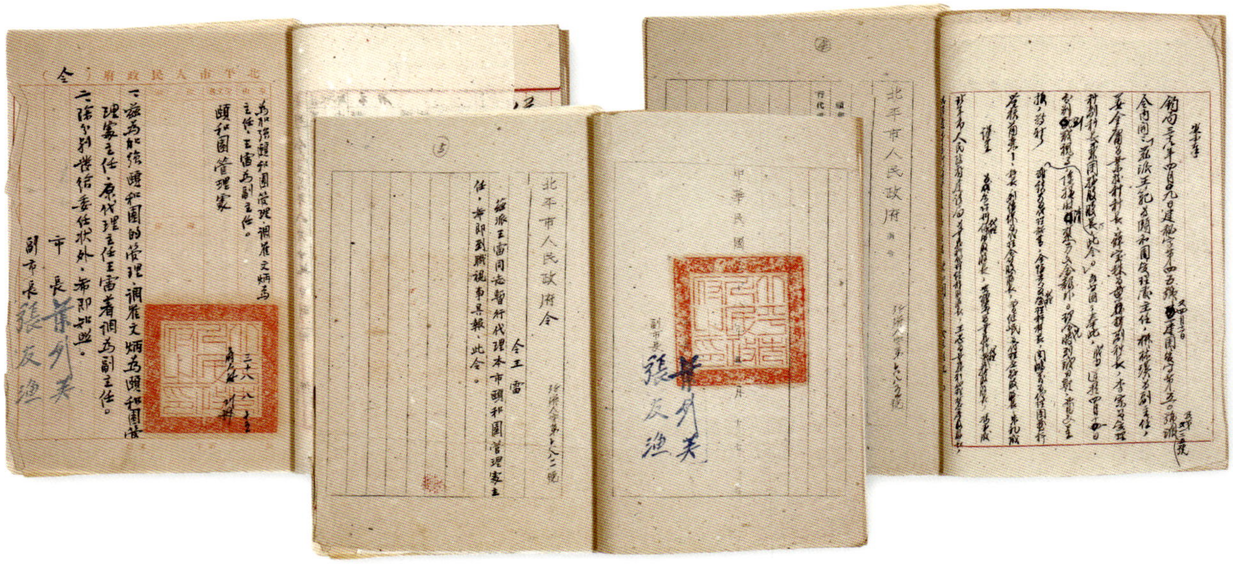

251

关于任免颐和园管理处正副主任的文件

Appointment and Removal of the Director and Deputy Director of the Summer Palace Management Office

1949 年

颐和园藏

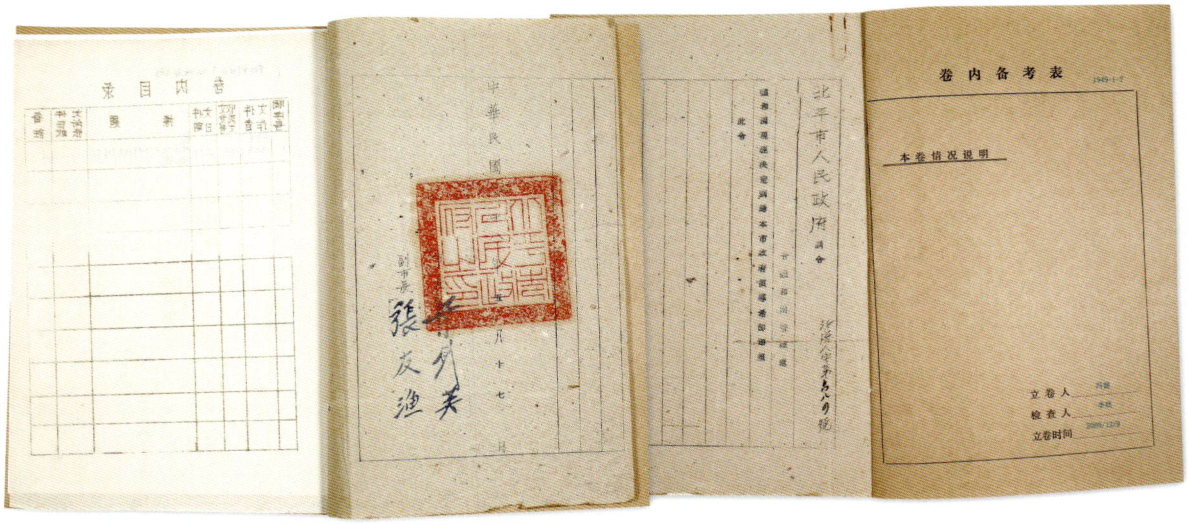

252

颐和园管理处划归北京市政府领导的文件

Documents Putting the Summer Palace Management Office under the Administration of the Beijing Government

1949 年

颐和园藏

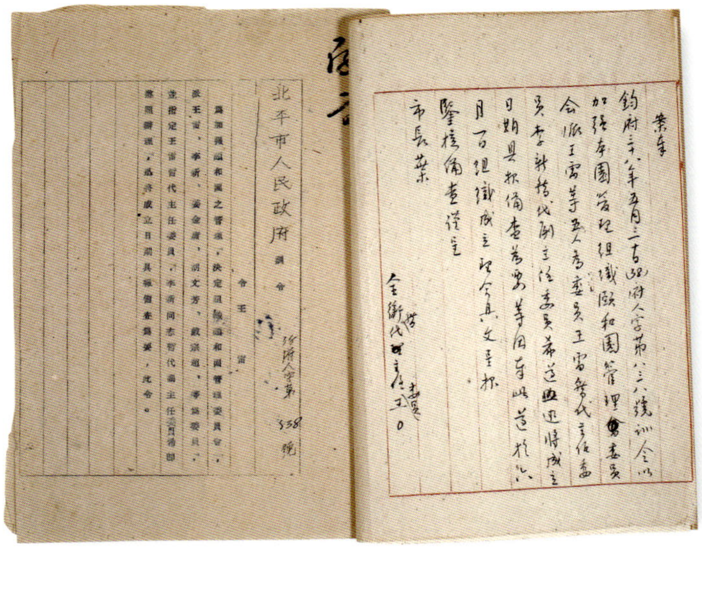

253

成立颐和园管理委员会文件

Establishment of the Summer Palace Management Committee

1949 年

颐和园藏

254

关于颐和园新到职干部的批示

Instructions on the New Executives in the Summer Palace

1949 年

颐和园藏

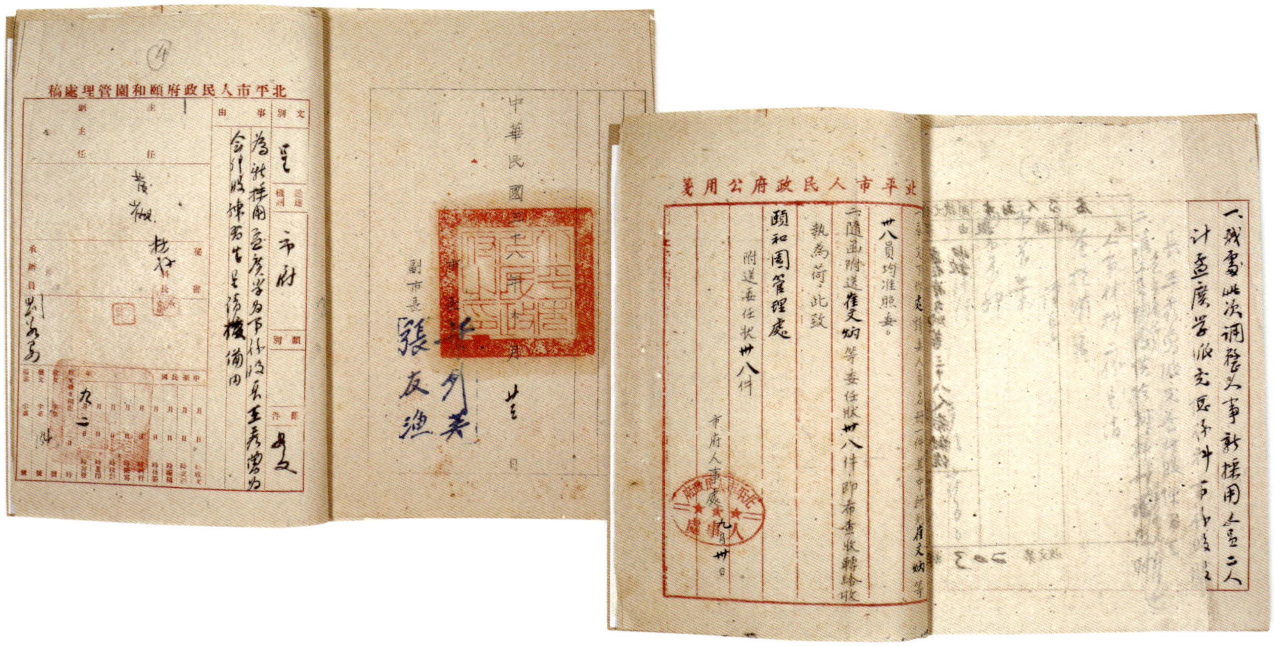

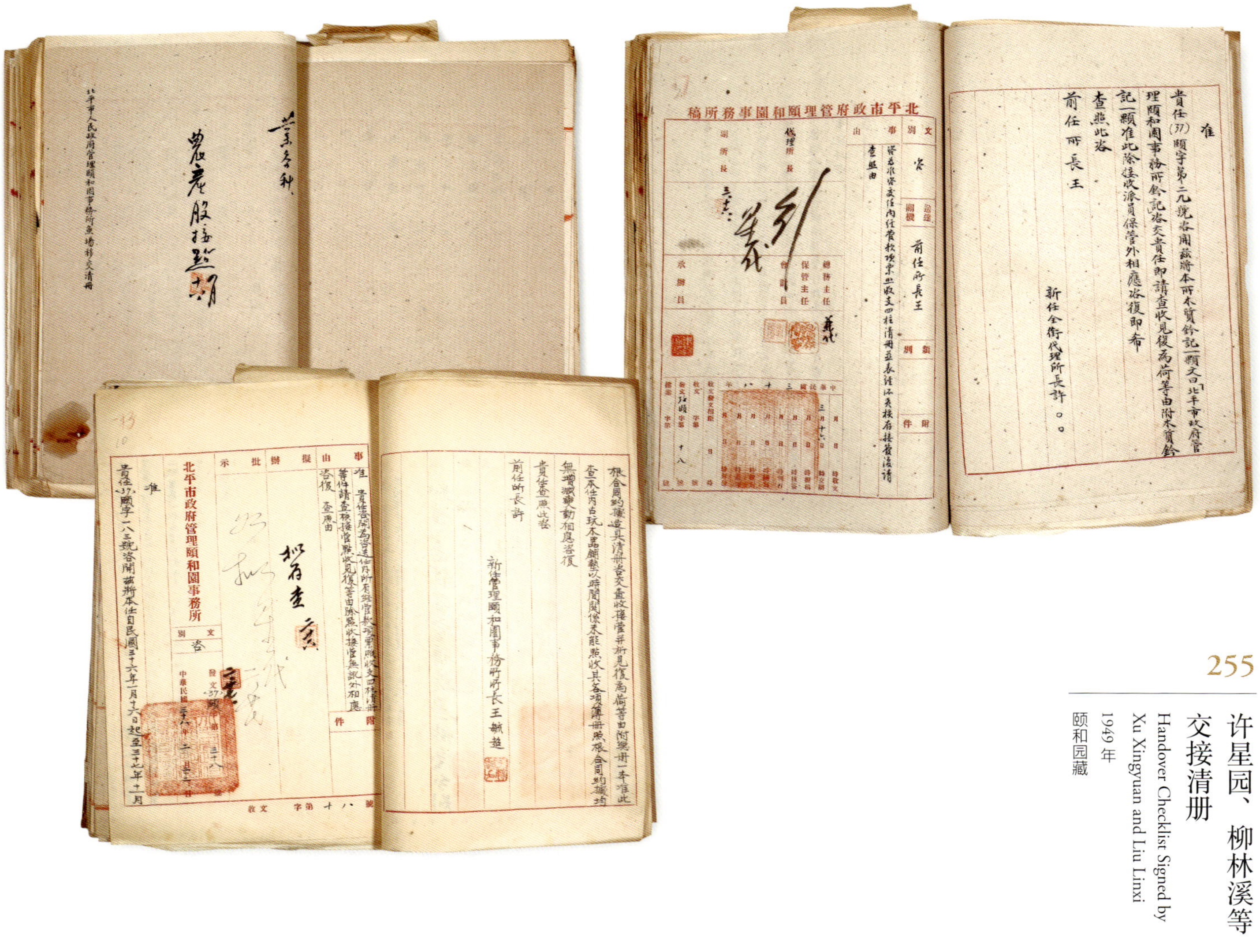

255

许星园、柳林溪等交接清册

Handover Checklist Signed by Xu Xingyuan and Liu Linxi

1949 年

颐和园藏

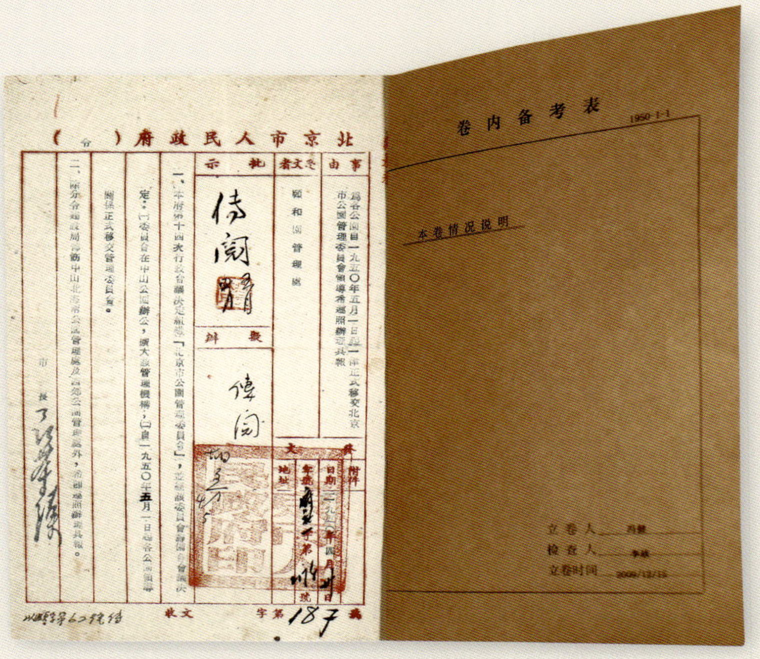

256

颐和园改归北京市公园管理委员会领导的文件

Documents Putting the Summer Palace under the Management of the Beijing Municipal Administration Committee of Parks

1950 年

颐和园藏

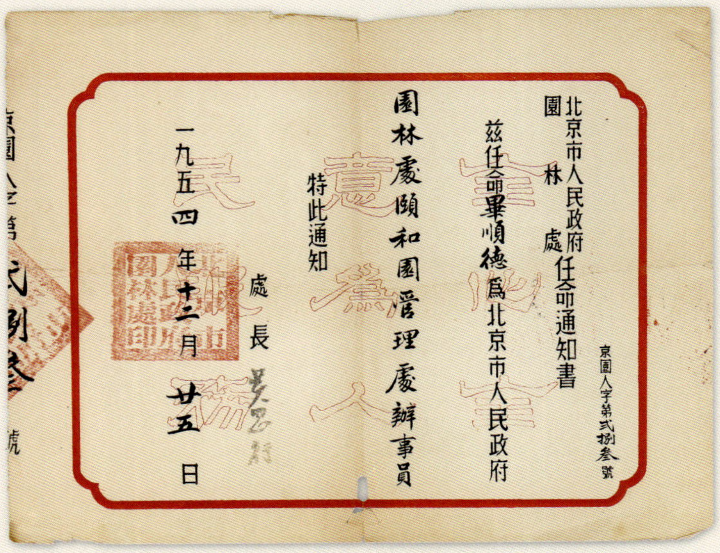

北京市人民政府

園林處任命通知書

京園人字第弍捌叁號

茲任命畢順德為北京市人民政府園林處頤和園管理處辦事員

特此通知

處長

一九五四年十二月廿五日

257

办事员任命书

Clerk's Appointment Letter

1954 年

长 34、宽 26.6 厘米

颐和园藏

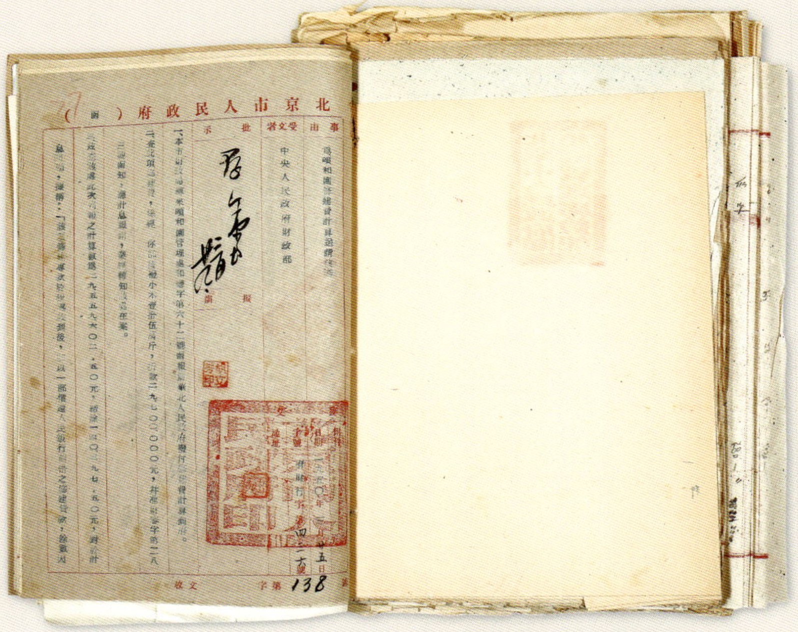

258

呈报华北人民政府拨款修缮颐和园损坏需修工程的报告

Report to People's Government of North China on Granting Funds for Repairing Damage to the Summer Palace

1949 年

长 26.7、宽 19 厘米

颐和园藏

259

颐和园佛香阁修缮工程的总结请示批复文件

Request and Approval Documents of the Tower of Buddhist Incense Renovation

1954 年

颐和园藏

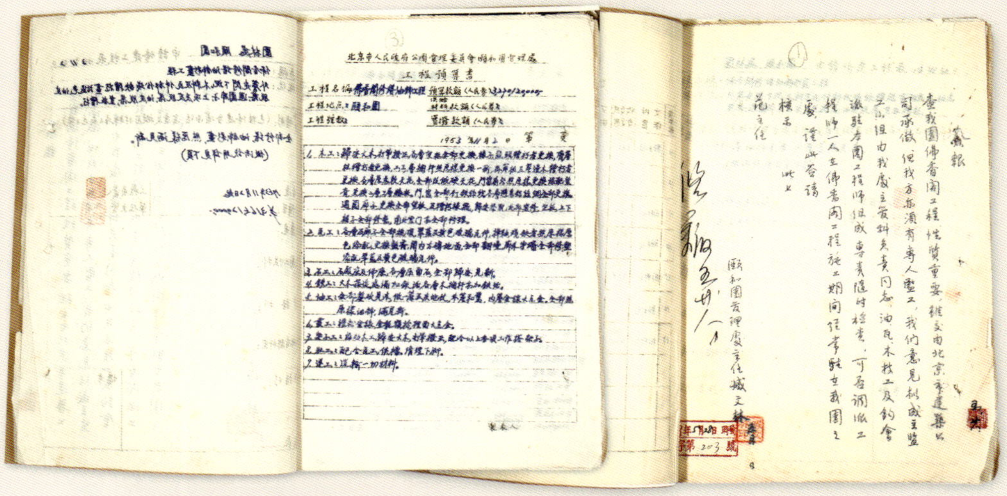

260

关于新中国成立前南运本园古物北返一案的文件

Documents on the Return of Antiquities to the Summer Palace before the Founding of New China

1951 年

长 38、宽 26 厘米

颐和园藏

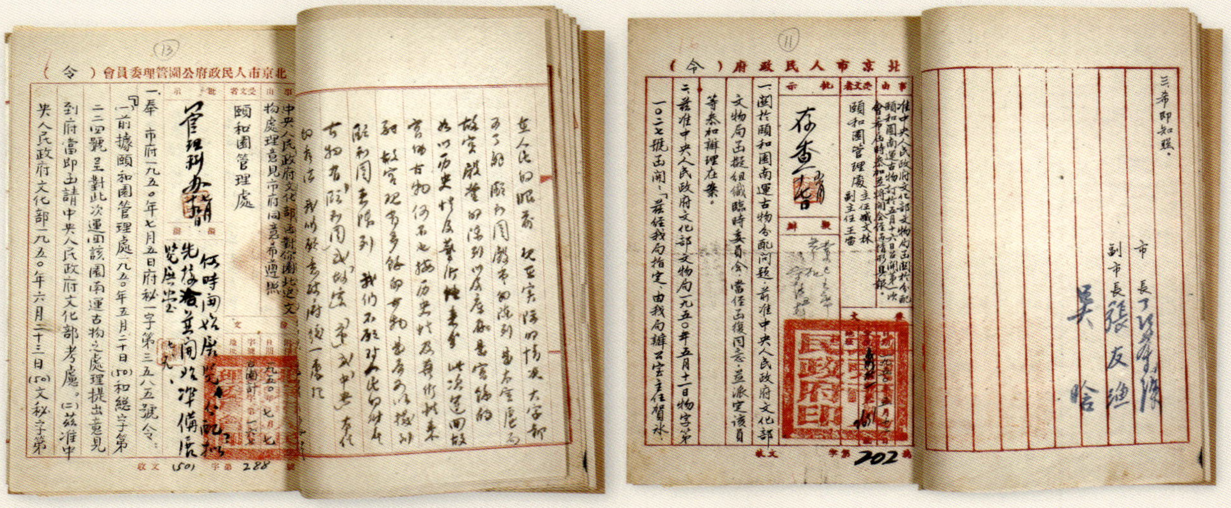

261

颐和园拨给外单位硬木家具清册

Inventory of Hardwood Furniture Allocated by the Summer Palace to Other Organizations

1951 年

长 26.5、宽 19 厘米

颐和园藏

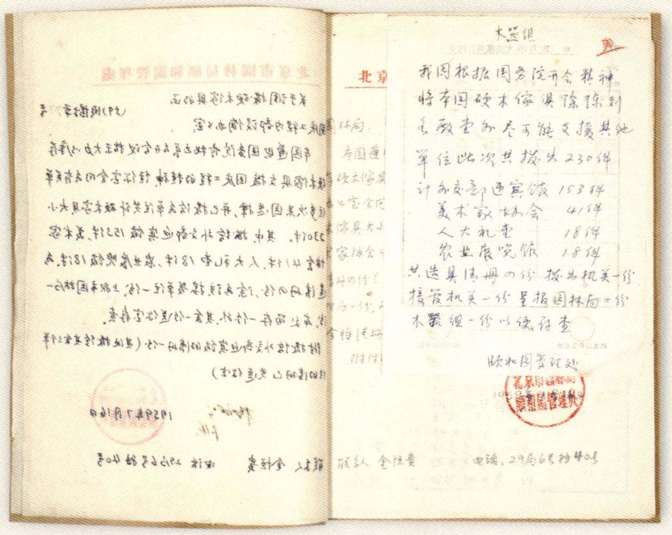

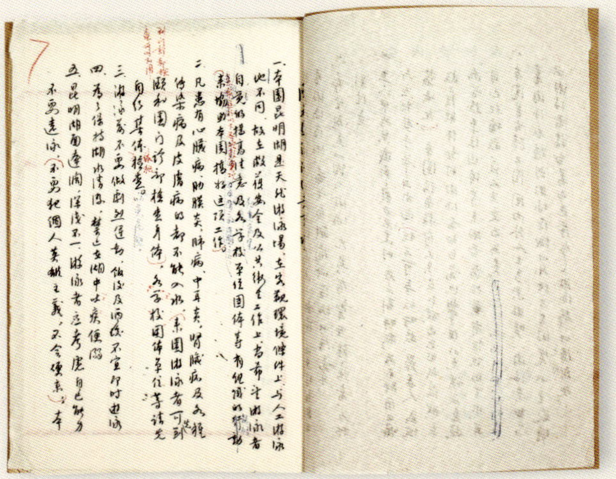

262

颐和园各项管理制度

Regulations of the Summer Palace

1951年

颐和园藏

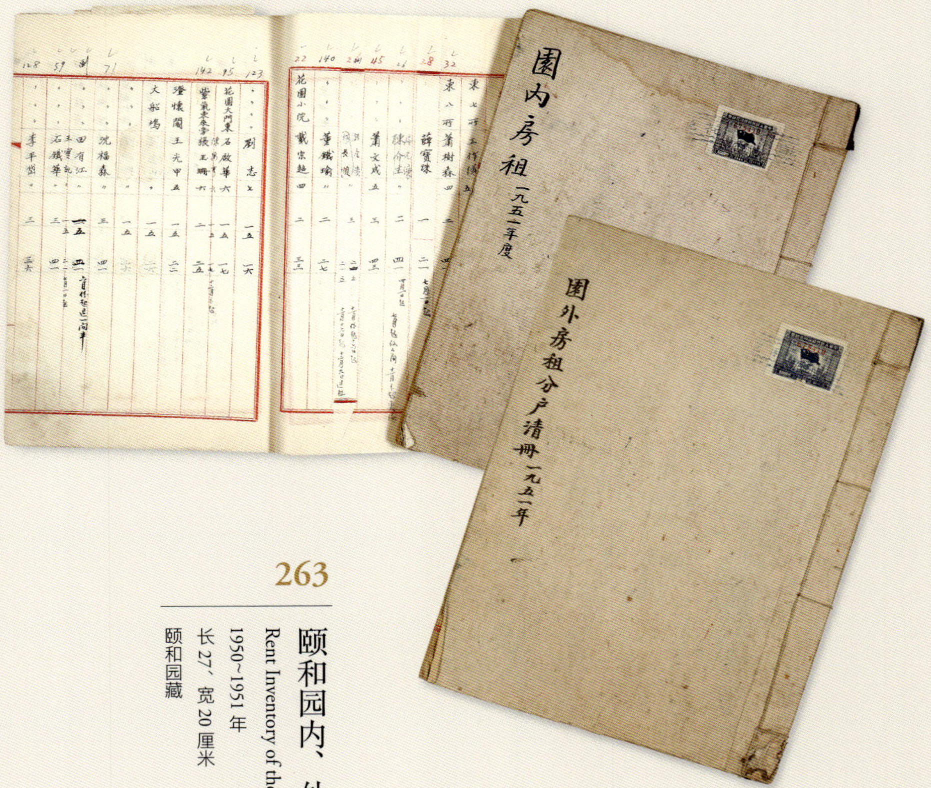

263

颐和园内、外房租分户清册

Rent Inventory of the Buildings in and around the Summer Palace

1950~1951年

长27、宽20厘米

颐和园藏

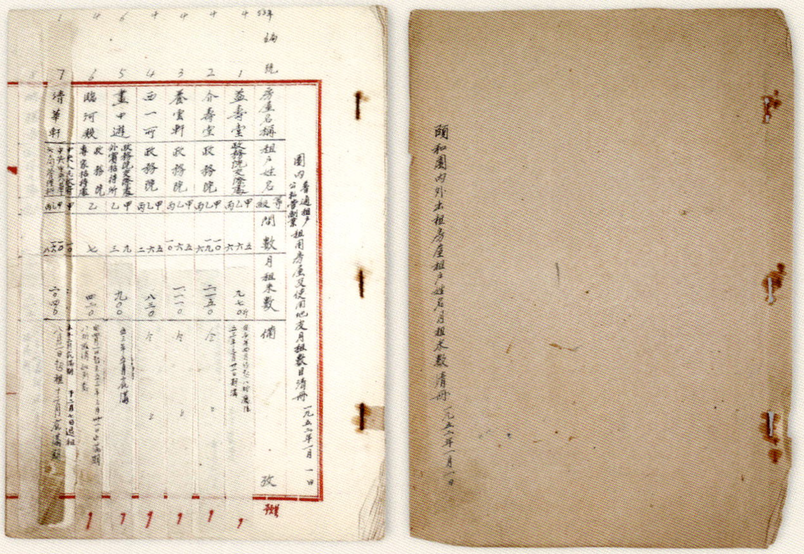

264

颐和园内外出租房屋姓名月租米数清册

Inventory of Rental Properties in and around the Summer Palace

1952年

长27、宽18厘米

颐和园藏

265

登记租户门证底册

The Register of Tenants

1951~1952年

长32.5、宽23厘米

颐和园藏

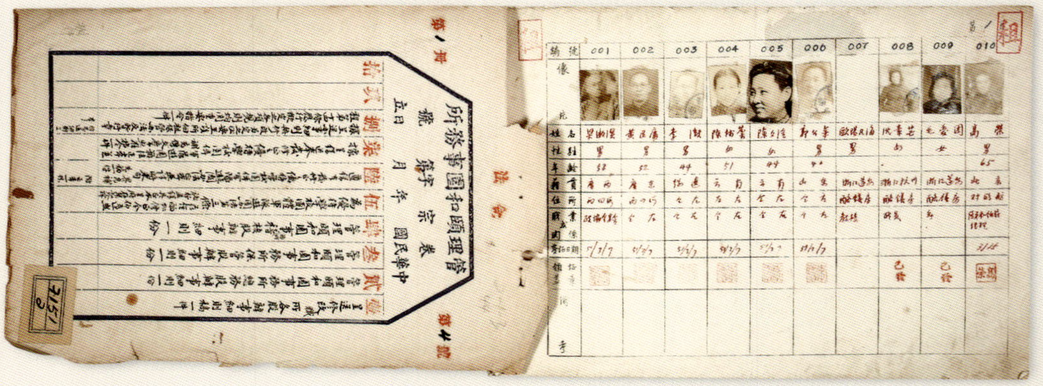

266

北京颐和园万寿山鸟瞰图

Aerial View of the Longevity Hill

20世纪50年代

纵57.5、横82厘米

颐和园藏

该图于1951年由国画家陶一清从俯视的角度绘制出整个颐和园的全貌，并标注各个景点名称，由颐和园管理处印行。

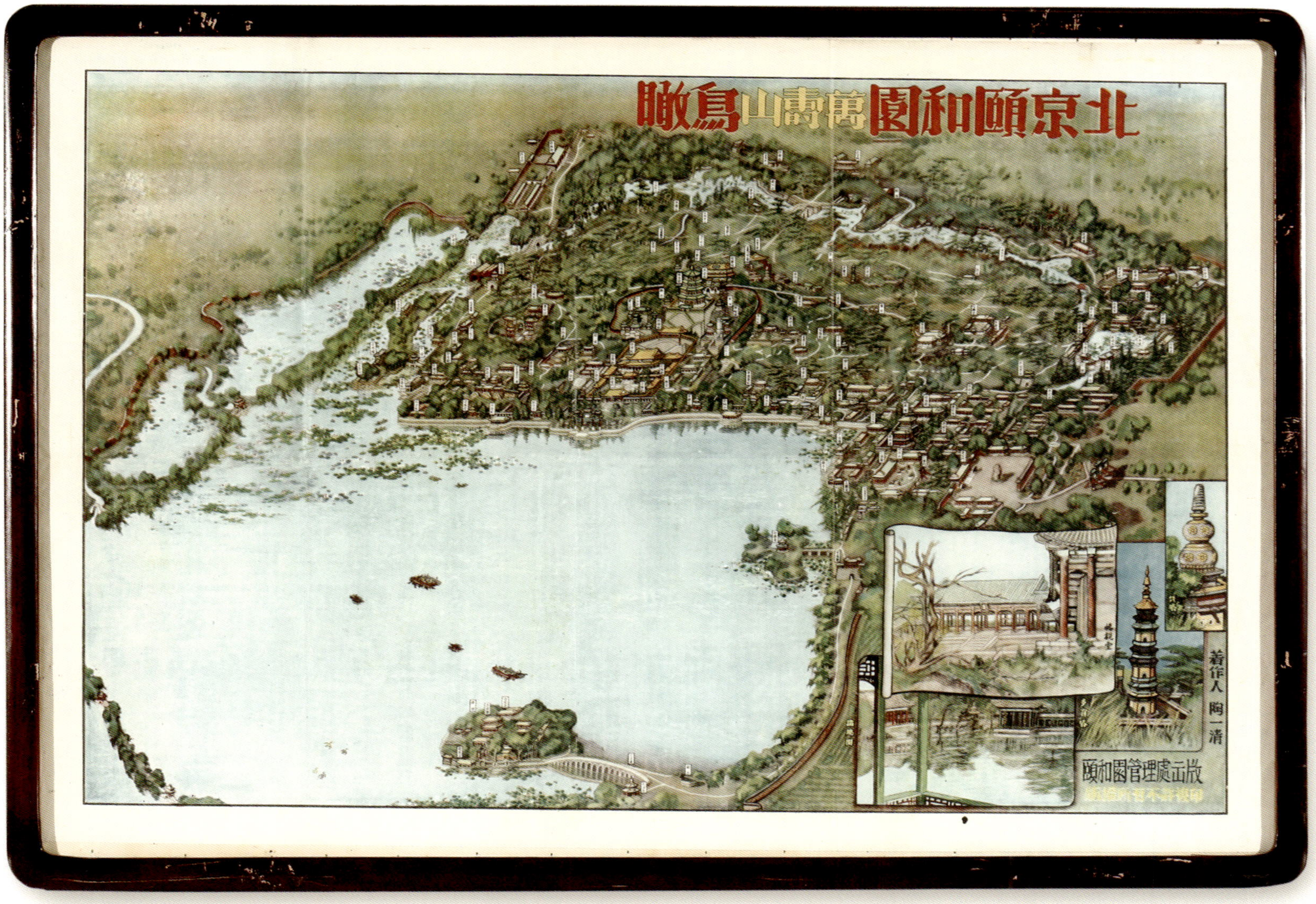

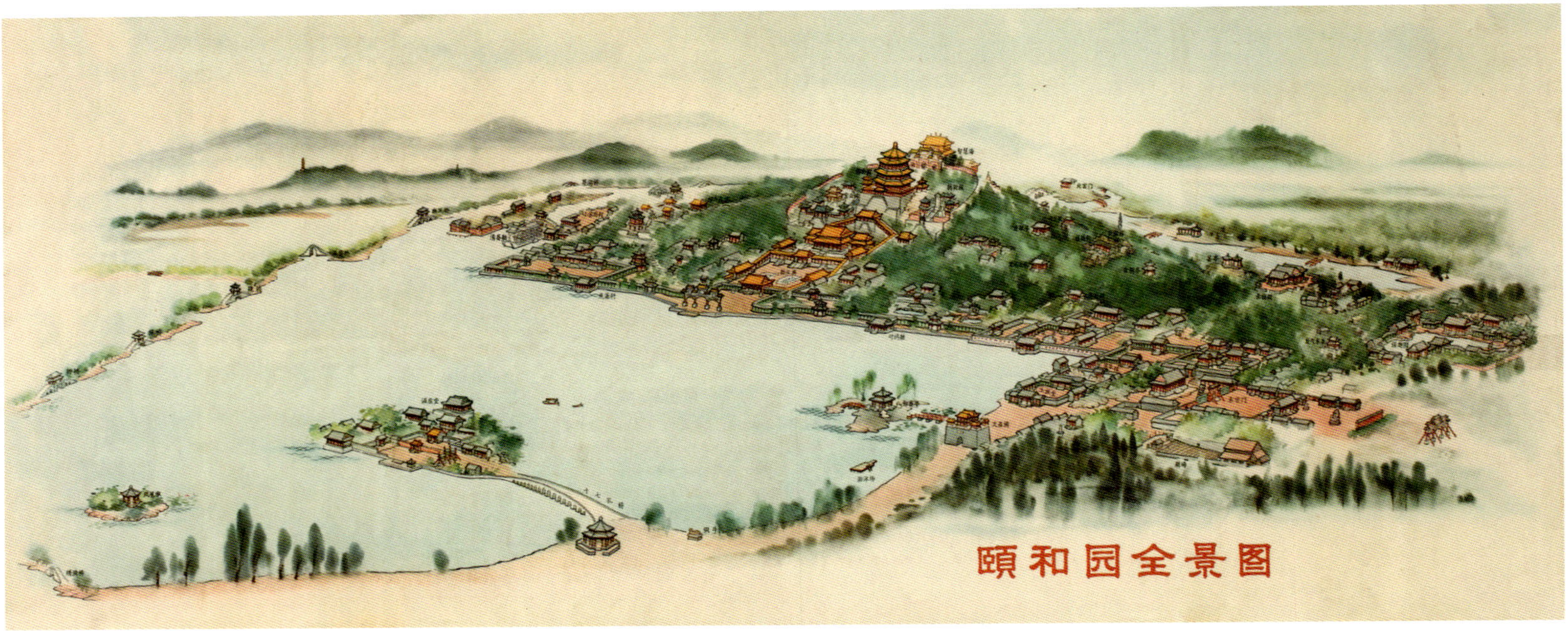

267

颐和园全景图

A Panorama of the Summer Palace

20世纪50年代

纵30.5、横74厘米

颐和园藏

此幅宣传画为20世纪50年代所绘，颜色清晰，用设色的手法描绘出颐和园全景。从中可以看出新中国成立后经过修缮，以排云殿、佛香阁为中心的各处景区金碧辉煌，山前水天空阔，亭桥点缀，借景玉泉山，并与满园春色连为一体，已成为广大劳动人民喜爱的文化休闲去处。

268

《节日的颐和园》

Festive Summer Palace

现代

纵52、横76厘米

颐和园藏

此幅宣传画为章育青于1978年8月所绘，整幅图画布局紧凑、颜色艳丽，从图中可以看出北至万寿山，南到十七孔桥、东堤一线张灯结彩，都充满着喜气洋洋的气氛。昆明湖上各式龙舟与岸上载歌载舞的欢庆群众紧密地结合在一起。尤为突出的是南湖岛上醒目的红旗，将这个欢庆的氛围推向高潮。

269

工人休养所宣传画

Workers' Rest Home

20世纪50年代

纵35.3、横53.4厘米

颐和园藏

20世纪50年代颐和园益寿堂、南湖岛等处曾开辟为工人休养所。此幅宣传画为1951年姜燕绘制，并由人民出版社出版。

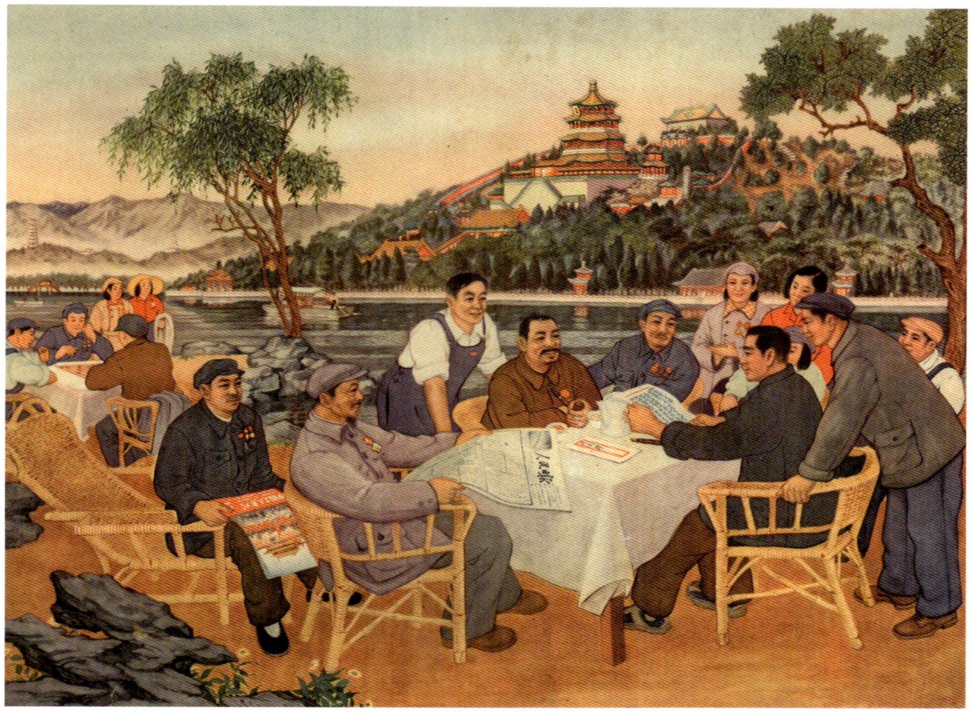

270

《万寿山昆明湖》

Kuming Lake in the Longevity Hill

1955年

纵25.1、横17.6厘米

颐和园藏

此幅宣传画为1955年4月上海画片出版社出版，画中描绘出了数名学生在小船上高举共青团旗帜，泛舟于昆明湖上，并与身后佛香阁景区融为一体，充分体现出在新时代下茁壮成长年轻人的精神面貌。

271

《快乐的生活》

Happy Life

20世纪50年代

纵77.5，横53厘米

颐和园藏

此幅宣传画为1954年1月所绘，整幅图画干净简洁，人物形象充分体现出新中国成立后人民群众翻身做主人的喜悦。

272

《画中游》

Through the Wonderland

20世纪60年代

纵53.5、横77.6厘米

颐和园藏

此件宣传画为1962年绘制，是万寿山前西部的画中游整体建筑群。此处地势坡度较大，各个建筑因地制宜，随山就势，是观赏昆明湖、南湖岛的上佳地点。画中绘制出众多少年先锋队学生在画中游嬉戏玩耍的场面。

273

《颐和园之春》
Spring in the Summer Palace
20世纪60年代
纵57.4、横82厘米
颐和园藏

此幅宣传画为1963年金鸿钧绘制，完整地绘制出东宫门北至万寿山、南至南湖岛，远眺玉泉山的全景。从画中还可清晰地看出东宫门前熙熙攘攘的游园群众。

274

《佛香雪霁》
Tower of Buddhist Incense after Snowfall
20世纪50年代
纵77.2、横53.2厘米
颐和园藏

此件宣传画为著名画家黄均于1957年初春在北京绘制。在图中可以看出初雪后的佛香阁犹如在仙境之中，各界人民群众在佛香阁上登高望远，手中挥舞着鲜艳的红旗，与树枝上的皑皑白雪遥相呼应。

颐和园各时期票券

Summer Palace Tickets by Period

现代

颐和园藏

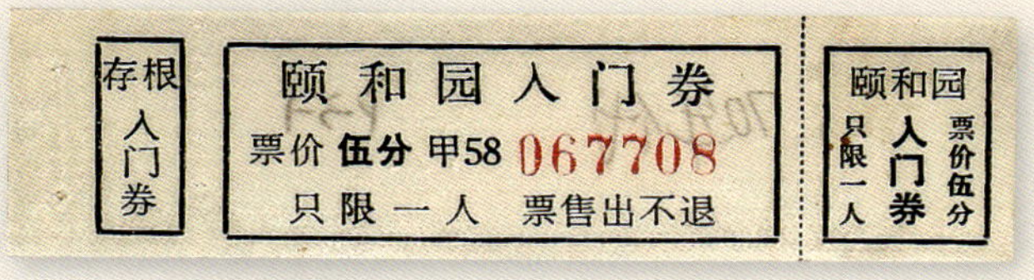

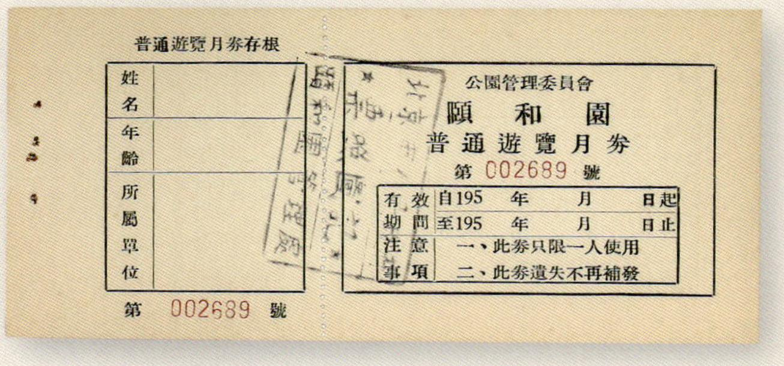

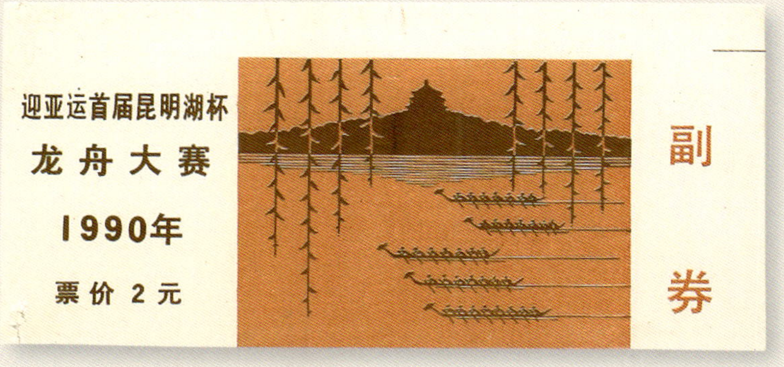

276

颐和园世界文化遗产证书

World Heritage Site Certificate to the Summer Palace

1998年

颐和园藏

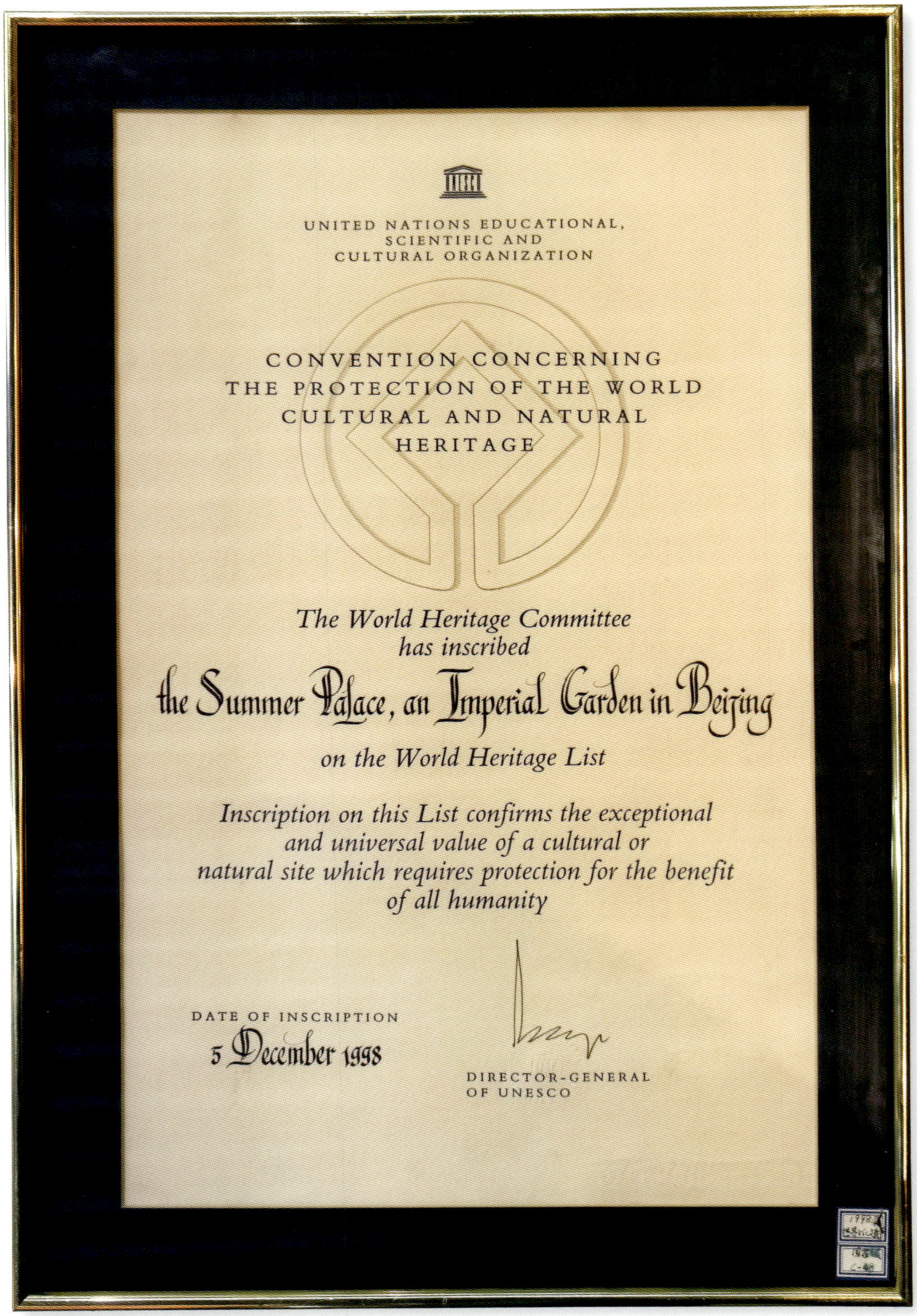
UNITED NATIONS EDUCATIONAL, SCIENTIFIC AND CULTURAL ORGANIZATION
CONVENTION CONCERNING THE PROTECTION OF THE WORLD CULTURAL AND NATURAL HERITAGE
The World Heritage Committee has inscribed
the Summer Palace, an Imperial Garden in Beijing
on the World Heritage List
Inscription on this List confirms the exceptional and universal value of a cultural or natural site which requires protection for the benefit of all humanity
DATE OF INSCRIPTION
5 December 1998
DIRECTOR-GENERAL OF UNESCO

▲ 1998年耶律铸墓发掘现场

耶律铸（1221～1285年）是元代名臣耶律楚材的次子，据史料记载，耶律铸“幼聪敏，善属文，工骑射”，可谓文武双全。他生前曾参与平定阿里不哥叛乱，监修国史，三次官拜中书左丞相之职，地位显赫，卒于元至元二十二年，终年64岁。

277

金桃形饰件

Peach-Shaped Gold Pendants

元（1271~1368年）

直径3.4~4厘米

颐和园耶律铸墓出土

首都博物馆藏

金饰件一对，呈桃形，由锤揲、焊接工艺制成，以小金环连接成挂件，功用待考。

278

金累丝饰件

Gold Filigree Pendant

元（1271~1368年）

长4.2、宽4.7厘米

颐和园耶律铸墓出土

首都博物馆藏

此金饰由锤揲、累丝、镶嵌工艺制成，具有典型的元代金工装饰特征。饰物边缘以连珠纹环绕，两朵对称祥云拱托出顶部一轮圆月（或日），祥云轮廓分明，末端呈向内弯曲的尖角。三件嵌物（缺失）呈三角形分布。饰物造型别致，充满平衡和谐之感。

279

银缠枝纹盘

Silver Dish with Intertwining Branches

元（1271~1368年）

口径10、底径12、高1.1厘米

颐和园耶律铸墓出土

首都博物馆藏

银盘由锤揲、錾刻工艺制成。盘敞口，浅腹，外沿内卷，盘心錾刻缠枝纹。整体造型规整，应为实用器物。

280

景德镇窑青白釉月映梅纹碗

White-Glazed Bowl with Flowing Plum and Moon, Jingdezhen Ware

元（1271~1368年）

口径13、高3.7厘米

颐和园耶律铸墓出土

首都博物馆藏

敞口，斜壁，平足内凹微外撇。碗内印一株梅花，梅花上方挂一钩弯月。胎质洁白细腻。釉色白中闪淡青色，莹润透彻。纹饰线条流畅有力，构图严谨简练。月映梅纹是元代瓷较常用的纹饰。

281

景德镇窑青白釉胆式瓶

White-Glazed Gall Bladder Vase, Jingdezhen Ware

元（1271~1368年）

口径7、高31厘米

颐和园耶律铸墓出土

首都博物馆藏

撇口，长颈，垂腹，圈足。通体施青白釉，白中闪淡青色，莹润透彻。胎体较薄，胎质洁白细腻，造型修长秀美。

282

陶男立俑

Pottery Figure of a Standing Male

元（1271~1368年）

高 53.5 厘米

颐和园耶律铸墓出土

首都博物馆藏

此陶俑为一男子立身像，造型生动。戴帽着袍，左侧手臂大部分缺失，右侧手臂垂于身侧。

颐和园古建筑修缮面积统计表

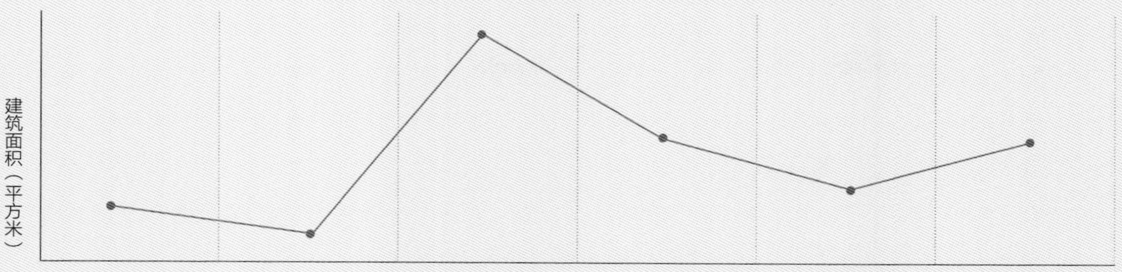

年份	1991～1995	1996～2000	2001～2005	2006～2010	2011～2015	2016～2019
平方米	3130.8平方米	1287.2平方米	21302.9平方米	12952.51平方米	6444.6平方米	11332.65平方米

合计56450.66平方米

颐和园历史地区腾退收回统计表

年度	收归范围	收归面积（平方米）
1999	耕植图景区	42213平方米
2007	清外务部公所	8300平方米
2018	东宫门外公交场站	6763平方米
总计	**57276平方米**	

1978～2019年颐和园外事接待统计表

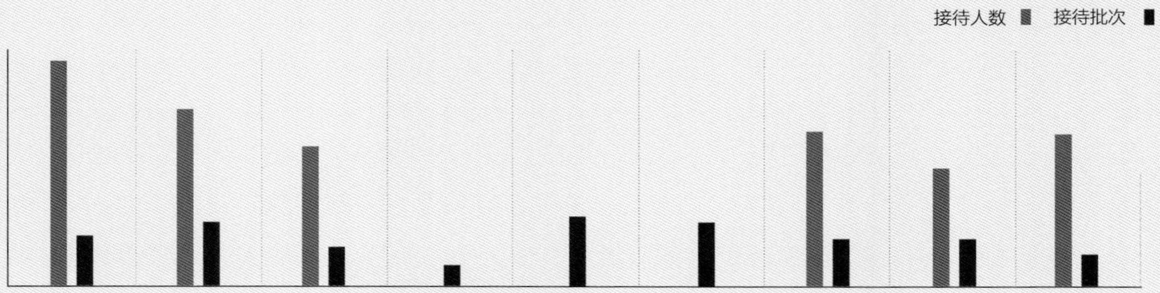

年份	1978～1980	1981～1985	1986～1990	1991～1995	1996～2000	2001～2005	2006～2010	2011～2015	2016～2019
批次	418批次	535批次	380批次	148批次	533批次	502批次	459批次	453批次	306批次
人数	7747人	6551人	5933人	（1991～2006年外事接待人数未统计在列）			4662人	4323人	4682人

合计3734批次

1978～2019年颐和园接待游客量统计表

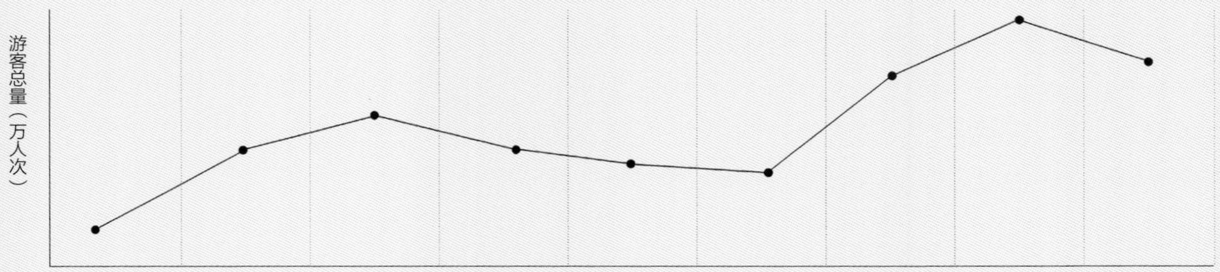

年份	1978～1980	1981～1985	1986～1990	1991～1995	1996～2000	2001～2005	2006～2010	2011～2015	2016～2019
人次	1334.6万人	3726.34万人	4451.97万人	3756.6万人	3267.51万人	3109.47万人	5188.8万人	7327.1万人	6499.5万人

合计38661.89万人

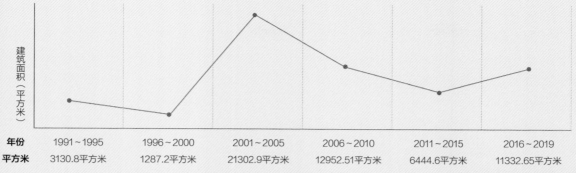

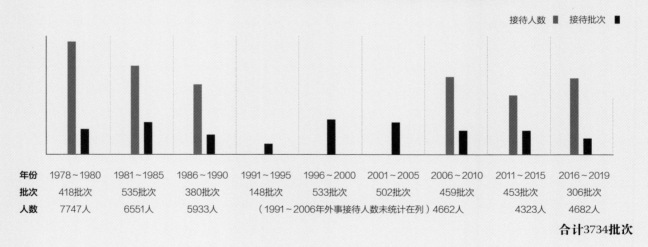

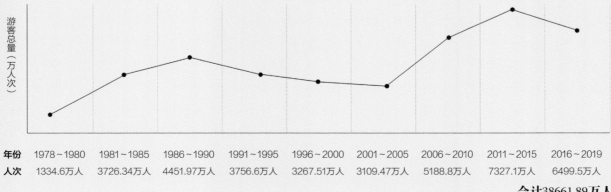

结语

颐和园是中国古典园林艺术的瑰宝，是中国数百年历史沧桑变迁的缩影，是弥足珍贵的世界文化遗产。270年来，颐和园从皇家禁苑逐渐变为人民的公园，昭示着中国社会发展的规律，承载着一代代人民群众对美好生活的向往，是首都北京推进文化中心建设的宝贵资源。在习近平新时代中国特色社会主义思想的指引下，颐和园的管理者将以保护遗产、传承文化为己任，为首都全国文化中心建设贡献力量！

CONCLUSIONS

The Summer Palace is a treasure of classical Chinese garden art, a microcosm of the vicissitudes of China's centuries-old history, and a precious world cultural heritage. Over the past 270 years, the Summer Palace has gradually changed from a imperial garden to a people's park, demonstrating the law of social development in China and carrying the aspirations of people for a better life, and is a valuable resource for promoting the construction of a cultural center in the capital city of Beijing. Under the guidance of Xi Jinping's thought in the new era of socialism with Chinese characteristics, the manager of the Summer Palace will take the heritage conservation and the culture inheritance as its own responsibility, and make contributions to the construction of the national cultural center!

庆祝颐和园文昌院落成开馆
热烈庆祝中华人民共和国成立五十周年!
文昌院
世界遗产证书颁发仪式
WORLD HERITAGE CERTIFICATE CONFERRING CEREMONY
2013
迎亚运首届昆明湖杯龙舟大赛

Jr. & H.W. - Summer Palac
P.King 5/14/23